億万長者だけが知っている教養としての数学

Million Dollar Maths

世界一役に立つ数学的思考力の磨き方

ヒュー・バーカー 著
千葉敏生 訳

ダイヤモンド社

Million Dollar Maths

by Hugh Barker

Japanese translation rights arranged with Atlantic Books Ltd.

through Japan UNI Agency, Inc.

はじめに　数学でお金持ちになることはできるのか？

年収が20ポンド、支出が20ポンド引くところの6ペンスなら、結果は幸福。年収が20ポンド、支出が20ポンド足すところの6ペンスなら、結果は不幸。
——チャールズ・ディケンズ『デイヴィッド・コパフィールド』

好むと好まざるとにかかわらず、私たちはお金が人生のいろいろなチャンスを生み出す物質主義にまみれた社会で暮らしている。お金で愛や幸せは買えないとはよく言ったものだけれど、お金がなければその先に貧困や満たされない人生が待ち受けているのもまた事実だ。

なので、ある程度の数学力を持つ人なら、「どうすれば数学で学んだノウハウを活かして富を最大限に増やせるだろう？」と考えるのはごく自然なことだ。たとえば、こんなふうに。

数学でビジネスをもっと効率的にこなせないか？

企業の財務面をもっとうまく管理できないか？

画期的で新しい数学的アイデアやテクノロジーを生み出せないか？

あるいは、数学力をギャンブル、ハッキング、クラッキングに悪用するすべはないだろうか？

チャールズ・ディケンズの著書『デイヴィッド・コパフィールド』から引っ張り出してきた冒頭

の一文が語るのは、いつだって赤字よりは黒字のほうが望ましい、ということだ。まあ、目から鱗《うろこ》が落ちるような金言ではないけれど、なかなか賢明なアドバイスだ。

しかし現実には、6ペンスどころじゃなく、雨の日に備えてそれよりずっと多くのお金を蓄えたいと思っている人が圧倒的多数だろう。正直なところ、ほとんどの人は、お金があればあるほどいいと心のなかでは思っている。事実、自己啓発業界は、「なるべく苦労せずに手っ取り早く大金を稼ぐ方法」とかなんとか、そんな絵に描いた餅を読者の目の前にぶら下げて大儲けしている。本書ではそんなごたいそうな約束をするつもりはないけれど、数学にしっかりと働いてもらう大小さまざまな方法を探っていければと思っている。

本書では、数学と金融のさまざまな関係、そしてそこから生み出されるお金儲けの機会について探っていくつもりだ。その道中では、数式や数学的手法を用いて成功を勝ち取った有名な投資家、実業家、ギャンブラーの物語を紹介していく（投資に対するギャンブルや投機の道徳的な善悪についてては、あまり深く立ち入らないけれど、本書で紹介する金融戦略に法的問題などの潜在的リスクがある場合には、そのつどきちんとお断りするつもりだ）。

また、現代技術は、ソーシャル・メディア企業が用いるアルゴリズムであれ、ビットコインの中核にある複雑な数学であれ、ハッカー、クラッカー、インターネット・セキュリティの専門家のあいだの絶え間ないせめぎ合いであれ、どんどん数学への依存度を増していっている。そんな状況のなかで、何をするべきで、何を避けるべきなのかについても、随時コラム形式でまとめていこうと思う。

本書で取り上げる内容は、その大部分が個人の家計管理、ギャンブル、投資についてのもので、どれも高校生レベルの数学の知識があれば、誰でもすんなりと理解できるようになっている。なかには数学的に当たり前すぎる内容もあるかもしれないが、ルーレットに関する確率すら計算できないのに遊びでギャンブルに手を出す人や、株価収益率と金利とのあいだにある直感的で明白な関係すら理解しないまま株価収益率などの分析ツールに頼りきっている人の多さには、いつだって驚かされる。給料交渉において、ゲーム理論が昇給の確率を左右することを知っている人は、いったいどれくらいいるだろうか。

この旅の途中では、ケインズの美人投票からビザンチン将軍問題、ケリー基準からマーベリック・ソリティアまで、純粋な数学的視点から見て面白い不思議問題にも幾度となく出会うことだろう。

日常生活で数学的思考を働かせるのに、数学の天才である必要なんてこれっぽっちもない。実際、成功する投資家や実業家は複雑な数学を用いたりはしない。むしろ、数の仕組みや、データや確率を分析するときにありがちな失敗をきちんと理解しているだけだ。多くの場合、非合理的な大失敗を避けることは、賢い判断を下すのと同じくらいの価値がある。なので、みんなが犯しがちな数学的・統計的な誤りに通じておくことは、あなたの人生にとって大きな追い風となるのだ。

とはいえ、最初から最後まで簡単な数学ばかりというわけでもない。本書の後半では、金融システム全般や数学的な賞についても論じるけれど、そこばかりは複雑な数学を避けて通るわけにはいかない。私が述べる数学的定理のどのひとつを取っても、私より何百倍も優秀な数学者でなければ、深く理解することはできないだろう。なので、私自身も歯が立たない内容へと足を踏み入れようとしている場合には、それがおそらくアマチュア数学者の手には負えない理論だということを、そのつど素直に認めるつもりだ。しかし、学校で習う程度の数学的知識さえあれば、本書の大部分の内容を読み進めるには十分なので、どうか安心してほしい。

それでは、いよいよ数学とお金を巡る旅を始めよう。

億万長者だけが知っている教養としての数学［目次］

はじめに　数学でお金持ちになることはできるのか？　i

第1章
お金を増やす
指数関数的成長のパワーを味方につけよう

お金ってなんだろう？　2
ヒント　お金の価値の本質とは？　7
安く買って高く売る──お金儲けのための4つの数学的法則　7
ヒント　サンクコストの誤謬を回避せよ　11
72の法則──500年使われつづける投資の知恵　12
手っ取り早く億万長者になる方法　14
ヒント　元本が2倍になるタネの見分け方　16
「魔法の豆」は現実に存在するか？　17

指数関数的成長のパワー 19

第1章のまとめ お金を増やす 21

第2章 ギャンブルで負けない
統計学的思考で人生から損を排除しよう 23

ギャンブル好きの数学者たちがつくった確率論 24

ヒント 賭けに勝つための数学的思考 29

「幸運の女神」の正体――ボラティリティ 31

ヒント 世界一わかりやすい標準偏差の計算方法 32

金持ち男 VS 貧乏男――コイン投げ編 35

ヒント ギャンブルの前に「破産確率」を確認すべし 37

金持ち男 VS 貧乏男――カジノ編 38

ヒント ルーレットのボラティリティと負けないギャンブル戦略 39

正規分布の「外」へ――ポワソン分布をスポーツカジノに使うと…… 41

オッズって何？――計算できないのに賭けていませんか？ 48

分数式オッズ 49／デシマル式オッズ 50／アメリカ式オッズ 50
ハウス・エッジ（控除率）を計算せよ——そもそも儲かる賭けなのか？ 51
ハウス・エッジを知るには 56
ギャンブルをするまともな理由、ダメな理由 57
72の逆法則で、資金を管理しよう 59
第2章のまとめ　ギャンブルで負けない 62

第3章 ギャンブルで勝つ

バイアスを振り払い、計算力で勝ちをつかむ

必勝システムは存在するか？ 64
マーチンゲール法 65／1-3-2-6法 67／ラブシェール法 69
「いくら賭けるか」を最適化する戦略あれこれ 75
「ケリー基準」という一筋の光明 79
ヒント　賭けに勝つ近道はケリー基準の計算練習 82
賭けのヘッジングで差額をせしめる 83

ヒント ビジネスでも役に立つヘッジング 90
バリュー・ベッティングで勝てるゲームを探す 91
小数の法則と大数の法則——心は統計が超苦手 96
フレーミング次第でブレまくる意思決定 97
ヒント バイアスから自由になるための意思決定術 100
サンクトペテルブルクの宝くじ——注目すべきは「効用」 100
ヒント 限界効用の逓減をビジネスに活かす 104
なぜギャンブラーはかくも楽観的で、しかも同じような間違いを犯すのか 105
ランダム性のなかにパターンを探すという落とし穴 109
ヒント ランダム性にだまされないために覚えておくべき2つのこと 113
ルーレットの数学の意外な応用先 114
第3章のまとめ—ギャンブルで勝つ 115

第4章
投資で成功する
リスクとボラティリティを理解して富を蓄積しよう 117

株式投資入門 118
株式って何？ 120
株価収益率（PER）——株式の価値を測るためのツール集 123
ヒント 企業価値を測る指標とうまく付き合うコツ 125
お金の時間的価値——株価収益率の数学的ロジック 125
ヒント 「10戦6勝」なら御の字と心得る 130
意思決定における不確実性をどう管理するか——ポートフォリオ理論 131
ヒント 計算はソフトウェアに任せて本質をつかもう 136
リスクとボラティリティ——大儲けの機会を算出する 137
ヒント 共分散を手軽に調べる方法 138
ヘッジ比率——リスクだけをうまく削減できるか 144
アービトラージ——ギャンブルと投資に共通する稼ぐ理論 146
合理的な市場がなぜバブルを生み、そして崩壊するのか——ケインズの美人投票 148
目指せバフェット——投資家向けのケリー基準講座 153
低リスクで高利益な投資 156
ヒント オマハの賢人からのアドバイス 158
チャーティズムにダウ理論——あやしい投資理論にご用心 159

ヒント 信頼してはならない理論の特徴 161
第4章のまとめ 投資で成功する 162

第5章

システムをハックする

数学的思考力でチャンスをものにしよう

「エド・ソープならどうする?」 164
カードカウンティング入門――ディーラーをやっつけろ! 168
ヒント カードカウンティングをカジノで使うための心得 172
MITブラックジャック・チームの荒稼ぎ伝説 173
偉大なる数学者をも混乱させたイカサマ 175
確率が詐欺に使われるとき 181
ポンジ・スキームとネズミ講の数学的考察 184
ヒント 数学いらずのアドバイス 187
宝くじに秘められた暗号を解読する 187
宝くじに勝つことはできるか? 190

ずる賢いギャンブラー、クイズ番組をハックする 193
モンティ・ホール問題――数学教授ですら間違えた伝説のクイズ 196
ヒント 「誕生日の謎」で直感を鍛える 199
ホールインワン・ギャング（と当てにならない直感） 200
勝算を高める最良の方法「モンテカルロ法」 203
ベイズが切り拓いた「予測」の世界 206
世論調査がはずれるのはどんなとき？――標本の重要性 208
絶えざるフィードバックから勝利の法則を 213
第5章のまとめ システムをハックする 214

第6章 システムを構築する

儲けを生み出す仕組みを設計しよう

グーグルと行列 216
フェイスブックの数学が作り出す〝バブル〟から抜け出すには 221
暗号化と銀行システム 225
ビザンチン将軍問題とビットコイン 230

デリバティブ入門——基本取引タイプ一覧 234
ヒント デリバティブはゼロサム・ゲーム？ 238
ブラック＝ショールズ・モデルと金融危機 239
高頻度取引とクォンツたち 243
数学的思考で一攫千金を狙うには 246
第6章のまとめ システムを構築する 247

第7章 生産性を高める

データに耳を傾けてパフォーマンスと稼ぎを同時に上げよう

不十分なデータの弊害——統計的有意性の確認を 250
相関≠因果関係 251
ヒント データを正しく扱うクセをつける 253
ランダム性にだまされるな——「まぐれ」の怖さ 254
ダメグラフにご用心 256
ヒント 正しく使えばグラフはあなたの味方になる 264

データに耳を傾ける（どれだけそれが退屈だとしても） 264
サンクトペテルブルクの宝くじを売る方法 267
商談における必須教養「水増し」の数学的テクニック 269
ヒント 仕事で発揮される暗算のパワー 271
ゲームを理論する――交渉で最大利得を獲得する方法 272
富の分配における身も蓋もない話――ジニ係数とパレートの法則 275
ヒント パレートの法則をお金儲けに使うには？ 281
レバレッジのメリット、デメリット 281
ヒント 資産にレバレッジをきかせるために考えるべきこと 284
悪名高い「78分法」から学ぶべき教訓 284
第7章のまとめ 一生産性を高める 286

第8章
賞金を稼ぐ
数学における歴史的難問を解く

287
リアル版『グッド・ウィル・ハンティング』――アマチュア数学者が世界を変える 288

「100万ドルの疑問」ビール予想の証明を狙う 292
ヒント ビール予想を視覚化すると 293
ヒント 優先順位に関するアドバイス 300
解けば100万ドル——7つの「ミレニアム懸賞問題」とは 300
リーマン予想 301／P対NP問題 303／バーチ&スウィンナートン=ダイアー予想 305／ヤン=ミルズ方程式と質量ギャップ問題、ナビエ=ストークス方程式、ホッジ予想 305／ポアンカレ予想 307
才能ある数学者のためのその他の賞 307
コラッツの予想と、その他の〝簡単な〟未解決問題 309
コラッツの予想 309／ゴールドバッハの予想 311／双子素数 312
暗号解読で一攫千金？ 314
解決した有名な数学的問題——どんな難問もいつかは必ず解ける 316
第8章のまとめ 賞金を稼ぐ 318

おわりに

億万長者への第一歩は、数学的思考力を磨くこと 319

第1章

お金を増やす

指数関数的成長のパワーを味方につけよう

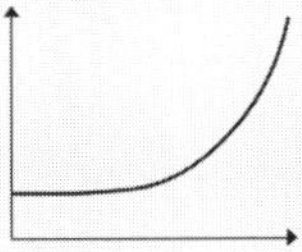

富を自慢する男がいても、
その使い道を知るまでは決して褒め称えるべからず。
――ソクラテス

「お金ってなんだろう?」

そう50人に訊けば、きっと50通りの答えが返ってくるはずだ。お金を定義するのは本当に難しい。

そこで、まずはお金をきちんと定義してみよう。お金の定義がわかれば、お金を増やすごく基本的な方法がわかり、ひいては「指数関数的成長」がお金を貯めるキーポイントになる理由が説明できるだろう。

お金ってなんだろう?

ごく基本的なレベルでいうと、お金とは価値を数えたり測ったりするためのただの数学的な道具にすぎない。お金が登場する前の社会では、商品の取引は物々交換によって行われていた。たとえば、1袋分の穀物を、鍋や豆、1日分の畑仕事と直接交換する、という感じだ。

そこで、1頭の乳牛を、3ブッシェルの小麦と交換するという取引を考えてみよう。視覚的な**方程式**を使うと、乳牛と小麦の**比較価値**を表現することができる(図1を参照)。

しかし、純粋な物々交換が成り立つのは、双方が相手のほしい商品を持っている場合に限られる。でないと、AさんがBさんに牛、BさんがCさんに小麦、CさんがDさんに蜂の巣、DさんがAさんに鍋や釜を渡す、とかいう複雑な売買のネットワークが必要になり、取引をうまく調整するのがやたらと厄介になってしまう。そのため、金融システムが発明されるのは時間の問題だった。タリ

図1

方程式$c=3b$に相当する（cは1頭の牛、bは1ブッシェルの小麦を表わす）。

ー・スティック〔訳注／数量などを記録するのに使われた骨や木の札〕などの原始的な取引記録を使えば、商品やサービスを売り、そうして受け取ったクレジットをのちの購入のときまで取っておくことができる。その通貨単位を「x」とすれば、1頭の牛の市場価格が$15x$、1ブッシェルの小麦が$5x$という具合に数値で表現できる（図2と図3を参照）。

代数を使うとこう表わされる。

$$c = 15x$$
$$b = 5x$$

数式を変形し、1通貨単位xの価値を算出することもできる。

$$x = \frac{c}{15}$$
$$x = \frac{b}{5}$$

ここで、お金自体もまた、市場におけるひとつの商品として扱

図2

1頭の牛の価格は15x。

図3

1ブッシェルの小麦の価格は5x。

えるという点に注目してほしい。お金自体の価値は、ほかの商品との比較で測れる。お金の最大のメリットは、ほかの商品を含む取引を仲介する手段として使えるという点だ。

こうなると、**計数**はたちまち貨幣制度の基本になる（いやむしろ、巨大な数を数えるという行為そのものが商業の発展によって生まれた可能性もある。原始社会が「1、2、3、たくさん……」という数え方をしていたとか、手や足の指を使って10や20までしか数えていなかったとかいう証拠もあるくらいだ）。また、お金は最初から価値比較のひとつの**指標**

としても使われるようになった。

初期のころから、負債もまた貨幣制度の一部だった。多くの社会には高利貸し（貸したお金に利息をつける行為）を禁ずる規則があったけれど、ある人が別の人にお金を借りるということを認める制度には、すでに負債という概念が組み込まれていることになる。実際、負の数という概念自体、中国の数学者が貸方と借方のある帳簿をつけるという問題を扱うために初めて導入したものだ。帳簿において、赤字の借方は引き算、黒字の貸方は足し算が使われた。

「実物貨幣」を「名目貨幣」または「不換《ふかん》紙幣」と区別する人もいる。実物貨幣とは、木製のコインやタカラガイの殻（かつてインド洋周辺諸国で使われていた名目貨幣）のような代用貨幣とは対照的に、金《きん》のような実質的で本質的な価値を持つとみなされる貨幣のことだ。

お金は物理的な形状にかかわらず、常にある程度は代用または象徴であるといって差し支えないと思うけれど、金の貨幣のほうが、たとえばアメリカ・ドル紙幣よりも「現ナマ」感が強いといえるだろうか？　ここではその是非について複雑な議論をするつもりはないが、ひとつだけ言えることがある。**金であれ紙幣であれ、政府発行のものであれ民間発行のものであれ、デジタル通貨であれプラスチック硬貨であれ、お金というのはいつだって相対的にしか価値を評価できないのだ。**

このことはどんな意味を持つのだろう？

その答えは、通貨単位の価値は、それと交換できる商品やサービス（あるいはほかの通貨）と照らし合わせないかぎり測定できない、ということだ。

つまり、固有の価値だとか絶対的な価値なんてものは存在しない。現在の金の価値を小麦で、1ドルの価値を金で、1円の価値を1ユーロの価値で測ることはできるけれど、評価している人や交換可能な商品を抜きにして、こうした商品自体の価値をどうこう言うのはまるで意味がない。貨幣価値はすべて相対的なもので、時間とともに変動するからだ。なので、たとえばガソリンの価格がドル換算で増加すれば、必然的にドルの価値はガソリン換算で減少するといえるのだ。

貨幣価値は相対的であると同時に、必ず主観的なものでもある。まったく同じボトル入りの水が、清流のそばに住む人にとっては無価値だったかと思えば、砂漠のど真ん中で遭難して死にかけている人にとっては100万ドルの価値を持ったりする。

資産管理の技術は、まさしく価値の差分や変動を見極めることにある。この考え方は、おそらく「純資産」の概念を考えるのがいちばんわかりやすいんじゃないかと思う。純資産とは、保有する資産をすべて売っ払い、負債を**時価**ですべて清算した場合に残るお金の額として定義される。

お金が客観的価値を持つ（または持つようにするべきである）という考えを振り払うのは時として難しい。しかし、昨今の量的緩和や紙幣の発行を見れば、お金自体が価値を得たり失ったりするという事実がよりはっきりと理解できるはずだ。そして、お金を単純にほかの商品やサービスと交換可能な品物としてとらえれば、お金についてより厳密に考えるための数学的土台が手に入るのだ。

ヒント

お金の価値の本質とは?

お金とは交換価値の相対的な指標であり、そのお金と交換可能な商品、サービス、資産を数える手段でしかないという点を覚えておこう。ある時点におけるふたつの商品aとbの比較価値は$a = nb$という数式を使って定義できる。また、お金の価値は商品やサービスの価値と同じように変動するという点も忘れてはならない。**つまり、価値とは相対的で、主観的で、変動するものなのだ。**

なので、長期的にお金を増やす主な方法は、価値の変動を利用するか(たとえば、買ったものを購入時より高い値段で売るなど)、または価値を付加するか(たとえば、原材料からもっと価値のあるものをつくるなど)、そのふたつにひとつなのだ。

安く買って高く売る
――お金儲けのための4つの数学的法則

次に押さえておくべき基本的なポイントは、経済取引とはふつう、ふたりの個人またはふたつの集団が同一の商品に対して別々の**価値**をつけ、双方が納得できる**価格**で合意したことをもって完了するという点だ(双方がまったく同じ価値をつけても取引は成立するけれど、どちらの側から見てもそんなことをする強い動機はないだろう)。

図4

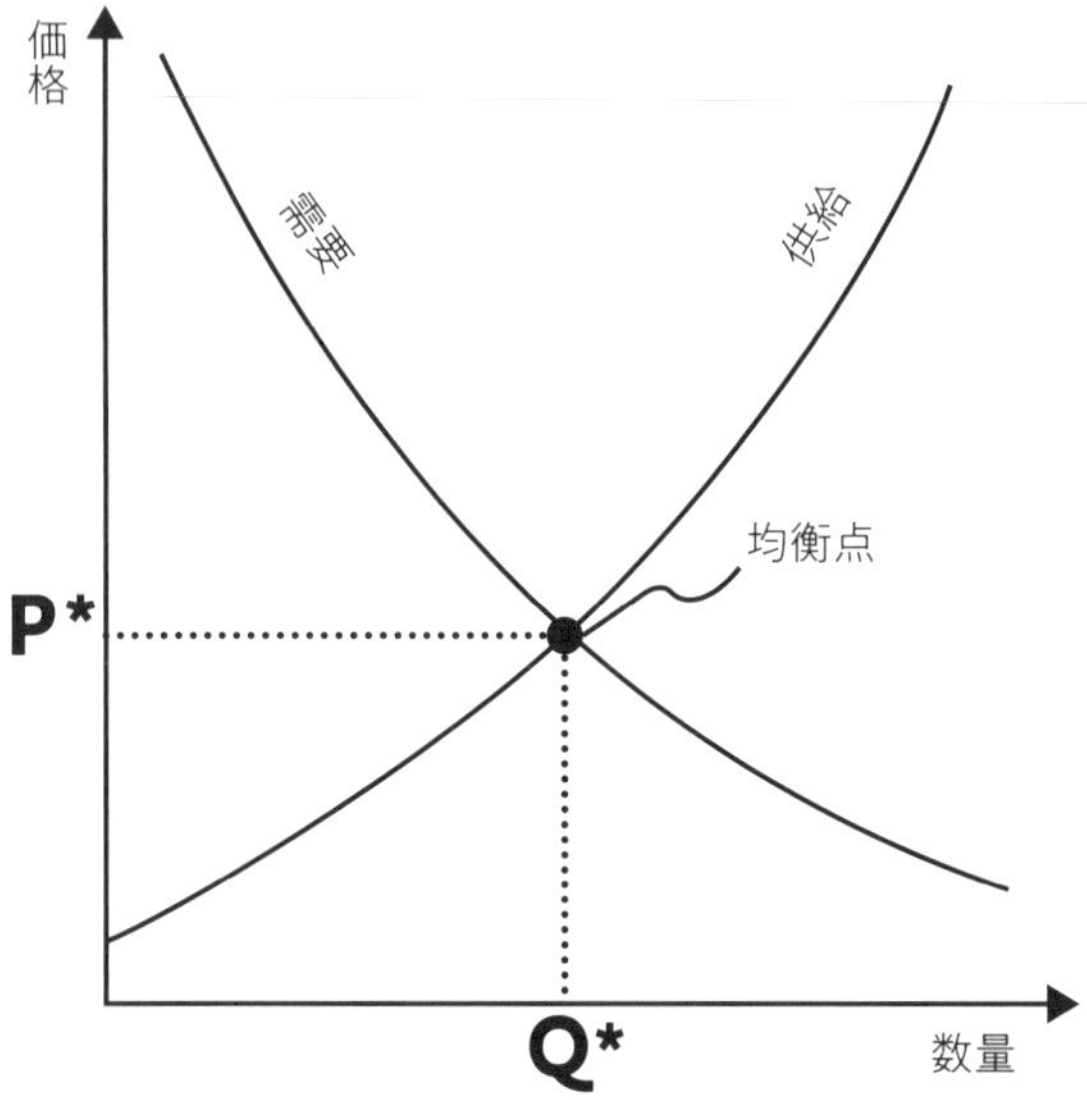

供給と需要の図式。**価格**が上昇するにつれ、**供給**も上昇し、その商品を生産または販売しようとする人は多くなる。一方、**需要**は減少し、その商品を買おうとする人は少なくなる。理論的には、市場価格（または均衡価格）は、需要曲線と供給曲線の交わる点にある。

たとえば、あなたは明日、中古車を買いに出かけるつもりだとする。予算の上限は３０００ポンド。一方、売り手は最低でも２５００ポンド以上で売りたいと思っている。この場合、ふつうは２５００ポンドと３０００ポンドのあいだの価格で取引が成立するだろう。この取引は、多くの同様の取引価格の理論上の平均である**市場価格**を定める参考になるだろう。

経済理論で使われる供給曲線と需要曲線（図４を参照）は、市場で価格がどう定まるかを示す簡単な方法だ。数学的な手法を使えば、理想的な市場を記述することができる。供給曲線と需要曲線は、このふたつが記述する理想化された市場なんて実在しないという事実さえ覚えておけば、貴重な分析ツールになりうる。

株式の売買も同じだ。あなたがその株式は過小評価（または適正に評価）されていると考え、売り手が過大評価（または適正に評価）されていると考えれば、取引は成立する。* そう考える理由は合理的なこともあれば非合理的なこともあるけれど、要は、買い手と売り手がその人なりの動機や理由から商品を別々に評価し、一定の妥協に達したとき、取引が行われるということだ。そういうわけで、荒唐無稽《こうとうむけい》な「価値」について話すより、きちんと測定できる市場価値を見るほうが便利な場合が多いのだ。

早い話、お金を儲けたいなら、価格の変化する資産、商品、サービスを、終わってみればお金や財産が増えているような形で交換する方法について考えなければならないわけだ。

その方法は大きく分けて4つある。

ひとつ目は、あなたの労働力を売って賃金や給料をもらう方法。つまり、自転車にまたがって仕事を見つけに行けばいい。

ふたつ目は、大小はともかくビジネスをおこし、商品やサービスを生み出すという方法。このプロセスでは、一定の原材料（労働力、原料、素材、アイデアなどなんでも可）から、より高値で売れ

*ただし、適正価格よりも安いとは思うが、売る以外に選択肢がない「強制された売り手《フォースト・セラー》」と呼ばれる人々もいる。

る何かを生み出すことになる。たとえば、工作用の粘土を買い、それより高い値段で売れるブローチをつくり、営業コストを抑えるためにソーシャル・メディアを使ってオンラインで宣伝するのはどうだろう。この場合、原材料に価値を付加することにより、富を創出している。

3つ目は、誰かのビジネスや富の創出活動にお金を投資するという方法。これには直接投資する方法（たとえば、友人のビジネスに出資するなど）と、間接的に投資する方法（直接またはブローカー経由で株式を購入するなど）がある。

4つ目は、資産価値の変動を利用し、「安く買って高く売る」という方法。これは、商品を仕入れた値段よりも高く売る商売人が常日頃から行っている基本的な活動だけれど、投機家やギャンブラーも同じことをしている（投機と投資を正確に区別するのは難しい。投資したお金が本当に他者の富の創出に役立っているのかを考えるのがひとつの手だ。役立っていないとしたら、それは投資よりも投機に近いといえるだろう）。

どういう手段でお金を儲けるにしろ、価値の変動する世界では、「安く買って高く売る」という単純明快な数学的法則が使える。仕事の世界でさえ、特定のスキルや経験を獲得するのに費やした時間やお金を分析して、将来のお給料にどれだけの差を生み出すかを比較することができるだろう。しかし、ビジネスや投資の世界では、その差がいっそう際立つ。価格の変動をうまく利用すればするほど、急速に富は膨らんでいくのだ。

しかし、売り買いばかりを考えていては事を仕損じるのが世の常だ。伝説の投資家、ジョン・C・

ボーグルは、買い持ちの偉大な支持者として知られていた。たとえば、彼はこう記している。「投資における儲けは、過去の儲けのほとんどがそうであったように、頻繁に売り買いするのではなく保有して持ちつづけることによって得るのが常道である」

そうなると、こんな疑問が浮かんでくる。ある資産は、その資産を保有するのに現在かかっているコストを上回る利益をあげているのか？　その資産と交換可能なほかの資産と比べるとどうだろう？　比較価値という概念が重要な意味を持つのはまさにこの点だ。より儲けの少ない資産と交換するためだけに、その資産を売ったとしても、なんの得にもならないからだ。その点、「機会費用」という経済学の概念は、ある資産に資本を投下すると、同じ資本を別の資産に投下できなくなるという形の「費用」が生じる、と考える。

ヒント

サンクコストの誤謬を回避せよ

価値を純粋な数式という観点から考えるひとつの理由は、数式で考えることによって、よくある非合理的な誤りを避けられるからだ。資産を評価するとき、無関係な要因を考慮してしまうという失敗はあとを絶たない。たとえば、その資産を手に入れるために費やした資本や苦労、あなたの希望する売却金額などがその例だ。こうした要因は、**埋没費用《サンクコスト》の誤謬《ごびゅう》**といった誤りを引き起こす（たとえば、今までに費やしたお金がもったいなくて、赤字のプロジェクトにこだわりつづける、など）。

資産の価値を評価する唯一の道は、その資産の現在の価値を考慮し、それをほかの選択肢と比較することだけなのだ。過去に何が起きたかなんてほとんど関係ない。もちろん、その資産の過去の価値の推移は、多少なりとも将来の推移の参考にはなるだろうが、実際には、世の広告が口を酸っぱくして言っているとおり、「過去の実績はなんの保証にもならない」のだ。確かに、目指すべきは常に資産を買ったときよりも高く売ることだけれど、損切りを拒みつづけるあまり、損失を受け入れてさっさと次へ進むよりも出血がひどくなることだってあるのだ。

72の法則
——500年使われつづける投資の知恵

ある投資機会やビジネスモデルについて考えるとき、元本が一定の成長率のもとで2倍になるまでの年数を知っておくと便利なことが多い（第一、いつか元本が2倍になるという期待すら持てないなら、もっと儲かる別の投資機会に目を向けたほうがよくないだろうか？）。

72の法則は、その年数を暗算するための簡易的な方法で、少なくともルカ・パチョーリ（1445〜1514）が著書『スムマ』で記述した15世紀以来、脈々と受け継がれてきた。

法則はいたってシンプルで、72を成長率（または預金や投資の利率）で割ればよい。そうすれば、

図5

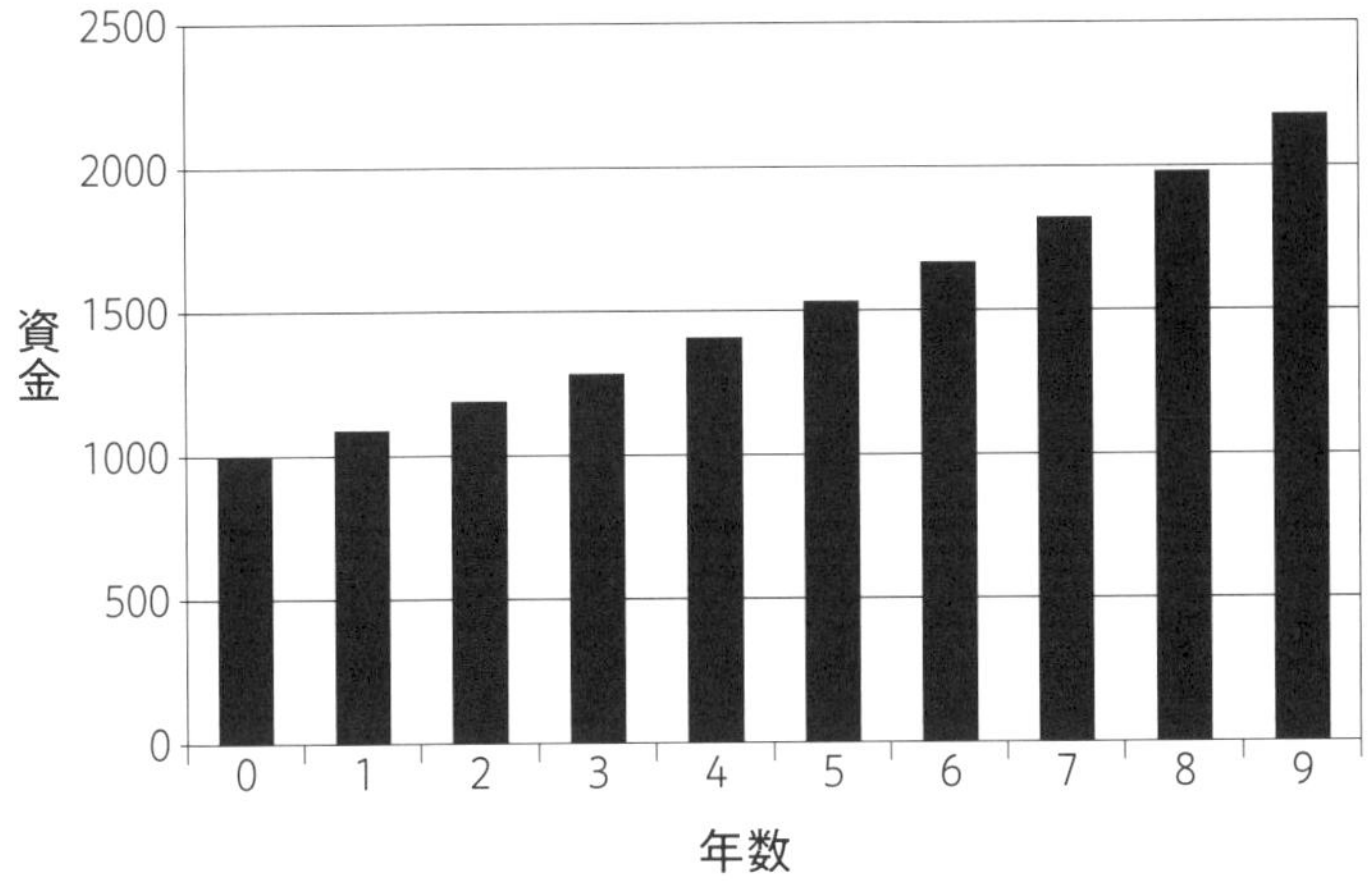

元本1000ポンド、年利9%時の資金の推移。元本が2倍になるまでにおよそ8年かかる。

初期投資額が2倍になるのにかかる年数がスパッと弾き出される。たとえば、年利9%とすると、72÷9=8なので、8年と算出される。年利9%で元本が2倍になるまでの実際の年数は8・043年なので(図5を参照)、確かにこの法則の精度はなかなかのものだ。

ただし、この法則を経験則として使うときは要注意。この法則は概算でしかなく、しかもいちばん値が正確なのは金利が5~10%前後のときだけだ。また、分数の分子として72の代わりに69か70を使うほうが実際には精度が高いということもわかっている。昔から72が使われてきたのは、割り切れる数がたくさんあるからだ。実際、72は、1、2、3、4、6、8、9、12、18、24、36で割り切れる。

数学マニアのみなさんのために言っておくと、分子に69・3を使い、「エックハルト=マクヘイルの二次法則」と呼ばれる次の数式を使うと、計算はいっそう正確になる。

$$t=\frac{69.3}{r}\times\frac{200}{(200-r)}$$

ここで、tは元本が2倍になるまでの年数、rは成長率。第2項は、成長率が高い場合の推定精度を向上させるための補正だ。成長率が高い場合、この補正を行わないと精度が著しく落ちてしまう。

しかし、何世紀も前から多くの資本家や投資家の役に立ってきたという事実が示すとおり、ほとんどの標準的な状況では、基本的な72の法則だけでも完璧に役立つだろう。

手っ取り早く億万長者になる方法

さて、元本が2倍になるまでの時間を計算する手軽な方法がわかったところで、次は初期投資額1000ポンドをたった1年で100万ポンドまで増やす超単純な秘法を見ていこう。

こんな架空の状況を想像してほしい。あなたはひょんなことから、毎週月曜日に魔法の豆を買いつける方法を見つけた。それは金曜日の午後になると、必ず買値の2倍の値段で売れるという夢のような豆だ。そこで、あなたは大枚をはたいて魔法の豆を買い、後日その豆を売って元本を2倍にし、翌週、そのお金で前週の2倍の量の魔法の豆を購入する。するとあら不思議、倍々ゲームで、元本が1週間後には2000ポンドになり、2週間後には4000ポンドになり、そして10週間後には102万4000ポンドになる。

ここまで読んだみなさんなら、この計画に穴を見つけるのはわけもないだろう。そう、魔法の豆なんてものは実在しないのだ(もう少し厳密に言うなら、元本がいつまでも倍々に増えていく簡単な方法なんて存在しない)。しかし、この数学的な議論自体は、完璧に理にかなっている。2倍、2倍を n 回繰り返したあとの初期投資額は、2の n 乗倍となる。つまり、初期投資額は2倍、4倍、8倍、16倍、32倍、64倍、128倍、256倍、512倍、そして1024倍(=2の10乗)と膨らんでいくわけだ。

これは基本的な数学だけれど、恐ろしく現実味がない。ただし、優良で堅実なビジネスモデルがあるのなら、お金がどんなふうに増えていくかを見るためのひとつの思考実験みたいなものと考えてほしい。元本が2倍になるまでの期間は1週間より多少長いかもしれないし、あなたオリジナルの「魔法の豆」を見つけるためには、まちがいなく必死の努力がいるだろう。たとえ魔法の豆が見つかったとしても、保証された利益なんてありえないし、不確実性をうまく管理する必要があるはずだ。でも、どんなビジネスプランや投資戦略だって、煎じ詰めれば、お金を増やす方法を見つけ、そのプロセスを継続的に繰り返せるかどうかにかかっている。

留意点はもうひとつある。たとえ少額の元本を2倍にする絶対確実な手法が見つかったとしても、額が大きくなればなるほど、同じ手法を繰り返し適用するのは難しくなっていくという事実だ。たとえば、あなたがカジノでお金を2倍にできるシステムを見つけたとしても、倍々ゲームを何度か繰り返したところで、カジノがあなたを出入り禁止にするか、さもなくば破産するのは目に見えている。魔法の豆だって同じだ。たちまち、魔法の豆を月曜日に手押し車で運ぶのは不可能になるだろう。どんなビジネスや投資システムにだって自然な上限はあり、その上限は思いのほか低かったりする。

そんなわけで、本書では次の2点に絞って考える。

ひとつ目は、数学的スキルや経験則を実世界への応用と組み合わせ、元本の1000ポンドを2000ポンドにするには、どんな方法が考えられるか。

ふたつ目は、自然な上限に達するまで、その戦略をどれくらい拡張していけるのか。

ヒント

元本が2倍になるタネの見分け方

あなたオリジナルの「魔法の豆」を探すには、まずどれくらいの期間で元本を2倍にするかを考えよう。次に、その手法を使った場合に、それ以上同じ割合で成長しつづけられなくなる「上限」に達するまでの期間を考えてみよう。

「魔法の豆」は現実に存在するか?

ついさっき、この世に魔法の豆なんて実在しないと言った。残念だけれど事実そのとおりだ。それでも、魔法の豆ビジネスを、不動産、土地、株式の市場と比較して考えると、いろいろとタメになる発見がある。地価や株式市場は、短期的に見ると大きく変動することもあるけれど、数十年とか数百年単位の長期で見れば、実質ベースでかなり安定した成長を遂げてきている。したがって、株式や土地を安値で買い、高値で売り払うか、価格の上昇中にその資産から収入をあげることに成功した投資家や地主は、長期的に見れば確実に十分な利益をあげられるのだ(そうした市場の長期的傾向が続くかぎりは)。

これと魔法の豆ビジネスのどこがちがうだろう?

ひとつ目に、今あなたが景気の波のどのあたりにいるのかについては、いつだって一定の不確実性がある。ふたつ目に、先ほど私が言った1週間で価値が2倍になる魔法の豆と比べると、景気の波はずっと緩やかだ。

ただし、ふたつの根底には似ている部分もある。大半の経済における地価と主要な株式市場は、数十年間にわたるインフレに伴って5~10%ほど上昇してきた。たとえば、インデックス・ファンド(市場全体の実績を追跡する指数(インデックス)に値動きを連動させたファンド)に投資すれば、ふつうはこの水準のリターンか、あるいは相場の下落時にタイミングよく市場に参入した場合にはもう少し高いリターンをあげられる。魔法の豆とはほど遠いけれど、潤沢な資金を持つ人にとっては十分満足できる代替品になる。

年間リターンのごく小さなちがいがどれほどの差につながるのかを確かめるため、1984年から2015年までのイギリス市場の変化を見てみよう。この期間、10万ポンドを不動産に投資していれば、最終的に50万2500ポンドになっていたけれど（年利5・7％、インフレ率は小売物価指数で3・5％）、株式（年利はわずかに高く5・9％）に投資していれば53万3000ポンドになっていた。さらに、株式の配当を常に再投資していれば、なんと153万3500ポンドになっていたというのだからびっくりだ（年利9・9％相当）。2000年以降、不動産や土地は株式よりも大きく成長しているが、それは不動産市場が2000年の段階で冷え込んでいたことが要因として大きい。

金持ちが金持ちでありつづける理由のひとつは、まさしくこの点にあるといっていい（第7章の「パレートの法則」を参照）。この種の投資を特に利用しやすいのは、一部を長期的な資産に回すだけの富を持つ人々だからだ。

可処分資産が少ない人々にとっても、不動産やインデックス・ファンドへの長期投資は蓄財という点で大きな役割を果たすけれど、数十年単位ではなく数年単位で結果を求めるなら、よりスピーディーな手法も必要になるだろう。

図6

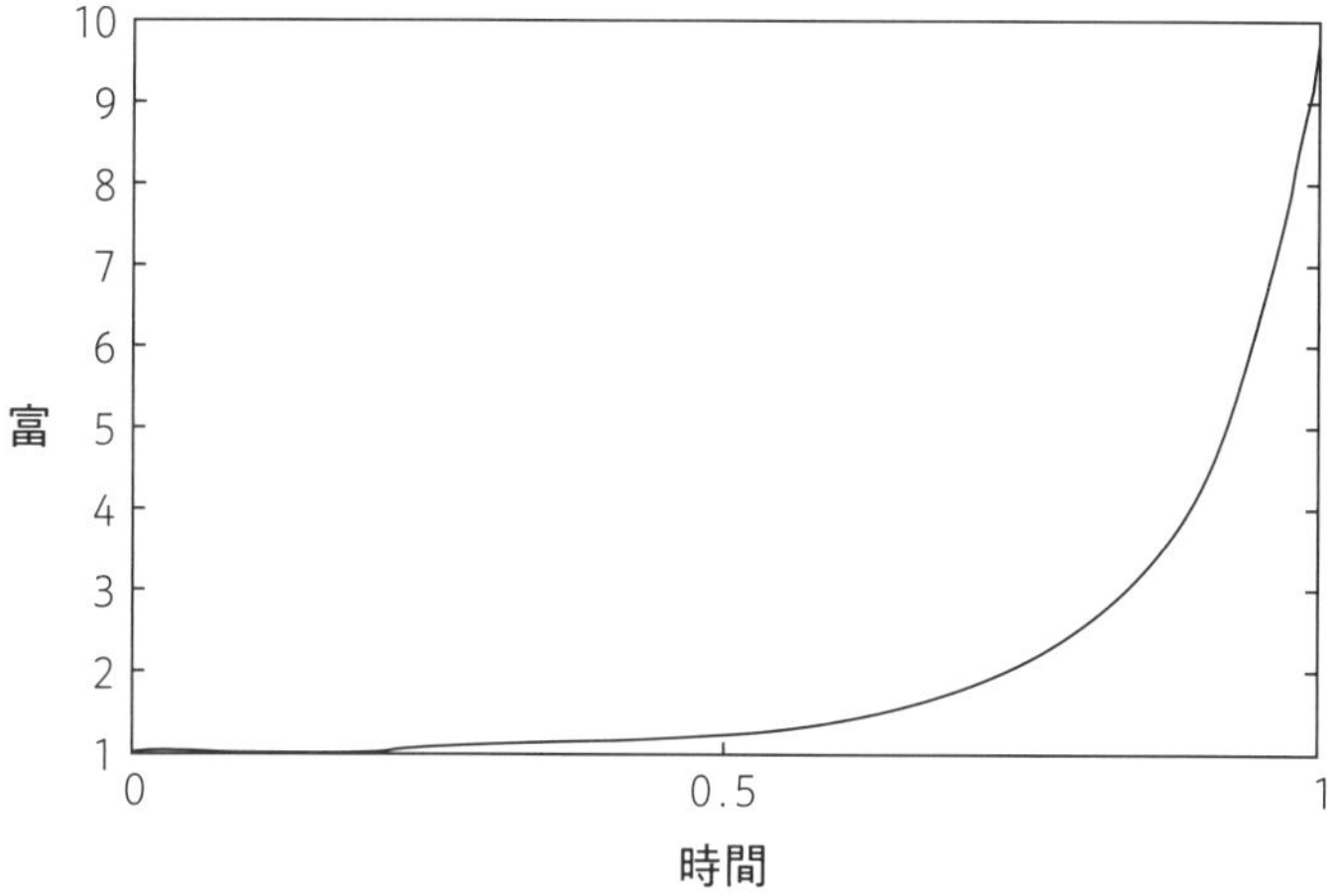

指数関数的成長

指数関数的成長のパワー

魔法の豆は、**指数関数的成長**、つまり一定のパーセンテージずつ続く成長の例である。指数関数的成長は、富を築くという点ではきわめて強力な概念であり、世の大金持ちたちが拡大可能な事業や投資を通じて財を築いてきた理由を説明するのに役立つ。図6は時間を横軸に取り、お金が一定の割合で増加していく様子を示した指数曲線だ。

対して、給料が少しずつ（ただし指数関数的にではなく）増えていくサラリーパーソンの富は、図7のような曲線に従って成長していくだろう（縦線は昇給のタイミング）。

もちろん、これはかなり大雑把な比較だけれど、長期的に見ていちばん成長性が高いの

図7

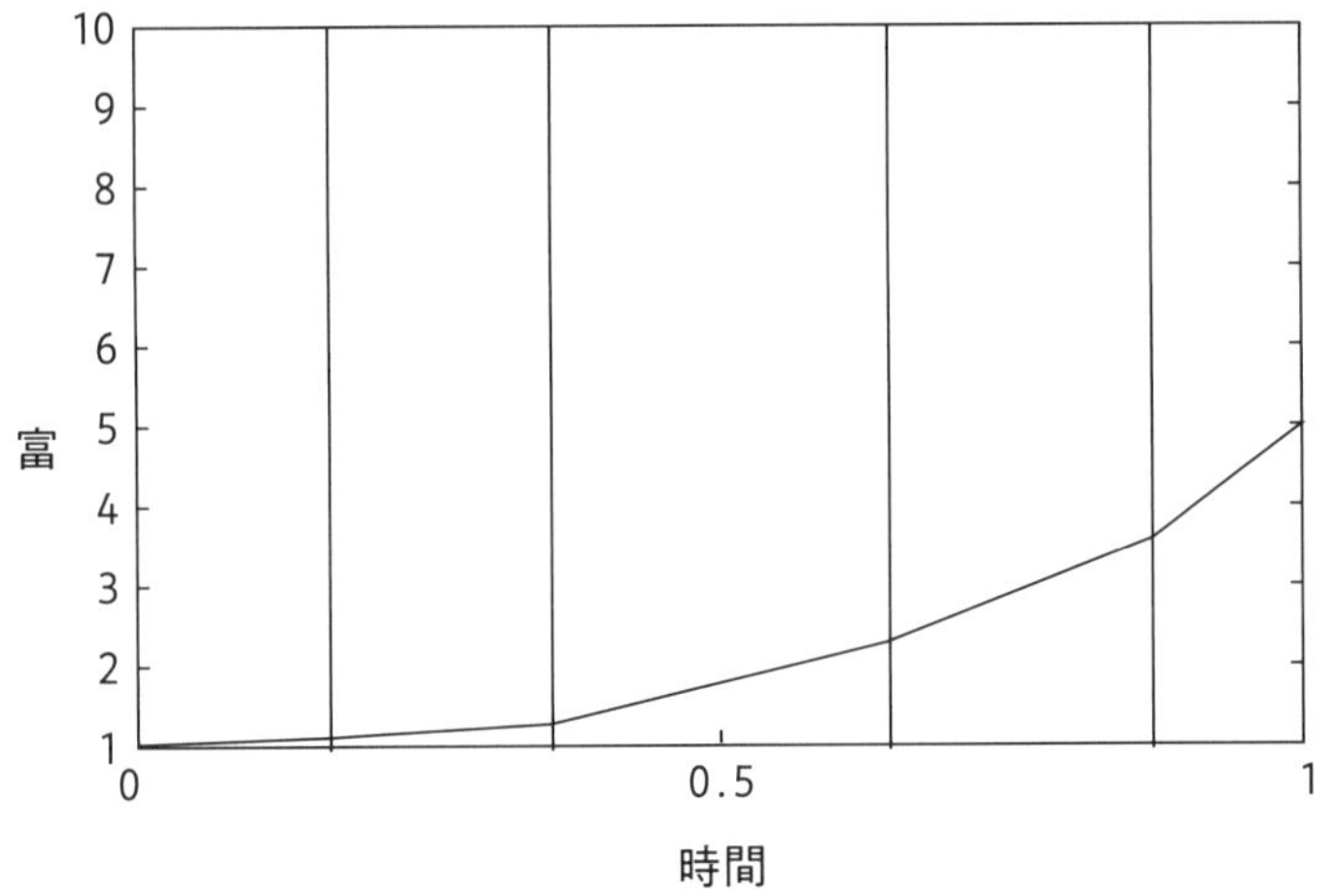

定期的な昇給を通じた緩やかな富の成長

は指数曲線だということが一目瞭然でわかると思う。必死で働いて成功すれば、キャリア全体で給料を2倍や10倍、あるいは20倍にすることはできるかもしれないが、収入を１００倍、またはそれ以上にしようと思ったら、どこかに指数関数的成長の「種」を探すことが欠かせないのだ。

というわけで、金儲けの方法を探ろうと思ったら、真っ先に次の2点について考える必要がある。

ひとつ目に、元本を2倍にするまでにどれくらいの時間がかかるか?

ふたつ目に、元本が(少なくとも中期的に見て)指数関数的に増えつづけるよう、そのやり方を拡大していくことはできるのか?

第１章のまとめ
お金を増やす

①お金は比較価値の方程式において変数として扱える。
②元本がどれくらいのペースで増えていくかをおおまかに見積もるには、72の法則を使うとよい。
③指数関数的成長の「種」を含むのが、理想的なビジネスモデルだ。
④黙っていてもお金が増えていく「魔法の豆」でも見つからないかぎりは、リスクや不確実性の管理方法、資産の将来的な価値の合理的な予測方法を、自分で学んでいくしかない。

第2章

ギャンブルで負けない

統計学的思考で人生から損を排除しよう

ビジネスという名のギャンブルは、ギャンブルという名のビジネスを、厳しい軽蔑の目でもって見つめている。

——アンブローズ・ビアス

ギャンブルとある種のビジネスは、特に投機や投資の場合、紙一重といっていい。数学者のエド・ソープがカードカウンティング（ブラックジャックで場に出ていないカードを記憶しておくことにより、ゲームを有利に進める戦法）の理論をギャンブル戦略として改良すると、その戦略を解説した彼の著書は多数のクォンツ、証券アナリスト、ギャンブラーたちの刺激となり、彼自身もまたヘッジ・ファンド・マネジャーとして成功の階段を駆け上がった（第5章を参照）。

ギャンブルは運や確率の基本的な分析方法の実例を与えてくれるとともに、ギャンブラーを悩ませる論理的誤謬《ごびゅう》について理解させてくれる。こうしたギャンブル界のツールや誤謬は、よりリスクの低い投資やビジネスの選択肢に対しても、そっくりそのまま成り立つ。なので、ギャンブルの例を用いて、リスクや機会の評価における数学の基本的な使い道を探ることには大きな意味がある。そうすれば、数学がお金の使い方全般について賢い判断を下すのにどう役立つのか、それを考えるための強力な土台が得られるだろう。

ギャンブル好きの数学者たちがつくった確率論

16世紀の博学者、ジェロラモ・カルダーノは、確率論の基礎を築いた最初の数学者のひとりだった。彼は著書『サイコロ遊びについて（*Liber de ludo aleae*）』で、起こりうる結果をすべて調べ上げ、そのうちの何通りがギャンブラーにとって望ましい結果であるかを考えることによって、事象を分

図8

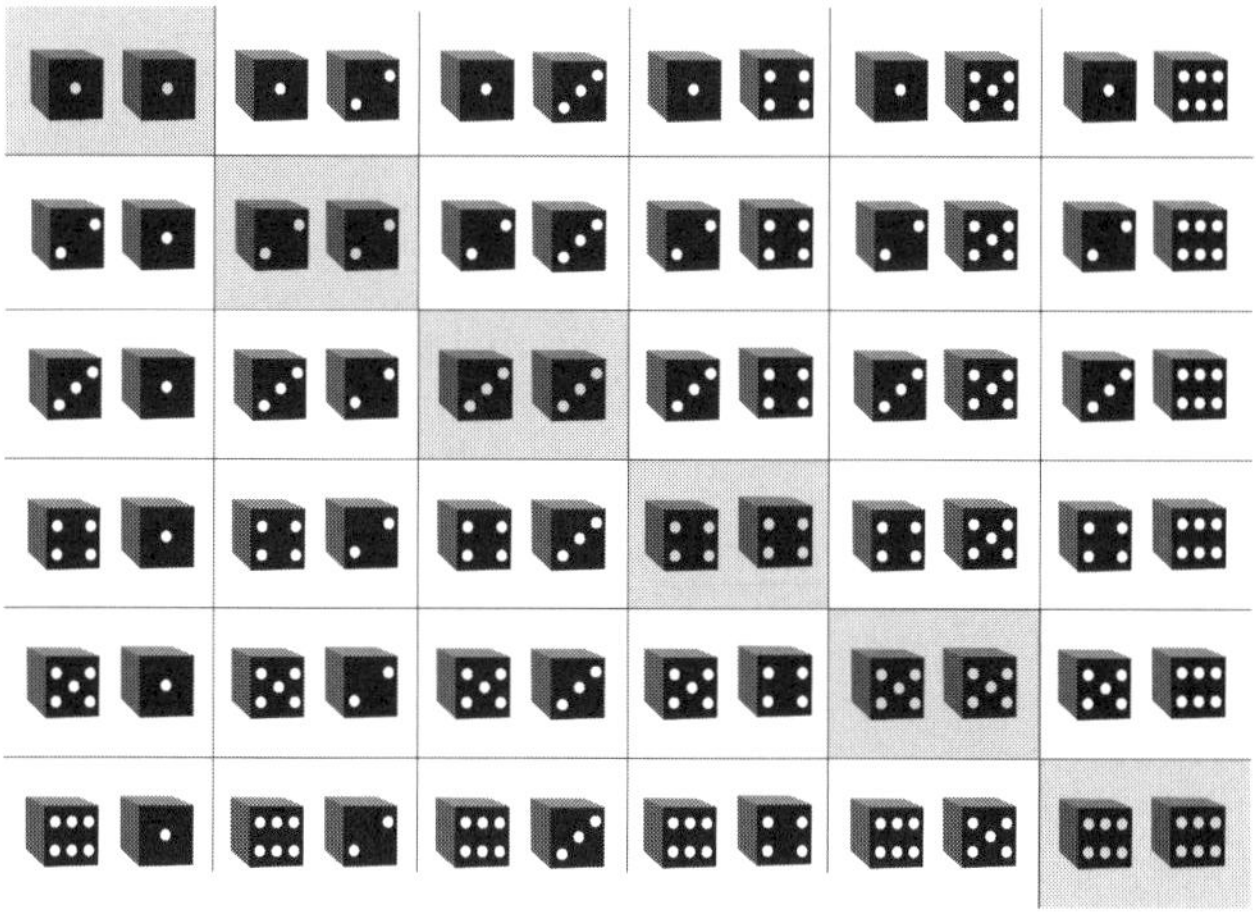

2個のサイコロを投げたときに生じうるすべての結果

析するという方法を考案した。現代の用語を使えば、彼はサイコロ遊びの「標本空間」について記述したわけだ。

たとえば、2個のサイコロの出る目はぜんぶで36通りあり（図8を参照）、そのうちの6通りがゾロ目、さらにそのなかのただ1通りだけが6のゾロ目だ。このことから、6のゾロ目が出る確率は36分の1といえる（もう少し厳密な言い方をすれば、2個のサイコロを繰り返し投げると、やがて6のゾロ目が出る回数は全体の36分の1に限りなく近づいていく）。

サイコロ、トランプ、ギャンブル用のチップは、少なくとも1000年前、ことによるとそれよりずっと前からあった。カルダーノの存命中には、ちょうど世界最古のカジノが営業を行っていた。だが、カジノを経営するからには、損失回避の方法について一定の知識が必要になる。そう考えると、自身の日常的なギャンブル癖《へき》がきっかけで始まったカルダーノの研究は、トランプ詐欺師、プロの賭博師、カジノ経営者が私腹を肥やすために前々から使っていた数学的知識を、大衆に広めるうえで大きな役割を果たしたのかもしれない（実際、『サイコロ遊びについて』では、ギャンブルのイカサマ手法についてもそうとうなページ数が割かれている）。

カルダーノの研究は大きな一歩だったけれど、確率論がぐんと厳密になったきっかけは、それから1世紀後、ブレーズ・パスカルとピエール・ド・フェルマーとのあいだで交わされた文通にあった。ふたりはめいめいの分野で天才の名をほしいままにしていた。パスカルが史上初の機械式計算機のひとつ「パスカリーヌ」を発明すれば、フェルマーは微積分学の分野で先駆的な研究を行った。何世紀にもわたって世の数学者たちを魅了しつづけたかの有名な「フェルマーの最終定理」は、彼の死後3世紀以上たってようやく証明されたというのだから開いた口がふさがらない（第8章を参照）。

そんなパスカルとフェルマーの論じた問題のひとつに、「賭け金の分配問題」があった。世界有数の数学者たちを悩ませていたこの難問は、ゲームを途中で中断した場合に生じる。たとえば、7点先取の輪投げゲームを、スコアが6対4の状態で中断した場合、賭け金をどう分配するのがいいだろう？

それまでの解決策では、獲得した点数に比例して賭け金を分配したり、獲得点数と合計点数を比較して分配したりしていたけれど、パスカルとフェルマーは起こりうる結果をひととおり考慮する

期待値の概念を導入した。簡単にいえば、このゲームを最後まで行ったとした場合に起こりうる結果を全通り考えるわけだ。4点のプレイヤーがゲームに勝つためには、あと3戦連続で点を取るしかない。ここでは輪投げスキルの差はあえて無視することにして、各々のプレイヤーが得点する確率を$\frac{1}{2}$ずつと考えよう。

1戦目、プレイヤー1（6対4でリード）は、$\frac{1}{2}$の確率で勝ち、$\frac{1}{2}$の確率で負けとなる。2戦目も同様なので、1戦目と2戦目が勝ち-勝ち、勝ち-負け、負け-勝ち、負け-負けとなる確率はそれぞれ$\frac{1}{4}$ずつある。3戦目も同様で、1戦目、2戦目、3戦目が勝ち-勝ち-勝ちから負け-負け-負けまでのいずれかになる確率はそれぞれ$\frac{1}{8}$ずつある。さて、プレイヤー1がゲームに負けるのは、負け-負け-負けの場合に限るので、賭け金の分配は、リードしているプレイヤーを7、相手側のプレイヤーを1とするのがよろしい。

逆に、プレイヤー1がある時点からゲームに勝利する確率を計算しても、結果は同じになる。1戦目で勝つ確率が$\frac{1}{2}$、1戦目で負けて2戦目に勝つ確率が$\frac{1}{4}$、1戦目と2戦目で負けて3戦目で勝つ確率が$\frac{1}{8}$だから、やはり合計$\frac{7}{8}$となる。

標本空間内で起こりうるすべての結果について考えるというこのプロセスこそ、現代確率論の要《かなめ》であるといっていい。「パスカルの三角形」は、特定の数値条件が与えられたときに起こりうるすべての結果の組み合わせを計算する手法のひとつだ（欧米ではパスカルにちなんでこう呼ばれているけれど、これは少しずうずうしい。中国、インド、ペルシアの数学者たちにはその何世紀も前から知られ

図9

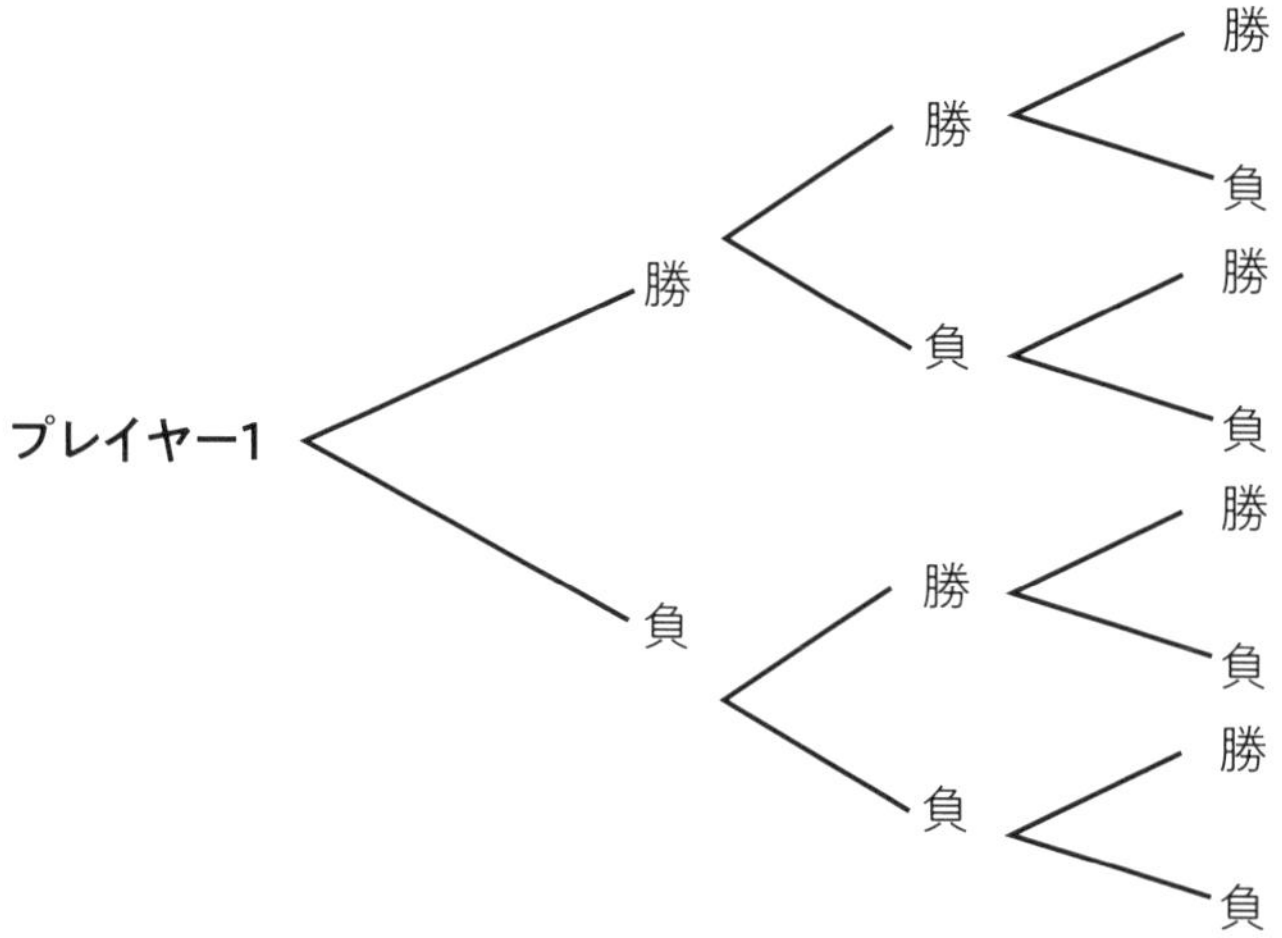

あるゲームの次の3戦で生じうる結果からなる標本空間。この図では、3戦ともプレイされると仮定しているが、実際のゲームでは、プレイヤー1が1戦目か2戦目で点を獲得した時点で終了になる。

ていたからだ)。さらに、パスカルはギャンブルの概念を極限まで広げ、「パスカルの賭け」という概念を提唱し、神を信じるのが合理的な人間にとっては賢明な賭けであると説いた。神を信じないことによる利益は(快楽や贅沢という意味で)有限だが、神を信じないことによる損失(永遠に天国ではなく地獄行きになること)や、神を信じることによる利益は無限大だ。

現代ギャンブル理論の中心には組み合わせの数学がある。どんなゲームや賭けに対しても、考えられるすべての結果からなる標本空間を考えれば、そのうちのいくつが望ましい(または望ましくない)結果なのかを見積もれる。偶然ではなく実力で結果が決まるスポーツ賭博においても、過去の傾向やデータを考慮すれば、勝利や敗北の確率など、そうとう細かい部分まで予測がつくのだ。これはサイコロ投げの場合には単純なプロセスだけれど、ポーカーのようなゲームでは一段と複雑になる。

しかし、これから見ていくように、ギャンブルの技術は確率の計算だけにあるわけではない。賭けの相手があなたとはちがうふうに確率を見積もっていて、そこに正真正銘の価値《バリュー》が潜んでいることもある。そういう価値のある賭けに出る機会を探せるかどうかが、ギャンブルの腕の分かれ目なのだ。

ヒント

賭けに勝つための数学的思考

賭けとは、「将来あるシナリオが起きた場合に、一定額のお金を払い戻してもらえる権利を購入する行為」と考えるのがいちばんわかりやすいだろう。ある賭けの価値を正確に評価するには、起こりうる将来のすべてのシナリオからなる標本空間を分析するのがよい。

たとえば、1組52枚のトランプの山から、Aを引いたら勝ちという賭けについて考えてみよう。1組のトランプには4枚のAが含まれているので、Aを引く確率は$\frac{4}{52}$、つまり$\frac{1}{13}$だ。

すると、こんな疑問が浮かぶ。いくつかの事象の組み合わせが起こる確率は？　その計算方法は、それぞれの事象が互いに「独立」なのか「独立でない」のかによって変わってくる。カードを1枚引いたあと、そのカードを山に戻してもういちど引く場合、ふたつの事象は独立している（早い話、1枚目に何を引いたかが2枚目の確率に影響を及ぼさない）。この方法で2枚のAを連続して引く確率は、$\frac{1}{13}\times\frac{1}{13}$で$\frac{1}{169}$となる。つまり、2枚連続でAを引いたときに169ポンドより多くもらえるなら、1ポンドを賭けるのは合理的といえる。ところが、2枚のカードを同時に引くとなると、確率は変わってくる。1枚目のカードがAである確率は相変わらず$\frac{4}{52}$だけれど、2枚目のカードもAである確率は$\frac{3}{51}$となる。よって、この方法で2枚のAを引く確率は、$\frac{3\times4}{51\times52}=\frac{1}{221}$になるのだ。

一方、山から2枚引いてAが少なくとも1枚ある確率（1枚目のカードを山に戻す場合）を計算するには、少しちがうやり方が必要になる。引いたカードが**Aでない**確率はそれぞれ$\frac{48}{52}$なので、**2枚とも**Aでない確率は$\frac{48\times48}{52\times52}$となる。各項を4で割って約分すると、$\frac{12\times12}{13\times13}=\frac{144}{169}$となる。少なくとも1枚Aを引く確率を求めるには、1からこの分数を引けばよいので、確率は$\frac{25}{169}$となる（$\frac{1}{7}$よりほんのちょっとマシなくらいだ）。それから、確率どうしの**掛け算**ではなく**足し算**が必要になることもある。たとえば、1枚カードを引いてAまたはKを引く確率は、それぞれの事象（$\frac{1}{13}$）を足し合わせて$\frac{2}{13}$となる。

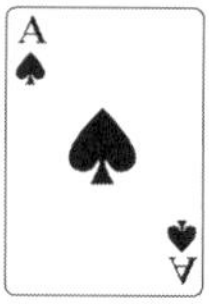

このように、ある賭けに十分な価値があるかないかを評価するには、確率の基本的な知識がどうしても欠かせないのだ。

「幸運の女神」の正体
――ボラティリティ

確率や期待値と並んで、ギャンブラーが理解しておくとよい重要な概念が**ボラティリティ（変動性）**だ。これらの概念がいかに重要かを示すシンプルで実践的な例をいくつかご紹介しよう。

まず、未来の事象に関するふたつの疑問のうち、どちらか一方に賭けるとしよう。ひとつは、「市役所の時計の鐘は明日の正午に12回鳴るか？」という疑問。もうひとつは、「このコインを投げたら表が出るか？」という疑問だ。

好きなほうに賭けてよい。市役所の時計に1ドルを賭けて勝てば、賭けた1ドルが戻ってくる。コイン投げに賭けて勝てば2ドルが支払われるが、負ければ賭けた1ドルが没収される。

市役所の鐘はまちがいなく鳴るけれど、コインは表が出ることも裏が出ることもあるので（確率は半々）、この賭けは勝つこともあれば（手元に2ドルが残る）、負けることもある（0ドル）。どちらにしても、賭けの**期待値**を計算するためにすべきことは同じだ。つまり、同じ賭けを何度も何度も繰り返したときに期待される平均的な儲けを求めるのだ。長期的なリターンの平均は、市役所の時計の場合にはきっかり0で、コイン投げの場合にはおよそ0なので、どちらの賭けも期待値は0になる。つまり、どちらの賭けも**公平なゲーム**の例であり、ギャンブラーと胴元のどっちが特に有利というわけでもない。

ところが、市役所の時計の賭けの結果については、ワクワク・ハラハラがまったくないのに対して、コイン投げのほうには勝ち負けのスリルがある。それは、コイン投げの結果が変動するからにほかならない。

そういうわけで、ギャンブルというものには一定の**ボラティリティ**が必要になる。でなければ、ギャンブル自体をやる意味なんてないでしょう? そうなると、ボラティリティをどうやって評価して計算するかが重要になってくる。

そのためには、まず**標準偏差**という統計学の概念を理解しておかなければならない。標準偏差とは、ある集合の要素が平均的にどれくらい散らばっているかを測る指標のことだ。その一般的な計算方法を次の囲み記事で解説しておくので、知らない人は目を通してほしい。

ヒント

世界一わかりやすい標準偏差の計算方法

体長のまちまちな10頭のミニチュアのキリンを想像してほしい。以下はキリンたちの体長の一覧だ(単位はセンチメートル)。

160, 153, 172, 159, 157, 172, 181, 177, 158, 171

まず、全体の**平均**（平均的な体長）を計算する。そのためには、先ほどの数値をすべて足し合わせ、キリンの数で割ればよい。

$$160+153+172+159+157+172+181+177+158+171=1660$$

$$\frac{1660}{10}=166$$

よって、体長の平均は１６６センチだ。次に、個々のキリンの体長と平均（１６６センチ）との差を計算する。

−6, −13, 6, −7, −9, 6, 15, 11, −8, 5

次に、各値を２乗する（正の数と負の数が相殺しないよう、正の数だけに基づいた平均を取るのが目的）。

36, 169, 36, 49, 81, 36, 225, 121, 64, 25

図10

平均体長は166センチ。175.2センチと156.8センチのところに引かれた水平線は、平均から上下に標準偏差1個分に当たる。10頭中、7頭が平均から標準偏差1個分以内に収まっており、1頭はそれより低く、2頭は高い。

最後に、これらの数値を足し合わせて10で割り、平均を求めると、84・2となる。この値をこのデータセットの**分散**という。**標準偏差**は、分散の平方根を取ったもので、およそ9・2センチとなる。これが平均からの身長の平均的な差だ。

(より大きな母集団から抽出した標本について測定する場合、方法論はもう少し複雑になるけれど、基本的な方法は似ている)

正規分布*に従う巨大なデータセットの場合、**68-95-99・7則**が使える。この法則は、一般的にその集合の要素の68%が平均から標準偏差1個分以内、95%が標準偏差2個分以内、99・7%が標準偏差3個分以内に収まることを示している。†

標準偏差は、あるゲームにおいて運が果たす役割を測るのに効果的だ。合理的なベッティング戦略を仮定した場合、標準偏差が大きければ大きいほど、勝つチャンスも負けるリスクも大きくなる。ほとんどのカジノ・ゲームやスポーツ賭博では、標準偏差があらかじめ計算され、公表または表示されている。なので、いちばん大事なのは、68-95-99・7則が賭けの結果全般に及ぼす影響を理解しておくことだ。単純な例として、次のようなゲームについて考えてみよう。

金持ち男VS貧乏男
——コイン投げ編

ふたりの人物がシンプルなコイン投げゲームをしようとしている。ふたりが代わりばんこに表か裏と言ってコインを投げ、負けたほうが勝ったほうに1ポンドを支払う。これは公平なゲームなので、数多く繰り返せば、ふたりの儲けの期待値は0に近づく。ただし、ひとつだけカラクリがあって、金持ち男のほうは元手30ポンドから、貧乏男は10ポンドからゲームを開始する。しばらく持ち金がマイナスの期間があってもいいけれど、100回投げた時点で手持ちが0ポンドを切っていた

＊正規分布は、実生活で圧倒的に多く見られる散らばり方のパターンだが、例外もある。本章の後半で紹介するような歪んだ分布やポワソン分布がそうだ。

†ビジネスや科学では、経験則として3シグマのルールが使われることが多い。これは、正規分布に従う集合の〝ほぼすべて〟の要素が平均から標準偏差3個分以内に収まるという法則だ(正規分布以外の分布でも、88・8%以上がその範囲に収まる)。

ら、その人はカジノから追い出されるとする。

これは起こりうる結果が2通りしかないゲームなので、標準偏差は次のシンプルな式で計算される。

$$2\times\sqrt{(\text{コイン投げの回数})\times(\text{表が出る確率})\times(\text{裏が出る確率})}$$

二項分布の標準偏差を求める一般的な式は、「(コイン投げの回数)×(表が出る確率)×(裏が出る確率)」の平方根なのだが、ここではそれを2倍する必要がある。というのも、二項分布の一般的な仮定では、結果が0か1かの2通りなのだけれど、ここでは結果が1と−1の2通りで区間が倍になっているからだ。

よって、100回コイン投げを行う場合の標準偏差は、

$$2\times\sqrt{(100\times0.5\times0.5)}=10$$

となる。68-95-99・7則に従えば、100回コインを投げたあと、各プレイヤーの儲けは68%の確率でマイナス10ポンドから10ポンドのあいだに収まると期待できる。

でも裏を返せば、利益または損失が10ポンドを上回る確率が32%もあるということだ。貧乏男は

この半分の確率で損失が10ポンドを上回るので、なんと6回に1回くらいは、100回のコイン投げのあとでカジノを追い出されてしまうのだ。

対して、金持ち男の元手は標準偏差3個分に相当する。先ほどの推定から、利益か損失が標準偏差3個分、つまり30ポンド以内に収まる確率は99・7%もある。金持ち男が30ポンド以上の損失をこうむる確率は、残りの0・3%のそのまた半分なので、100回のコイン投げのあとでカジノを追い出される確率は650分の1程度しかない。

つまり、ゲーム自体は完全に公平なのに、金持ち男がカジノを追い出されなくてすむ確率は、貧乏男よりずっとずっと高いということになる。皮肉屋は「そんなの当たり前じゃないか」と言うだろうけど、こんな不条理がまかり通るメカニズムを理解しておくのは面白い。

(ちなみに、もしルールが少しちがって、手持ちが0ポンドになった時点でゲームオーバーになるとすると、貧乏男にとってはいっそう分《ぶ》が悪くなる。100回のコイン投げのあとで損失が10ポンド未満になるシナリオのなかには、100回投げる前に損失が10ポンドを超えるようなシナリオも含まれているからだ)

ヒント

ギャンブルの前に「破産確率」を確認すべし

標準偏差が元本を失う確率に及ぼす影響をろくに理解しないまま、ギャンブルを行うのは絶対に禁物だ。その影響を測定する正式な方法は「破産確率」と呼ばれる。計算は複雑だけれど、破産確率の便利なオンライン計算プログラムを使えば、ギャンブルの詳細情報を入力するだけで、元本が一定期間後になくなる確率を出力してくれる。このことはギャンブラーだけでなく、先ほどのシナリオの「金持ち男」に当たるカジノやブックメーカーに対しても当てはまる。カジノやブックメーカーは災難から身を守るために、数学や統計の専門家をおおぜい雇って、さまざまなゲームの分散やボラティリティが巨額の損失発生の確率に及ぼす影響をせっせと計算しているのだ。

金持ち男VS貧乏男
――カジノ編

次に、さっきのコイン投げゲームの進化版を想像してみよう。金持ち男と貧乏男の両方ともから、10%の分け前を取るカジノで同じゲームをしなければならないとする。こんどは、100回のコイン投げのあと、各プレイヤーの期待値は10ポンドの損失となるので、儲けをあげるのは双方にとってぐんと難しくなる。

100回のコイン投げのあと、貧乏男がすっからかんになっている確率が50%を超えるというのは自明だ。少なくとも100回のうち50回以上は勝たなければ、必ず元手は0ポンドを割るわけだから。

しかし、金持ち男のほうも安泰ではない。前述のとおり、結果が平均から標準偏差2個分以内に収まる確率、つまり利益または損失が20ポンド以内に収まる確率は95%なので、利益または損失がそれを上回る確率は5%くらいある。100回のコイン投げのあと、金持ち男がカジノから追い出される確率はその半分なので、その時点で破産している確率は40分の1よりも高い。

さらに、400回のコイン投げのあとでは、ふたりの期待値は40ポンドの損失となり、ふたりの元本の合計と等しくなってしまう。あなたがこういうシンプルなゲームをプレイしているのであれ、カジノ相手にギャンブルを行っているのであれ、この種の計算があなたの勝率を左右するのだ。

要するに、だからこそカジノ経営は濡れ手で粟《あわ》の商売であり、カジノ相手にギャンブルをするのは割に合わないのである。

ヒント

ルーレットのボラティリティと負けないギャンブル戦略

ほとんどのゲームでは、賭けのボラティリティを増減させるための戦略が使える。ルーレットの場合、勝つ確率は単一の数字（0がひとつあるルーレット盤では$\frac{1}{37}$）に賭けるよりも赤または黒のどちらか（同じく$\frac{18}{37}$）に賭けるほうが高くなる。

でも、組み合わせを使えばボラティリティをもっと抑えることだってできる。たとえば、赤に毎回1ポンドを賭ける代わりに、赤と奇数に0・50ポンドずつ賭ければ、10種類の数字で1ポンドの勝ち、11種類の数字で1ポンドの負け、16種類の数字で損得なしになる。

さらにボラティリティを抑えたければ、赤と偶数に賭けることで、8種類の数字で1ポン

図11

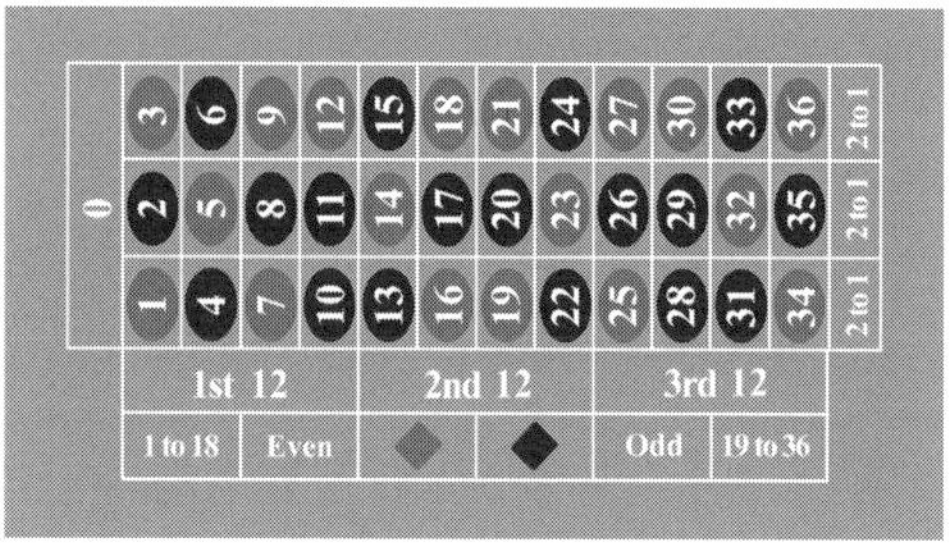

ルーレット台の標準的なレイアウト

ドの勝ち、９種類の数字で１ポンドの負け、そして20種類もの数字で損得なしになる。

もちろん、こうしてボラティリティを抑えれば、その分だけハウス・エッジ［訳注／カジノ側の控除率］を上回る利益を得られる確率も低くなってしまう。あなたが負けてもいいからとにかくゲーム自体を長く楽しみたいというタイプのギャンブラーなら、こうした戦略で時間稼ぎをするのもアリだろう。一方、あなたが一攫千金を狙うタイプなら、逆にイチかバチかの結果に賭け、ハウス・エッジを取られる回数をなるべく減らすのがいいだろう。

正規分布の「外」へ
——ポワソン分布をスポーツカジノに使うと……

なにがしかのデータセット（たとえば、カジノ・ゲームやスポーツ統計の結果全体からなる標本空間）を見るときは、それがどんな分布のパターンに従うのかを理解することが大事だ。

分布のなかでいちばん一般的なのが「正規分布」（名数学者カール・フリードリヒ・ガウスにちなんで「ガウス分布」ともいう）と呼ばれるパターンだ。正規分布の場合、データが中心点のまわりに左右偏りなく分布していて、平均値、中央値、最頻値がおおむね同じ場所に位置する（図12を参照）。これは大多数のデータが平均の近くに集まっていて、外れ値が平均から遠ざかるにつれてどんどん少なくなっていくおなじみの「釣鐘曲線」を形成する。さっきの68-95-99・7則は正規分布といちばん相性がいい。

ただし、どんなデータセットもこういう単純な分布に従うとはかぎらないので注意が必要だ。その場合、平均値の計算に基づく期待値の分析はあまり有効でなくなる。特に、図13のような左右にぎゅっと歪んだグラフを持つデータセットもあるので注意してほしい。この場合、平均値が中央値とは離れた点に来ることもある。

大きな歪みを持つ分布の一例として、宝くじの当選金を考えてみよう。全25万枚中、10万ポンドの大当たりが1枚、2000ポンドの当たりが50枚ある宝くじが1枚1ポンドで販売されていると

図12

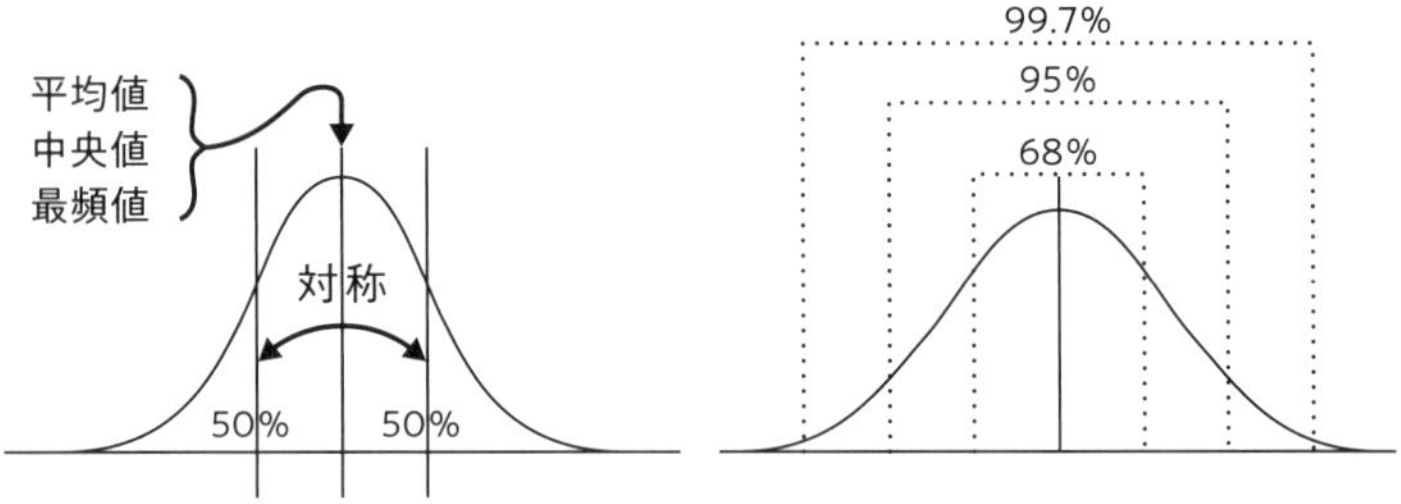

正規分布を示す釣鐘曲線。正規分布の場合、データセットの68%が平均から標準偏差1個分（平均値にもっとも近い垂直線で示してある）以内、95%が標準偏差2個分以内、99.7%が標準偏差3個分以内に収まる。

する。宝くじ1枚当たりのリターンの平均は、計算すると0・80ポンドだけれど、中央値と最頻値はどっちも0であり、当たりくじが25万枚中たったの51枚しか含まれていないことを踏まえると、「リターン＝0」というのがいちばん多い結果のパターンだ。

もちろん、どれだけこうした不利な確率を見せつけられても、人々は一攫千金を夢見て宝くじを買う。いやむしろ、この高いボラティリティこそが宝くじの魅力なのだ。ほとんどの確率でお金を失うなんてことは先刻承知だけれど、大儲けを想像したときの興奮が合理的な疑念に勝つのだ。同じ理由で、スロットマシン好きの人々の多くは、当たりは少ないけれど一発当たればデカい台、つまりボラティリティの高い台を好む。そういう台のほうが儲かるイメージがわきやすいからだ。

もうひとつ、知っておくと便利な歪んだ分布が、ポワソン分布だ。ふつうポワソン分布は、一定期間にわたって散らばって起こり、最小回数が0回であるような事象を数え

図13

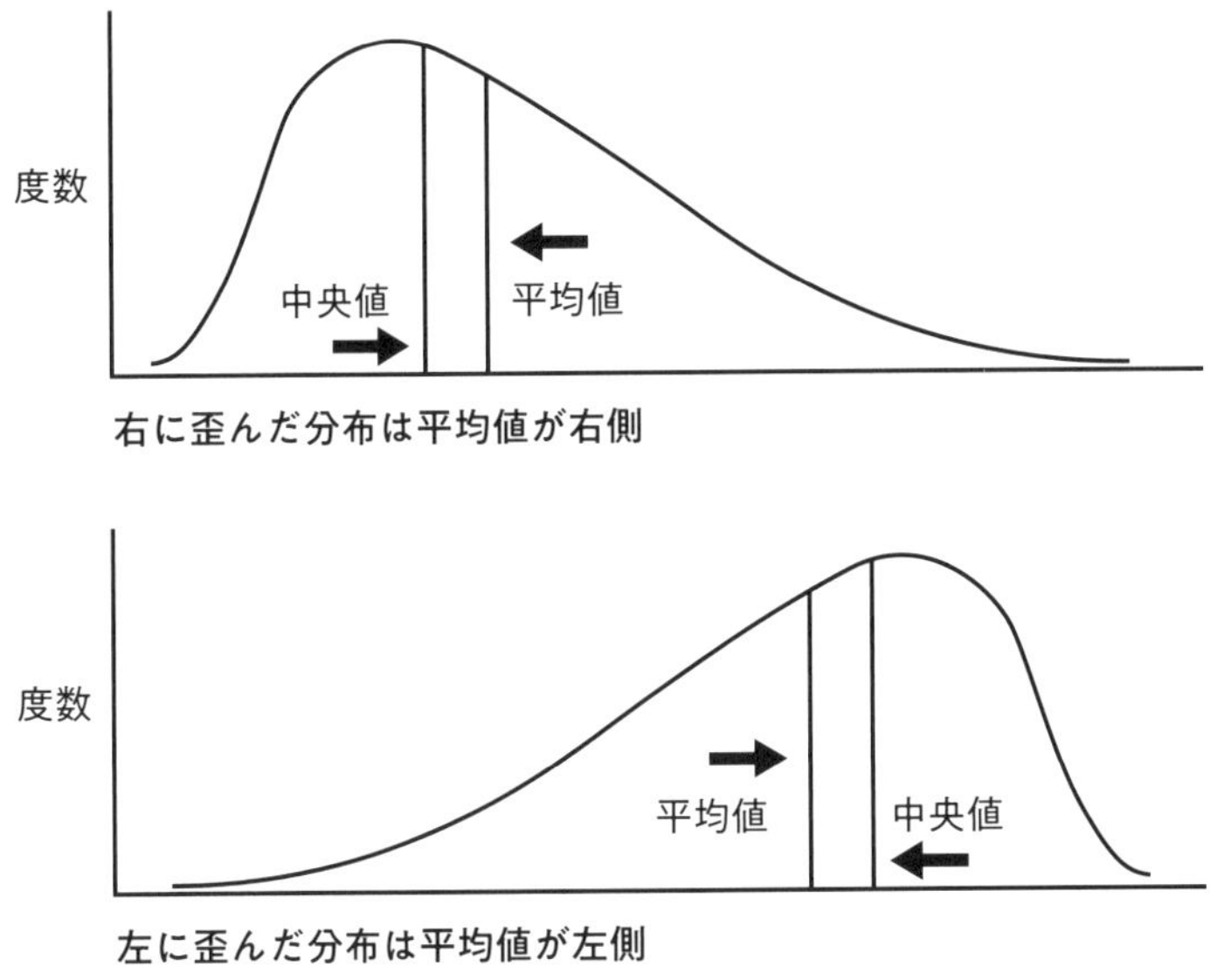

右に歪んだ(右裾が長い)分布は平均が中央値の右側にある。左に歪んだ分布は平均が中央値の左側にある。

るときに成り立つ、と考えるといちばんわかりやすい。たとえば、ある病院の1日当たりの急患受け入れ件数が平均6件だとすると、ポワソン分布を使ってある日の受け入れ件数が0件、1件、2件、3件……である確率を正確に推定できる。ポワソン分布は棒グラフや数値表という形で表わされることが多い。

正規分布とポワソン分布のちがいを説明するため、私の地元のサッカー・チーム「アーセナル」の2016/17シーズンの成績データをいくつか照会してみた。まずは、得点差を見てみよう。

図14は、各試合の得点差を棒グラフで表わしたものだ。棒の高さは、

図14

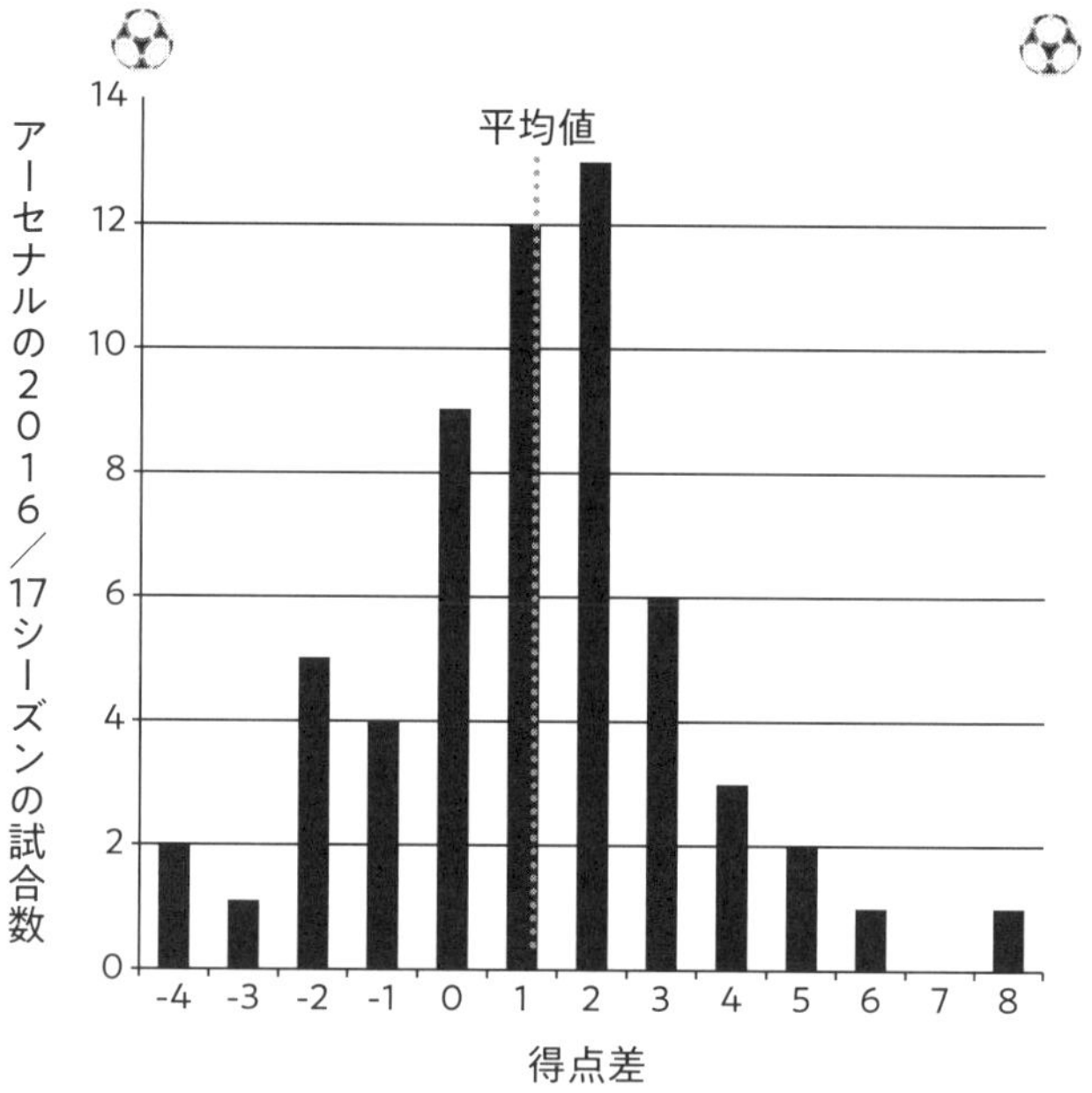

アーセナルの2016/17シーズンの試合の得点差

得点差-4（大事なチャンピオンズリーグでバイエルン・ミュンヘンに対して2回も5対1で大敗）から得点差+8（なんの意味もない親善試合でバイキングFKに対して8対0の勝利）までで終了した試合の数に比例する。

得点差の平均は1・13点だった。見てのとおり、このグラフはだいたい釣鐘曲線の形をしていて、平均値は得点差1と2のふたつの山のあいだにあることがわかる。得点差が歪んだ分布を持つと考える根拠はこれといってない。幅広い値を取りうるし、0が下限というわけでもないからだ。なので、あるシーズンの全チームの得点差

図15

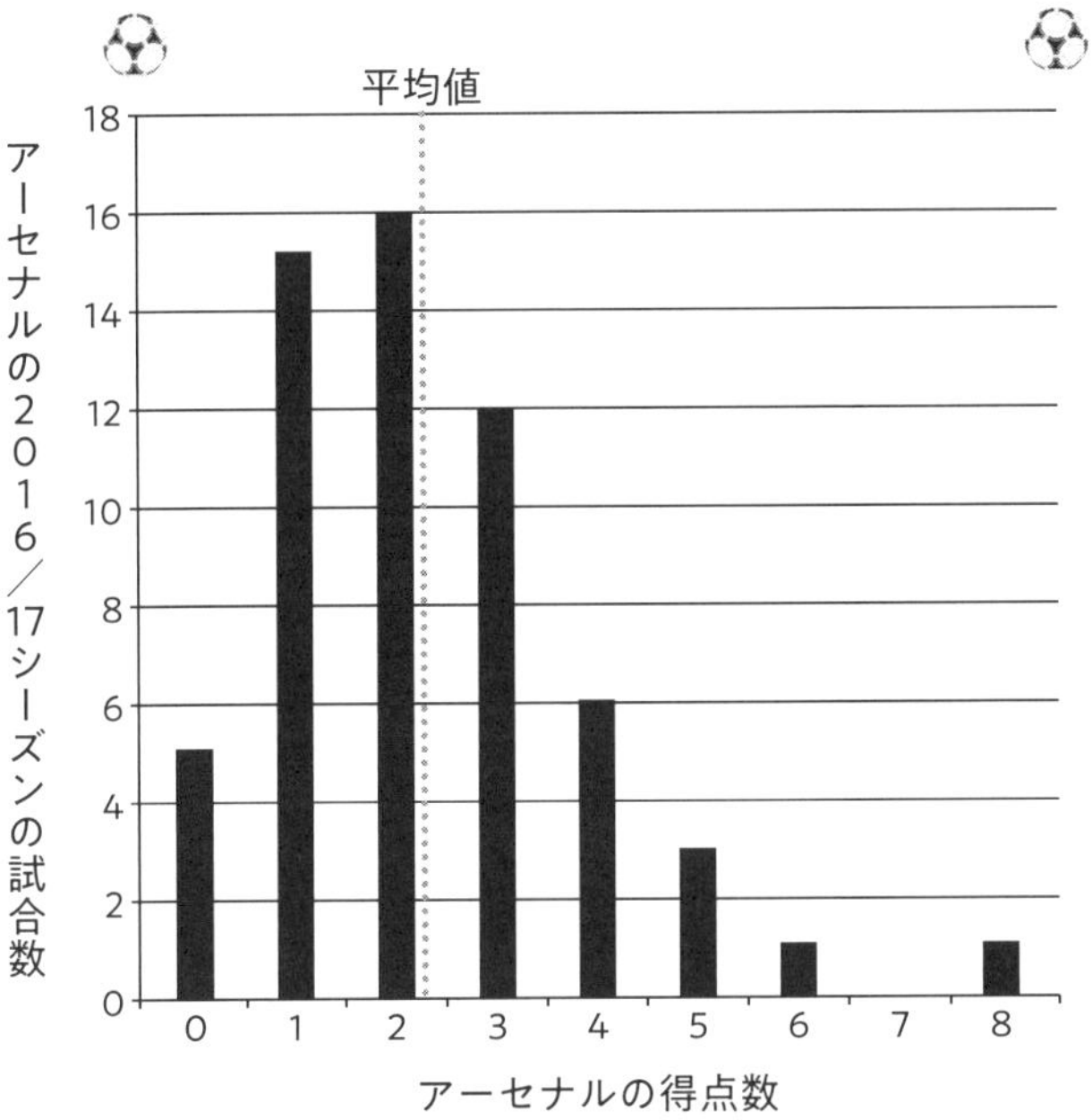

アーセナルの2016/17シーズンの試合の得点数

は釣鐘曲線に近づくと考えていいだろう。

ところが、アーセナルの得点数を描くと、これとはまたちがったグラフができあがる（図15を参照）。このデータは下限が0だからだ（つまり、マイナスの値になることは絶対にない）。また、たまにある高得点の試合が全体の平均値を押し上げるので、得点数の中央値が平均値よりも低くなるという特徴もある。その数少ない高得点のおかげで、曲線が左よりも右に裾野を広げているのがわかると思う。

得点数の平均は2・3点なので、もしこれが仮に正規分布だったら、平均値が1よりも3に近いことか

表1｜アーセナルの2016/17シーズンの得点数のポワソン分布

得点	確率	おおよその試合数
0	0.10	6
1	0.23	14
2	0.27	16
3	0.20	12
4	0.12	7
5	0.05	3
6	0.02	1
7	0.01	0
8	0.001	0

ら、アーセナルが3得点した試合のほうが1得点の試合よりも多いと考えてしまいそうだ。しかし、こんな場面でこそ、ポワソン分布は本領を発揮する。オンラインのポワソン分布計算プログラムを使い、得点数の平均2・3、上限8と入力すると、表1に示すような確率値が生成される。この確率を合計59試合に当てはめると、3列目の推定値が弾き出される。完璧とまではいかないけれど、かなり正確だし、アーセナルが3得点の試合よりも1得点の試合のほうが多いという予想もずばり当たっている。つまり、この場合、得点数の平均値に注目しすぎると、実際の確率を見誤ってしまう可能性があるということだ。

この種の統計のひとつの使い道は、ふたつのチームの直近のそれぞれの得点数の平均値を取り、各チームの得点数のポワソン分布を

図16

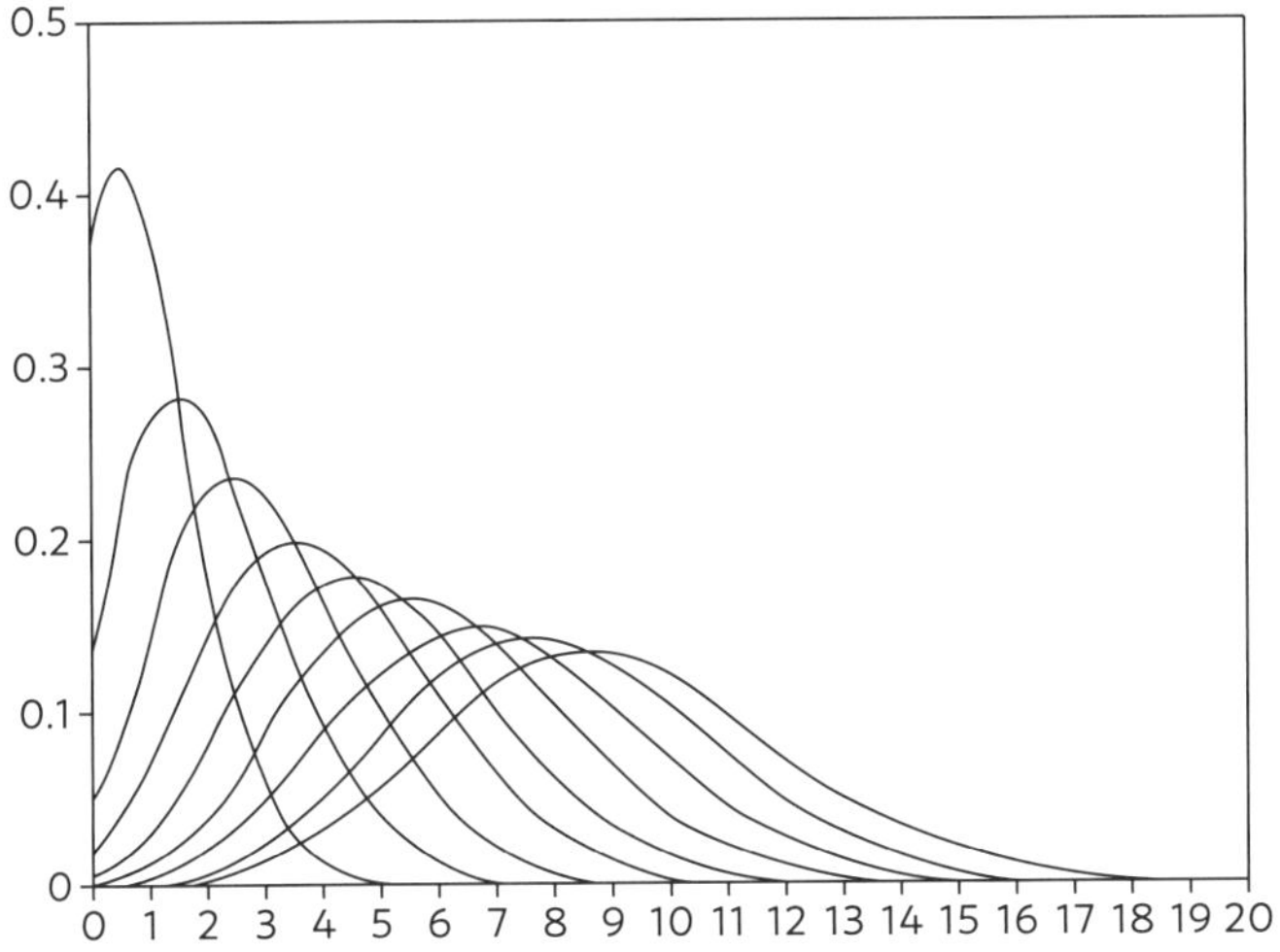

さまざまな平均値に対するポワソン分布

生成し、両チームの現在の得点率を推測して、ブックメーカーの提示する確率とあなたの弾き出した推定を比較検証するというものだ。

たとえば、アーセナルにとっていちばんよくある得点数、つまり2点を獲得する確率が表1のとおり0・27だとして、相手チームのスパーズが2得点する確率を0・25だとすると、2対2の引き分けになる確率は0・27×0・25＝6・75％と推定できる。もし2対2の引き分けという結果に対して、ブックメーカーが20対1（デジタル式オッズでいう21倍）というオッズをつけていたらどうだろう？　さっき推定した確率と照らし合わせると、なかなかお買い得な賭けといえるだろう（このあとの「オッズって何？」の項を参照）。

最初の分析の対象をホーム・ゲームやアウェイ・ゲーム、特定の大会での試合、格上や格下のチームとの試合などに絞れば、この推定にもっと磨きをかけられるかもしれない。当然、入力データの質は出力に影響を及ぼすし、これは確率を推定するひとつの方法にすぎないけれど、こうした種類のツールを使えば、統計に潜む真のパターンをよりはっきりと理解できるようになる。

ついでに言っておくと、高い平均値を持つデータセットにポワソン分布を適用すると、それだけ形状は正規分布に近づいていく。逆に、平均値が0に近づくほど、グラフは右に歪んでいく。平均値をどんどん高くしていってポワソン分布を描くと、図16のようになる。それでも、0を下限とし、一定期間にわたって発生する事象をモデル化するには、正規分布よりもポワソン分布を使うほうがうまくいく可能性は高いのだ。

オッズって何？
——計算できないのに賭けていませんか？

ブックメーカーやカジノが提示するオッズについて考える際には、何よりもまずそのオッズが意味する確率を自分で計算できないとお話にならない。

加えて、さまざまな形式で表現されるオッズどうしを自由自在に変換できるようにしておくことも必要だ。イギリスでもっとも一般的なオッズの形式は分数式（フラクショナル）オッズで、ヨーロッパ、オーストラリア、カナダ、ニュージーランドなどの地域ではデジタル式（またはデシマル式）オッズ、アメリカではマネーライン式（アメリカ式）オッズが主流だ。本書では基本的に分数式オッズを使い、必要に応じてカッコでデシマル式オッズを補う。

以下に、それぞれのオッズの読み方と、確率への変換方法を示そう。一般的には、賭け金を当たった場合の当選金で割る（確率をパーセントで表現する場合はそれに100を掛ける）というのが、オッズの意味する確率を計算する際の鉄則だけれど、具体的な方法は3つの形式によって異なるので注意してほしい。

分数式オッズ

この形式では、オッズはふたつの数字を使って「x 対 y」という形で提示され、たとえば7/1（または7対1）という具合に、分母 y、分子 x の分数で記される。分母 y が賭け金、分子 x が儲けだ。なので、たとえばオッズが7/1だとしたら、1ポンドを賭けて的中すれば、賭け金の1ポンドに当選金の7ポンドを加えて、合計8ポンドが払い戻される。オッズが4/6（4対6）なら、6ポンドを賭けて的中すれば合計10ポンドが払い戻される。つまり、4ポンドが儲けだ。

公平なゲームにおいて、この分数式オッズが意味する確率を計算するには、100%を（x＋y）で割り、掛け金である分母 y を掛ければよい。たとえば、オッズが7/1だとすると、そのブックメーカーまたはカジノは理論上、その事象が $\frac{100}{8}$＝12・5%の確率で起きると考えていることになる。オッズが4/6なら、確率は $\frac{100}{10}\times6$＝60%だ。

デシマル式オッズ

デシマル式オッズは、賭け金を1として、勝った場合に合計いくらになるかを示している。たとえば、デシマル式オッズの8・00は分数式オッズの7/1と等しく、デシマル式オッズの1・66は分数式オッズではだいたい4/6くらいだ。

デシマル式オッズを確率に変換するには、100%をオッズで割るだけでいいのでとても簡単だ。たとえば、公平なゲームを仮定した場合、デシマル式オッズが4・00なら確率は25%となる。

アメリカ式オッズ

マネーライン式またはアメリカ式オッズの場合、数字の前にプラス記号またはマイナス記号がつく。マイナス記号は、そのオッズが分数式オッズにおけるイーブン（1/1）、デシマル式オッズにおける2・00より低いこと、早い話が大本命のひとつであることを示している。一方のプラス記号は、その結果の起こる確率が50%未満であることを意味している。マイナス記号のついた数字は、100**儲けるため**に必要な賭け金を示している。一方、プラス記号のついた数字は、100**賭けた**場合の儲けを示している。たとえば、オッズが-350の場合、35ドル賭ければ10ドル儲かる（合計45ドルが払い戻される）。オッズが+225の場合、1ドル賭ければ2・25ドル儲かる（合計3・25ドルが払い戻される）。

アメリカ式オッズをパーセンテージ方式の確率に変換するには、100%を合計払戻額で割り、賭け金を掛ければよい（マイナス記号は無視する）。たとえば、オッズが-350なら、確率は$\frac{100\%}{450}\times 350$でおよそ77・7%になる。オッズが+225なら、確率は$\frac{100\%}{325}\times 100$でおよそ30・77%になる。

価値《バリュー》のある賭けを探すということは、言ってみれば、ある事象の起こる実際の確率がオッズの示す確率よりも高いと思われるような賭けを探すということと等しい。しかし、現実には、そんなおいしい賭けはそうゴロゴロと転がってはいない。ブックメーカーやカジノは公平なゲームをしているわけではなく、実際には提示するオッズに一定の利ざやをちゃっかりと組み込んでいるからだ。つまり、提示されたオッズは、ブックメーカーやカジノが推定する実際の確率と比べて、すでに分《ぶ》が悪くなっているのだ。

そこで次は、ハウス・エッジの計算方法や、ハウス・エッジがさまざまなギャンブルの状況に及ぼす影響について考えてみよう。

ハウス・エッジ（控除率）を計算せよ
——そもそも儲かる賭けなのか？

当たり前といえば当たり前だけれど、オッズに、胴元にとって有利、ギャンブラーにとって不利になるようなカラクリが潜んでいなければ、カジノ、ゲーム、ブックメーカーなんてまるきり儲からない商売になってしまうだろう。さっき、オッズがイーブン（2・0倍）、つまり毎回の賭けの期待値がきっかり0になるようなコイン投げギャンブルの例を見た。だが現実を見ると、胴元のいない仲間内のギャンブルでもないかぎり、ギャンブルの期待値は0を下回ることが多い。つまり、平均的に見ると損をするということだ。

ハウス・エッジ（取り分、上前、利ざや、控除率、手数料などともいう）とは、賭け金に対するカジノ側の利益の割合をパーセンテージ形式で表わしたものだ。ほとんどのゲームでは、そのゲームの標本空間全体にわたる一連の確率を分析することによって、ハウス・エッジを計算できる。たとえば、0がひとつあるルーレットをプレイする場合、起こりうる結果はぜんぶで37通りある。赤に1ポンドを賭けたとすると、勝つ数字は18通り、負ける数字は19通りある。どの数字も出る確率は一緒だ。よって、期待値は次のようになる。

$$\frac{18}{37} - \frac{19}{37} = \frac{-1}{37}$$

パーセンテージに直すと、期待値はマイナス2・7％*となり、これは裏を返せばカジノ側の期待値がプラス2・7％だということになる。そのほかの賭け方でも基本的な計算は同じなので、2・7％がルーレットにおけるカジノ側のハウス・エッジとなる。

同様に、0と00の2種類のゼロがあるルーレットの場合、勝ちと負けの割合は次のようになる。

$$\frac{18}{38}-\frac{20}{38}=\frac{-1}{19}$$

よって、ハウス・エッジは5・26％だ。

次に、52枚のトランプの山からカードを引き、出たカードの数字（A、2、K、Qなど）が当ったら配当が支払われるギャンブルを考えよう。このギャンブルのオッズが10対1（11・00倍）だとすると、当たる確率は$\frac{4}{52}$なので、平均的なリターンは52ポンド賭けるごとに44ポンドとなる。

つまり、ギャンブラー側の期待値は$\frac{-8}{52}$で、ハウス・エッジは15・4％にもなる。

ハウス・エッジのより一般的な表現を求めるには、次の足し算を行って期待値を計算すればよい。

すべての事象iに対し、$\sum$[（事象iの起こる確率）×（事象iのリターンの値）]

ハウス・エッジは、この期待値の符号を逆にしたもので、ギャンブラーの賭け金のうちカジノ側が懐に収める額の平均的な割合を指す（ゲームに引き分けが存在すると、問題は複雑になる。この場合、引き分けを抜かした勝ち負け全体の期待値だけを計算するのが鉄則だ）。

＊数値は小数第1位に丸めた。以下、断りがなくても、この種の計算は小数第1位または小数第2位に丸めるものとする。

同じことを、オッズの示す確率という観点からとらえることもできる。カジノやブックメーカーは、ある結果が発生すると思われる確率を計算し、その結果がそれよりもほんの少しだけ**起こりやすい**と見せかけるような価格を設定する（つまり本来より厳しめのオッズをつける）ことによって、なんにもないところにハウス・エッジをつくり出す。別の言い方をすれば、ハウス・エッジは、起こりうるすべての結果の確率の合計があたかも１００％を超えるような形で設定されているということだ。

そこで、スポーツ賭博におけるハウス・エッジの計算方法を具体的に見てみよう。まず、ある種類の賭けにおいて起こりうるすべての結果を特定する。たとえば、競馬の５頭立てのレースのオッズが次のとおりだとしよう。

- ニムロドノムスコ　4/5（１・８０倍）
- ロードランナー　4/1（５・００倍）
- アセタミリョク　6/1（７・００倍）
- リルキーンハート　10/1（11・００倍）

- デンキノユメ　10/1（11・00倍）

合計100ポンドのリターンを得るために、それぞれの馬に賭けなければならない金額を計算してみよう。そのためには、100をデシマル式オッズの値（または分数式オッズに1を足した値）で割ればよい。

- ニムロドノムスコ　$\frac{100}{1.8}$＝55・56ポンド
- ロードランナー　$\frac{100}{5}$＝20・00ポンド
- アセタミリョク　$\frac{100}{7}$＝14・28ポンド
- リルキーンハート　$\frac{100}{11}$＝9・09ポンド
- デンキノユメ　$\frac{100}{11}$＝9・09ポンド

それぞれの馬にこの額ずつ賭ければ、どの馬が勝ったとしても必ず合計リターン100ポンドが保証される。ところが、そのために使ったお金はというと……合計108・02ポンドだ（これは各結果の発生する確率の計算方法と同じなので、5頭のオッズの示す確率の合計は108・02％となる）。

よって、期待値はパーセンテージで表わすと$\frac{100}{108.02}$＝92・6％となる。つまり、ブックメーカーのハウス・エッジは7・4％、1ポンド賭けるたびに期待される平均リターンは0・93ポンド弱ということになるのだ。

ハウス・エッジを知るには

もちろん、この原則を理解しておくと便利だけれど、ハウス・エッジを知るために毎回あなた自身ですべての計算を行う必要があるとはかぎらない。

原則的に、カジノやブックメーカーは特定の市場、ゲーム、マシンのハウス・エッジを公表し、きちんとわかるように表示する義務があるし、本やウェブサイトにも広く情報が出回っている。ハウス・エッジは5～10％がふつうだけれど、スロットマシン、宝くじ、キノの場合は15％、時には25％とかいう高い割合になることもある。最適戦略の使い方を学べば、ブラックジャックのハウス・エッジはそれよりずっと低くて0・5％しかない。このハウス・エッジは、たとえディーラーがバストしても、プレイヤーがバストすればディーラーの勝ちになるというルールから生じるものだ。ビデオ・ポーカー・マシンのなかにはハウス・エッジが0・5％のものもあるけれど、それ以外は軒並み厳しめだ。カジノのポーカーには、ゲーム自体に直接ハウス・エッジが組み込まれていたりはしないが、ふつうはカジノ側が一定の上前をはねる。やり方がちがうだけで効果は同じだ。どのゲームもギャンブラーに不利だとしたら、なぜ人はこんなにも運否天賦《うんぷてんぷ》のゲームをしたがるのだろう?

ギャンブルをするまともな理由、ダメな理由

最初に、ギャンブルをする理由の多くは合理的でないということを認めよう。人間はリスクの理解や評価がすごく得意というわけではない。たとえオッズが不利に設定されているとしても、私だけは幸運の星のもとに生まれたんだとか、俺には冷徹な数学の論理なんて通用しないさ、と本気で信じ込んでいるギャンブラーもいる。

多くのギャンブラーは、負けた場面よりも勝った場面を鮮明に覚えていたり、連敗続きのあとで集計をいったんリセットしたりして、自分のギャンブルの成績を歪めて認識している。あるいは、ギャンブルの勝ち負けの波を見て、「勝ちになった時点でやめればいいや」と思い込んでいるギャンブラーもいる(これは「ギャンブラーの過信」と呼ばれる現象で、たいていまちがっている。人間はいったん勝つと「もともとなかったお金だし」と考え、もっと増やそうとするものなのだ)。

これらはギャンブルをするまともな理由とはいえないけれど、あやふやな考えでギャンブルに興じる危険性を認識しておくことは重要だ(ギャンブラーの誤謬について詳しくは、第3章で)。ギャン

ブル依存症もたいへん深刻な問題で、世界じゅうの人々の生活を破壊している。

その一方で、ギャンブルは儲からないようにできているということをきちんと理解し、常識的な予算の範囲内で余暇としてギャンブルを楽しむ人々だっておおぜいいる。

さらに言うと、ギャンブルの数学をちゃんと理解していて、特定のゲームのハウス・エッジや標準偏差を計算することまでできるのに、それでもなおその意味合いをねじ曲げ、「私なら勝てる」と思い込んでしまう人もいる。

たとえば、標準偏差のことをギャンブラーの相棒だとか、あるゲームにどれだけ幸運の要素が潜んでいるかを示す物差しだとか説明しているのをよく聞く。この説明は誤解を招く。そして、誰でもすぐ気づくようなギャンブラーの妄想に勝るとも劣らぬ思い込みでもある。確かに、標準偏差は、1回のギャンブルの結果が期待値にどれだけ近いかを測る指標だし、ボラティリティが0のゲームに一攫千金のチャンスはいっさいない。しかし、標準偏差は、期待値と比べてどれだけ儲かる可能性があるかだけでなく、**どれだけ損する可能性があるか**も示しているという点を、決して忘れてはいけない。そのどちらも同じくらい起こりうることなのだ。

また、リターンの期待値が賭け金の合計に比例するのに対して、標準偏差は賭け金の平方根に比例するという点にも注意が必要だ。つまり、お金を失っていく割合は、幸運の女神が姿を現わす割合よりずっと大きいので、だらだらとギャンブルを続ければ続けるほど、ギャンブラーがカジノに勝てる可能性は低くなっていくのだ。裏を返せば、ギャンブル戦略ではビビりすぎるのも考えもの、ということだ。1回の賭けのボラティリティは1000回の賭けのボラティリティよりはるかに高い。賭けを分散すればするほど、ハウス・エッジに近い割合でお金を失う可能性は高くなるのだ(第3章の大数《たいすう》の法則を参照)。

よって、結論はこうだ。ギャンブルで金儲けをするという考えには、疑うべき理由がごまんとある。それでもギャンブルで金儲けを企むとすれば、その条件はただひとつ、相手のハウス・エッジを0またはマイナスにできるという合理的な理由があるときだけだ。現に、たとえばブラックジャックではそういうことが起こりうる。ブラックジャックの場合、場に出ていないカードの内訳の変化によって、ゲーム内でハウス・エッジが刻々と揺れ動いていく。そのため、瞬間的にハウス・エッジがプロのギャンブラーにとって有利に傾く場面が生じうるのだ。

72の逆法則で、資金を管理しよう

最初に、ギャンブルで持ち金を使い果たしてしまう状況をいくつか見てみよう。

まず、**ギャンブラーの破産**とは、勝っているときに賭け金を増やしたのに、負けはじめても賭け金を減らそうとしない意固地なギャンブラーは、必ず全財産を失うという現象のことだ。ブレーズ・パスカルとピエール・ド・フェルマーが17世紀にこの問題について論じ、数学者のクリスティアーン・ホイヘンスが、一方のプレイヤーが資金をすべて失うまで続けられる一連の賭けに各人が勝利する確率を計算する一般的方法を定式化した（ギャンブラーの破産という概念は、公平なゲームにおいて、有限の富しか持たないギャンブラーが無限の富を持つギャンブラーと戦えば遅かれ早かれ必ず破産する、という理論を指すのにも使われる。この理論は、数直線に沿って上下にランダムに移動する「ランダムウォーク」を使ったモデル化によって証明できる）。

ただしここでは、この理論のごくごく基本的なバージョンを見るだけで十分だ。そこで、勝っているときには持ち金に比例して賭け金を増やすのに、負けはじめても減らそうとしないギャンブラーを想像してほしい。たとえば、当初の賭け金を n とし、資金が2倍になったら、賭け金を $2n$ に増やす。

これが公平なゲームだとすると、このギャンブラーが破産する確率と、元本が2倍になる確率は等しい。よって、このギャンブラーが元本を2倍にする前に破産する確率は $\frac{1}{2}$ と考えていい。ところが、元本が2倍になった時点から、同じシナリオを繰り返せる。元本が2倍になった時点を起点として、再び元本が2倍になる確率は $\frac{1}{2}$、破産する確率は $\frac{1}{2}$ である。よって、元本が2回2倍になる前に破産する確率は $\frac{1}{2}+\frac{1}{4}$ となる。元本が2倍になるたび、このプロセスは続くので、元本が m 回2倍になる前に破産する確率は、

$$\frac{1}{2}+\frac{1}{4}+\frac{1}{8}+\frac{1}{16}+\cdots+\left(\frac{1}{2}\right)^m$$

となる。この和は1に限りなく近づいていくので、最終的に破産する確率は100％に限りなく近づく。驚くべきは、公平なゲームを仮定してもなおそうなってしまうという点だ。

いかにも学術的な例だと思うかもしれないけれど、実際、世のギャンブラーたちにとってはよくある問題だ。指数関数的な儲けをあげるには、勝ちに応じて賭け金を増やしていくのが最善策だということまでは理解しているのに、同じ思考プロセスを逆向きに応用するのを忘れてしまうわけだ。実際、多くのカジノがこの賭け方を積極的に奨励している。ギャンブラーが勝ったと見るや、賭け金を増やしてもらえるように何食わぬ顔で少額のチップを高額のチップに両替するのだ（これを「チップアップ」という）。

そこでこんどは、負けるにしたがって賭け金を減らしていく「石橋を叩いて渡る」タイプのギャンブラーを見てみよう。より現実的なシナリオにするため、公平なゲームではなく6％のハウス・エッジがあるものと仮定する。完璧な経験則とはいえないけれど、第1章で学んだ72の法則の逆バージョンを使えば、ギャンブラーが資金を半分失うまでの期間を推定できる。72を6で割ると12なので、平均すると、約12回賭けると資金が半分になる。お金は無限に分割できるわけではないので、このプロセスを繰り返すと、資金はやがてこれ以上有効な賭けができないくらいまで減ってしまう。しかし、ギャンブラーが毎回賭け金の割合を小さくすればするほど、破産するまでに賭けられる回数は増えていく。このことからわかるとおり、価値《バリュー》のある賭けの機会を探すだけでなく、資金をきちんと管理することもまた重要なのだ。

第２章のまとめ

ギャンブルで負けない

①ギャンブルを楽しみたいなら、まずはあなた自身のギャンブルの動機や思い込みと、なるべく正直に向き合おう。

②相手の土俵でプレイしている時点で、ギャンブラーはカジノやブックメーカーに大きなアドバンテージを認めていることになる。その点を踏まえると、ギャンブル自体しないのが最善だ。それがムリなら、娯楽目的でちびちびとギャンブルを楽しむことだ。

③1回の賭けに対して、その賭けの期待値を計算することができる。公平なゲームの場合、期待値は0になる。

④標準偏差はボラティリティ（変動性）の指標。ある賭けのボラティリティが大きければ大きいほど、はっきりとした勝ち負けがつく可能性も大きくなる。

⑤カジノやブックメーカーなどのようにハウス・エッジ（控除率）がある場合、ギャンブラー側の期待値は必ずマイナスになるので、破産確率を理解しておくことが大事だ。

第3章

ギャンブルで勝つ

バイアスを振り払い、計算力で勝ちをつかむ

ギャンブラーは決して同じまちがいを2度犯さない。
たいてい3度以上は犯す。
——VPパピー（ポーカー・プレイヤー）

世のギャンブラーの多くは、儲かる確率をちょっとでも高めようと、さまざまなシステムや戦略を引っ張り出してくる。一例を挙げれば、最適ベッティング、ケリー基準、ヘッジング、バリュー・ベッティング、ベッティング・システムなど。本章では、これらを一つひとつ見ながら、ギャンブルにおいてどれくらい役立つのか（あるいは役立たないのか）を評価してみよう。

必勝システムは存在するか？

長年にわたり、数々のギャンブラーたちが、ノー・リスクで絶対に儲かる必勝のベッティング・システムを発明したとぬか喜びしてきた。そして、多くの詐欺師やペテン師たちが、ついに必勝システムを発明したと豪語し、だまされやすいギャンブラーからお金を巻き上げてきた。ベッティング・システムについて真っ先に言っておかなければならないのはただひとつ、「本当に必勝である」ということだ。といっても、胴元側にとって、だが。ベッティング・システムにだまされた人からお金を巻き上げるのは、短期的、中期的、長期的に見て、カジノやブックメーカーにとって絶対確実な金儲けの方法なのだ。

ベッティング・システムにたいてい穴がある理由を理解するため、まずは史上もっとも有名なシステムを見てみよう。

マーチンゲール法

この悪名高いシステムではまず、ルーレット台の赤と黒に代表されるような「勝てば2倍」のギャンブルに、1単位のお金を賭けることから始まる(ここではわかりやすくするために1単位＝1ポンドとしよう)。勝てば儲けを取っておいて、また一から始める。負ければ賭け金を2倍にして2回目に挑む。2回目で勝てば合計4ポンドが払い戻される。今まで累計3ポンドを賭けているので、儲けは合計1ポンドとなる。この時点で、また一からやり直す。

毎回勝つまでこれを続けると、必ず1ポンド儲かる。3回目で勝てば、累計賭け金1＋2＋4＝7ポンドに対し、リターンが8ポンド。4回目で勝てば累計賭け金1＋2＋4＋8＝15ポンドに対し、リターンが16ポンド、という具合だ。一般化すると、n回目で勝てば、累計賭け金2^n－1ポンドに対し、2^nポンドのリターンを獲得できる。

もちろん、このシステムの最大の問題は、賭け金が指数関数的に増えていくことだ。元本が2^{n+1}－1単位より少なければ、n回連続で負けつづけた段階で、もう次の回には進めなくなる。

たとえば、また1単位＝1ポンドとして、10回連続で負けつづけたとすると、それまでの賭け金の累計は1＋2＋4＋8＋16＋32＋64＋128＋256＋512＝1023ポンドにもなる。だが、元本が2047ポンドより少なければ、これ以上この賭け方は続けられない。仮に元本が1024ポンドしかなければ、残りはたったの1ポンドだ。そのお金だけは残しておいたほうがいい。お酒を買って悲しみをまぎらわせるように……。

マーチンゲール法の特徴は、相対的に起こりづらい結果に損失を一点集中させているという点だ（ただし、万が一その結果が起きたら、損失はとんでもない額になる）。それでも、マーチンゲール法のリターンの期待値は、単純に毎回1単位を賭けたときとまったく同じになるのだから面白い。

この点をはっきりさせるため、公平なルーレット・ゲームを仮定したうえで（つまり、ハウス・エッジの源泉である「0」に玉が入ることはないものとする）、1単位を1ポンドとして、3回連続で赤に賭けた場合に起こりうる結果をすべて列挙してみよう。

赤赤赤　3ポンドの利益
赤赤黒　1ポンドの利益
赤黒赤　2ポンドの利益
赤黒黒　2ポンドの損失
黒黒黒　7ポンドの損失
黒黒赤　1ポンドの利益
黒赤黒　損得なし
黒赤赤　2ポンドの利益

潜在的な利益と損失はまったく等しいのだが、ほとんどの潜在的損失は「黒黒黒」という結果に集中している。この結果が起こる確率は$\frac{1}{8}$で、損失は7ポンドだ。それ以外の結果になる確率は$\frac{7}{8}$で、平均1ポンドの儲けになる。潜在的損失が元本を上回る時点まで賭けの回数を増やしていっても、同じパターンが続くわけだが、全体的な利得が増えるかといったらそんなことはない。そして当然、実際のカジノでは、ハウス・エッジのせいで勝ちの確率が店側にとって有利になるよう調整されている。

それでも多くの人がマーチンゲール法を信頼しているのは、たとえランダムな試行であっても、同じ結果が立て続けに起こることがそう珍しくないという事実を誤解しているところが大きいように思う。

ベッティング・システムの仕組みは、基本的にはすべてこれと同じだ。負けた場合の代償を増やすことと引き換えに、勝ちの確率を有利に操るのだ。そのためには、すべてのリスクを標本空間の片隅へと一点集中させるか、やや大きな損失の生じる可能性を分散させることによってそこそこの勝ちの確率を高めるか、ふたつにひとつしかない。負けの確率を0にすることや、期待値やハウス・エッジの根本をくつがえすことなんて、どうやったって絶対にできないのだ。

1-3-2-6法

別の例として、1-3-2-6法について考えてみよう。これもまたルーレットのような「勝てば2倍」の賭けで使われる。この方法はとてもシンプルで、マーチンゲール法みたいに賭け金が指数関数的に増えていったりはしないというのが利点だ。まずは1単位の賭け金を決め（ふつうは元本の50分の1くらいがオススメ）、1単位を賭けることから始める。勝ったら、賭け金を3単位に増やす。また勝ったら、賭け金を2単位に減らす。また勝ったら、賭け金を6単位に増やす。以降は、再び最初の賭け金からやり直す。どの時点であれ負けたら、最初からやり直す。

マーチンゲール法のときと同様、多くの人が1-3-2-6法を信頼しているのは、確率への誤解によるところが大きい。ついこんなふうに考えてしまいがちだ（ここでも1単位＝1ポンドとした）。起こりうる結果はぜんぶで5通りある。

1回目の賭けで初めて負け（1ポンドの損失）
2回目の賭けで初めて負け（2ポンドの損失）
3回目の賭けで初めて負け（2ポンドの利益）
4回目の賭けで初めて負け（損得なし）
4回の賭けすべてで勝ち（12ポンドの利益）

一見すると、5回に1回の確率で12ポンドも儲かり、5回に4回はたいして損得がないように思える。これがでたらめな確率というやつだ。本来は次のような分析が正しい（しつこいようだけれど、ここでもやはり公平なゲームを仮定している）。

1回目の賭けで初めて負け（1ポンドの損失。確率$\frac{1}{2}$）
2回目の賭けで初めて負け（2ポンドの損失。確率$\frac{1}{4}$）
3回目の賭けで初めて負け（2ポンドの利益。確率$\frac{1}{8}$）
4回目の賭けで初めて負け（損得なし。確率$\frac{1}{16}$）
4回の賭けすべてで勝ち（12ポンドの利益。確率$\frac{1}{16}$）

よって、公平なゲームにおけるリターンの期待値は、$(-0.5-0.5+0.25+0+0.75)=0$となる。

つまり、4回連続で勝った場合の儲けを大きくすることはできても、儲かる確率は全体的にちっとも高まっていないわけだ。1-3-2-6法は、使う分には楽しいし、ときどき最初に賭けたお金の12倍も儲かるので気分もいい。おまけに、マーチンゲール法のような破滅のリスクもない。それでも、全体的に見れば、使うのはやっぱり合理的とはいえないのだ。

ラブシェール法

ここまでの話で、メッセージがきちんと伝わっていることを願おう。ベッティング・システムは、直感的にどれだけ有力そうに見えたとしても、ずばり通用しないのだ。世の中には、フィボナッチ法（フィボナッチ数列に従って賭け金を増やしていく賭け方）、ダランベール法、パロリ法など、賭け金を徐々に増やしていくベッティング・システムがごまんとあるけれど、詳しく分析してみると必ず穴がある。どれもマーチンゲール法と同じく基本的欠陥のあるロジックに頼っていて、過去に幾多のギャンブラーたちを破産に追いやってきたものばかりだ。それらのシステムには、賭け金の吊り上げ方の度合いに微妙なちがいがあるにすぎない。

しかし、一章をまるまるかけてこうしたベッティング・システムについて解説する代わりに、ここでは代表例としてラブシェール法（またはキャンセレーション法）だけを見てみよう。ラブシェール法のメリットは数学的に面白いことだけれど、デメリットは、数学を知らないネット民たちに必勝法として盛んにもてはやされているという点だ。

基本的なやり方はこうだ。まず紙を用意し、こんなふうに少しずつ増加していく数の列を書き出す。

0, 0, 1, 1, 1, 1, 2, 2

この数の和、この場合は8が、1巡で儲けようとしている金額だ（儲けたい額、許容できるリスクの上昇スピードによっては、別の数列を使ってもよい）。これまでの方法と同じように、主な用途はルーレットの赤と黒に代表される「勝てば2倍」のギャンブルだけれど、その改良版がさまざまなゲームやスポーツ賭博で使われている。

最初の賭け金として、先ほどのリストの最初と最後の数を足して、その額を賭ける。この場合、

0＋2＝2ポンドだ。もし勝ったら、そのふたつの数字を消す。すると、

0, 1, 1, 1, 1, 2

となる。負けた場合は、負けた額をリストの末尾に加える。

0, 0, 1, 1, 1, 1, 2, 2, 2

このプロセスを、すべての数字が消えるか（その場合、最初のリストにあった数の合計である8ポンドが儲かったことになる）、残りの数がひとつになるまで続ける。後者の場合、その数が次の賭け金となる。勝てば晴れて1巡が終了、負ければ末尾に負けた額を加えて継続する。

たとえば、最終的に15ポンドが儲かるプロセスの一例を挙げよう。賭けの結果が出るたび、数字のリストと損益が修正されていく。どの段階でも、リストに残っている数とその時点の損益を合計すると必ず15ポンドになる点に注目してほしい。

開始　1, 2, 3, 4, 5（目標儲け額＝15）
賭け金6、負け

1, 2, 3, 4, 5, 6（−6）
賭け金7、負け
1, 2, 3, 4, 5, 6, 7（−13）
賭け金8、勝ち
2, 3, 4, 5, 6（−5）
賭け金8、負け
2, 3, 4, 5, 6, 8（−13）
賭け金10、勝ち
3, 4, 5, 6（−3）
賭け金9、負け
3, 4, 5, 6, 9（−12）
賭け金12、負け
3, 4, 5, 6, 9, 12（−24）
賭け金15、勝ち
4, 5, 6, 9（−9）
賭け金13、勝ち
5, 6（+4）

賭け金11、勝ち

終了(+15)

この一連の賭けについて、面白い点にお気づきだろうか。勝敗数に注目してみると、全体で5勝5敗なのに最終的には儲かっているのだ。しかも、2巡目を開始し、まず6単位を賭けて負けたらどうなるだろう。全体的には5勝6敗で負けのほうが多いのに、なんとまだ9単位もの儲けが出ているのだから不思議だ(なぜこんなことが起こるかというと、この例の場合、勝ったときの賭け金のほうが負けたときの賭け金よりも平均的に多いからだ)。こういう結果を見ると、ついハウス・エッジやオッズに勝ち、確実に儲けをあげるシステムが見つかったとぬか喜びしてしまう人がいる。

そこで、さっきの「1, 2, 3, 4, 5」というリストを使い、最初の3回の賭けで起こりうる結果をすべて列挙して、どんなことが起きているのかを検証してみよう。図17の「W6(+12)」とかいう略記は、「6ポンドの勝ち、終了後の損益は+12」という意味だ。ほかも同様。

真っ先に気づくのは、どの回でも、起こりうるすべての結果の合計がきっかり0になっているという点だ。公平なゲームでは、どの結果も等しく起こりうるので、当然ながら期待値は0になる。そして、このことは何回終了後でも常に成り立つ。どの回でも、損益の合計は0になるからだ。

それでは、この方法が有利だという幻想はいったいどこから生まれたのだろう? よく見ると、勝ち(+15、+9、+8、+8)は数値が平均的に密集しているけれど、負け(-5、-6、-8、-21)は数値が分

図17

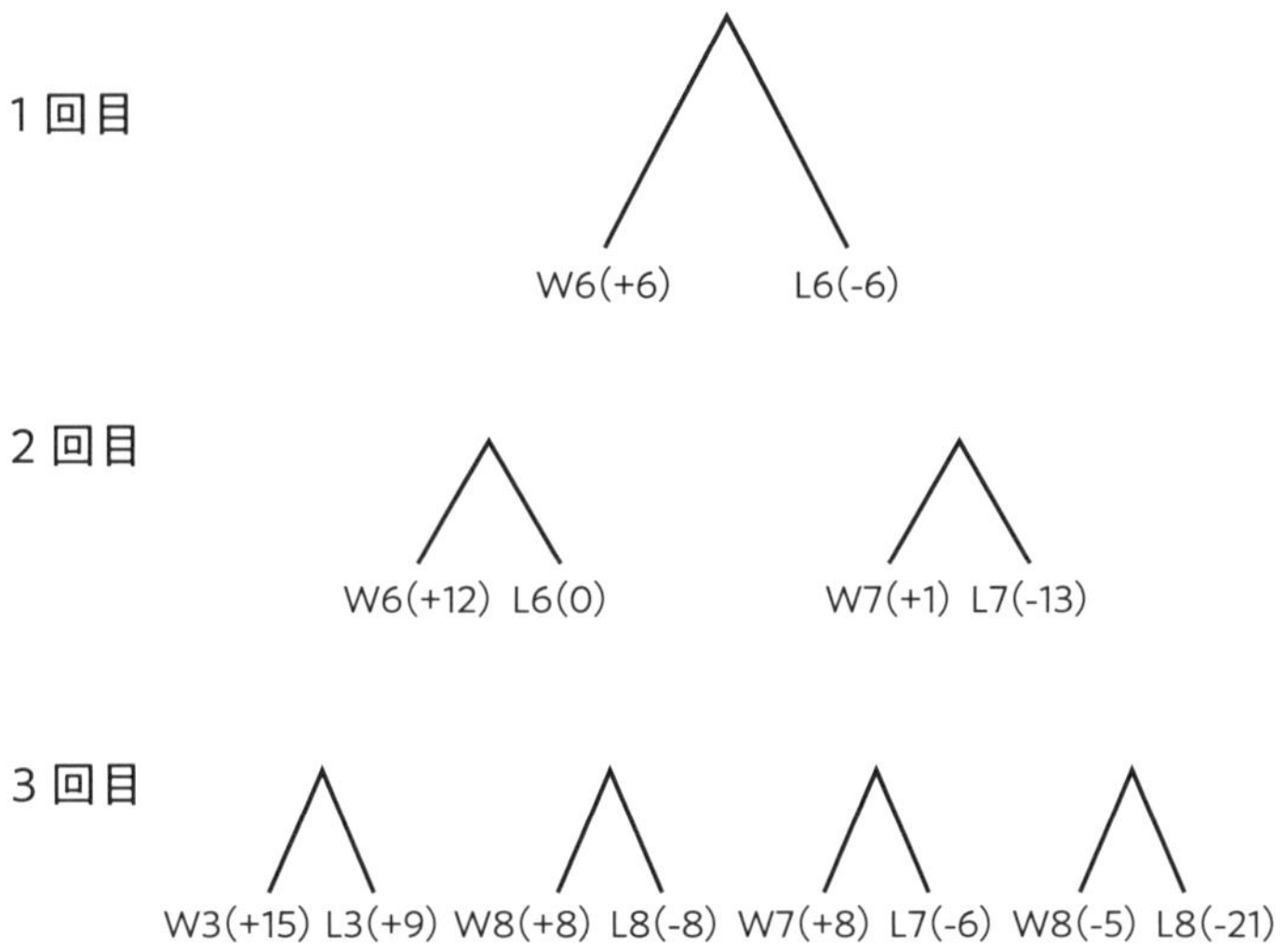

ラブシェール法を用いた賭けの最初の3回の結果

散していて、しかも潜在的な損失の大半が最悪の結果（-21）に集中している。１巡終了したらまた最初から始めることにして、このゲームを10回繰り返すとすると、10連勝した場合には51ポンドが儲かるけれど、10連敗するとなんと１０５ポンドもの損が出てしまう。マーチンゲール法ほど極端ではないとはいえ、カラクリはほとんど同じだ。最初の数のリストをどううまくいじってみても、基本的な計算は変わらない。

　ラブシェール法の愛用者の言い分はこうだ。負けたらリストに数をひとつ追加し、勝ったら数をふたつ消すのだから、１勝２敗以下のペースがずっと続きでもしないかぎり、この戦略が失敗することなんてないのでは。とんでもない。この言い分は、本章でこのあと紹介する大数《たいすう》の法則を無視している。そういう結果がめったに起こらないと仮定してはいけないのだ。また、連敗続きのあいだどんどん賭け金を吊り上げていくとかいう無茶な賭け方に頼れば、簡単に資金が底を突いてしまうという事実も忘れている。

また、逆ラブシェール法にも熱烈な愛好者がいる。これはラブシェール法をひっくり返したもので、〝ふつうの状況〟では損失が安定して低く抑えられるけれど、連勝が続いた場合に大儲けできる確率は高まる。逆ラブシェール法のロジックも、当然ながら同じくらい欠陥だらけだ。

全体的に見て、ラブシェール法は試す分には面白い手法だけれど、ほかの似たようなベッティング・システムと同じで、リスクが消えたわけではなく単に再分配されているにすぎないという事実を理解しておこう。

「いくら賭けるか」を最適化する戦略あれこれ

ギャンブル戦略は**何に**賭けるかに着目したものが多いけれど、同じくらい重要なのが**いくら**賭けるかだ。そういう意味で、マーチンゲール法などのベッティング・システムを信用するのがいかに危険かを見てきた。また、負けが続いているのに賭け金を下げるのを怠ってしまう、いわゆる「ギャンブラーの破産」と呼ばれるよくある失敗についても触れた。しかし、特定の賭けにどれだけの価値があるのかに応じて、賭け金を変えることも重要だ。

賭け金の調整に使えるシンプルな戦略がいくつかある。ひとつは**一定金額**を賭けるという方法。文字どおり、毎回一定の金額を賭けるのだ。最大のメリットは、なんといっても、直感や気まぐれで賭け金を大幅に変えたりはせず、自制を保って賭けつづけられるという点だろう。デメリットは、ギャンブラーの破産という問題を避けられないという点だ。そこで、簡単に思いつく改良策として、毎回現在の持ち金の**一定割合**を賭けるパーセンテージ・ベッティングがある。一定金額を賭けるよりは少しマシだけれど、それでもルーレットなどの、より複雑なゲームやスポーツに見られる価値の変動に対応することはできない。

この問題に対処する方法のひとつが、**固定リターン**を狙った賭け方だ。つまり、賭けるたびにいくら儲けたいのかを決め（たとえば、現在の持ち金の1％）、それに応じて賭け金を決めるのだ。競馬の場合、オッズが1/1（2・00倍）の馬に持ち金の1％を賭けるなら、5/1（6・00倍）の馬には0・2％しか賭けないことになる。この方法には、大穴に無謀な賭けをしなくてすむという利点がある。

私は、この戦略に異を唱えるギャンブラーをたくさん見てきた。「ギャンブルでは、いつだって自分が起こると思う結果に賭けるべき。固定リターン法だと、大穴を当てて一攫千金を得るチャンスまで奪われてしまうじゃないか」と。

でも、本当に儲けたいと思うなら、実際の確率とオッズの示す確率の「差」という観点から、その賭けに値打ちがあるかどうかを考えるほうがよっぽど得策だ。5/1の馬のオッズがブックメーカーによって本来より割安に設定されているとしても、同じく割安に設定されている1/1の馬よりは依然として勝つ確率は低いのだから、どうせならリスクを抑えたほうがいいのだ。

固定リターン法はまずまずの戦略だけれど、これから見るように、より正確な賭け金の決定方法であるケリー基準を用いて、もっと改良する余地がある。

しかし、その話に入る前に、最適ベッティングのそのほかの手法にいくつか触れておこう。**デュー・コラム法**は、固定リターン法と雰囲気は似ているけれど、はるかに危険性が高い。この方法では、まず勝ちたい金額を決めておき、毎回、勝った場合にその金額が儲かるような賭け方をする。

たとえば、あなたが今500ドルを保有していて、20ドルを儲けたいとしよう。まず、表2のような表をつくり、首尾よく20ドルが儲かるまで、毎回それにふさわしい金額を賭ける。「必要額《デュー》」の列は、最初は20ドルだけれど、負けているかぎりはずっと増加しつづける。勝った時点で、目標額の20ドルを儲けたことになる。

一目瞭然のとおり、デュー・コラム法はマーチンゲール法に似ている。一定の儲けが約束される代わりに、賭け金が急速に増えていくので、ひとたび負けが込むとあっという間に破産してしまう。負けが一定回数続くと、次こそは勝つ〝はず〟だと思ってしまいがちだけれど、それは**ギャンブラーの誤《ご》謬《びゅう》**と呼ばれる誤解だ。このあとすぐ説明するとおり、これは危険きわまりない非合理的な考えなのだ。

表2｜デュー・コラム法

回数	必要額《デュー》	オッズ	賭け金	結果
1	$20	5/1（6.00）	$4	負け
2	$24	3/1（4.00）	$8	負け
3	$32	8/5（2.60）	$20	負け
4	$52	2/1（3.00）	$26	勝ち

最後に、ゲームによっては、状況に応じて賭け金を変えたほうがいいケースもある。たとえば、ブラックジャックでは、場に出ていない10点のカードの割合がほかのカードと比べて高いことがわかっている場合、それに応じて賭け金を増やすのが望ましい。これはカードカウンティング（第5章を参照）の基本だ。

ポーカーの場合、ポット・オッズ（勝った場合に獲得できる賞金額とほかのプレイヤーのベットをコールするのに必要な賭け金との比率）と、トゥルー・オッズ（勝つのに必要なカードを受け取る実際の確率）とを比べて、降りるか降りないかを判断する。

このふたつは有力な戦略だけれど、厳密にいうと最適ベッティングとはいえない。むしろ、バリュー・ベッティング［訳注／オッズの示す確率と自身の考える確率との差に価値《バリュー》を見出して賭ける手法」とみなすほうが理にかなっている。なぜなら、ギャンブラーの優位性《エッジ》を、オッズの示す確率と比較することによって厳密に評価しようとしているからだ。

これまで見てきた純粋な最適ベッティング戦略のなかで、これといって満足できるものはない。しかし、賭け金の額を評価するのにまぎれもなく役立つ手法として、際立って優れている戦略がひとつだけある。それはケリー基準だ。

「ケリー基準」という一筋の光明

1956年にJ・L・ケリーによって開発されたケリー基準は、ある賭けにおいて、合計持ち金の何パーセントを賭けるかを決めるための数式だ。さまざまなギャンブルや投資のシナリオにおいて、ギャンブラーや投資家の利益を最大化するのに活躍する数式だけれど、これはハウス・エッジに勝てる状況でしか使えないので注意してほしい。

ケリー基準は、毎回オッズが等しく、ギャンブラー側が有利な一連の賭けに対して使えるよう開発された。そういうぴったりとした状況のギャンブル・シナリオはそんなに多くないけれど、ケリー基準をほかの状況に合わせてうまく改良することはできる。そして何より、ケリー基準の方法論や仕組みをじっくりと学べば、常識的な賭け金の割合を本能的に判断できるようになるだろう。

ケリー基準を用いるためには、まずあなた側が有利であり、その優位性《エッジ》がどれくらいなのかを現実的に推定できるような賭けの機会を探すことが必要だ。持ち金のうち、どれくらいの割合を賭けるべきかを求める公式は次のとおりだ。

$$\frac{bp-q}{b}$$

ここで、
b はデシマル式オッズから1を引いた値
p は成功の確率
q は失敗の確率（＝１－p）

例として、袋の中から玉を引き、赤玉が出るか黒玉が出るかに賭けるゲームを考えてみよう。オッズはイーブン（デシマル式オッズでいう2・00倍）だけれど、この賭けの立会人があなたの知り合いで、実は赤玉が53個、黒玉が47個入っているとこっそり教えてくれた。つまり、赤玉に賭けた場合のあなたの優位性《エッジ》は$\frac{53}{47}$となる。

この場合、b＝1なので、ケリー基準に当てはめると、

$$\frac{0.53-0.47}{1}=0.06$$

となる。よって、リターンを最適化するためには、毎回持ち金の６％を賭けるのがいい。ケリー基準は絶対確実なベッティング・システムではないし、成功はやっぱりバリュー・ベッティングの機会を見つけられるかどうかにかかっている。ケリー基準とは、損失のリスクを最小限に抑えつつ、リターンを最大化するための賭け金の適正な割合を見積もる最善の方法にすぎないのだ。

ここで注意をひとつ。ゲームを進めながら、現在の持ち金に応じて賭け金を増減させることも必要になる。ゲームがめまぐるしく進行しているなかでケリーの公式を使えるよう、スプレッドシートなど、必要なデータをすばやく入力できる手段を用意しておくといいだろう。もっとラクをしたいなら、いろいろと出回っているケリーの公式のオンライン計算プログラムを使ってもかまわない。

ケリー基準の問題のひとつは、条件にぴったりと合う賭けの機会がめったにないという点だ。また、一つひとつの状況においてあなたの優位性《エッジ》を正確に計算するのは難しいという問題もある。つまり、ほとんどの場合、ケリーの公式を使おうと思ったら、正しい数値のおおまかな推定を使わざるをえない。そのため、多くのギャンブラーは部分的なケリー・システムを用いている。たとえば、ケリーの公式に従ってふつうどおりに計算をしたあと、その半分や３分の１の額を賭けるのだ。すると、勝った場合の利益も減るけれど、リスクも減る。あなたの優位性《エッジ》の推定に１００％の自信がない状況でケリーの公式を使う際には、これは賢明な戦略といえるのだ。

いずれにしても、ケリーの公式はその仕組みを理解しておくだけの価値が十分にある。ケリーの公式は、(フィボナッチ法などとはちがって)破産を防ぎつつ、お金を儲けるのに貢献してきた長い実績を持つ唯一の純粋なベッティング・システムだからだ。そして、しばらくケリーの公式を使いつづけるうちに、賭けによって賭け金を変える方法やその理由を直感的に理解できるようにもなるだろう。

あとで説明するように、ケリー基準はウォーレン・バフェットやビル・グロスを含めた数々の投資家の役に立ってきた道具でもある。彼らはポートフォリオの最適なリスク配分を決めるための純粋な数学的法則として、ケリー基準を用いているのだ。

ヒント

賭けに勝つ近道はケリー基準の計算練習

最低限、しばらくケリー基準を実験的に使ってみるといいだろう。状況や持ち金の額に応じて賭け金を調整したら、儲かる確率はどう改善するのか？　それを深く理解するのにちょうどいい練習になるはずだ。

賭けのヘッジングで差額をせしめる

ギャンブルの世界では、確実に利ざやを得たり、リスクを減らしたりできるような方法で同一の対象に賭ける手法として、アービトラージやヘッジングと呼ばれる方法がある。多くの金儲けの機会と同じように、どちらも価格の変動を突く戦略だ。

一般的に、アービトラージ（裁定取引、さや取り）とは、オッズの差を利用するために別々のブックメーカーで賭ける行為を指す。一方、ヘッジングとは、時間的なオッズの変化を利用するような状況を指すことが多い（「ヘッジ・ファンド」という名称は、まったく同じ株式の買いポジションと売りポジションを同時に持つヘッジングの手法にちなむ）。ここから先では、ヘッジングの基本的な原理について説明するけれど、アービトラージにも同じ数学が応用できるという点を踏まえて読んでほしい。

たとえば、あるブックメーカーが、スーパーボウルの試合でニューヨーク・ジャイアンツがデンバー・ブロンコスに勝つという結果に4/5（デシマル式オッズで1・80倍）のオッズをつけていて、あなたはその結果に100ドルを賭けたとする。と同時に、そのブックメーカーはブロンコスが勝つという結果にも同じオッズをつけている。つまり、ハウス・エッジは合計で20％だ。* ざっくばらんに言えば、そのブックメーカーは「ジャイアンツが勝ったらあなたに180ドルをお支払いしますよ」という約束をあなたに売っていることになる。

しかし、その約束につけられる価格は、状況によって変わることがある（もしくは、別のブックメーカーがすでに別のオッズをつけていることも）。たとえば、ブロンコスの花形クォーターバックが試合前のウォームアップ中にケガをしたときとか、ジャイアンツが開始早々リードを奪ったときなど。すると、ブロンコスのオッズが3/2（デシマル式オッズで2・50倍）に変わった。さて、この場合、計算さえまちがえなければ、どちらのチームが勝ったとしても確実に儲けをあげられる方法があるのだが、おわかりになるだろうか。

いちばん手っ取り早い方法は、ジャイアンツが勝った場合に得られる金額を、ブロンコスのデシマル式オッズで割ればいい。計算すると、

$$\frac{\$180}{2.5} = \$72$$

となるので、追加でブロンコスに72ドルを賭ければ、仮にどっちのチームが勝ったとしても180ドルが得られる。賭け金は合計172ドルだから、めでたく8ドルの儲けが出る。

もちろん、たいした儲けではないけれど、絶対に儲かるわけだからまるで夢みたいだ。

ジャイアンツがアドバンテージを活かしてそのまま勝つことが濃厚な場合、もうひとつの戦略として、まんがいちジャイアンツが負けたときのための保険をかけるという方法がある。そのために

は、ブロンコスにいくら賭けたら、ジャイアンツが負けたとしても損得ゼロですむかを考えるとよい。その計算にはちょっとした代数が必要になる。

$$2.5x = \$100 + x$$

両辺からxを引いて、

$$1.5x = \$100$$
$$x = \$66.66$$

となる。もう少し簡略化したければ、デシマル式オッズから1を引き、最初の賭け金をその値で割ってもいい。

そうすると、ジャイアンツがそのまま順当に勝った場合には13・34ドル儲かるけれど、まんがいちブロンコスが勝ったとしても損はまったくない。

起こりうる結果が3通り以上ある状況にヘッジングやアービトラージを応用したい場合も、基本的なルールは同じだ。まず、目標とする払戻額を決め、各結果をデシマル式オッズで割り、その結

＊「引き分け」という第3の選択肢はないものとする。

果を足し合わせて合計の賭け金を求めればよい。

一例として、開始時のオッズが次のようになっているサッカーの試合について考えよう。

レッズ・ユナイテッドの勝利　1/5（1・2倍）

引き分け　5/1（6倍）

ブルース・シティの勝利　17/2（9・5倍）

払戻額10ドルを目標として、このオッズで3つの選択肢すべてに賭けるとすると、必要な賭け金は、

$$\frac{10}{1.2}+\frac{10}{6}+\frac{10}{9.5}$$

なので、いつもどおり少し丸めると、

$$8.33+1.66+1.05=11.04$$

となる。つまり、このブックメーカーのハウス・エッジは約9％とまあまあ標準的だ。この3つの

結果すべてにこの額を賭けると、必ず1・04ドルの損となる。ところが、試合開始から15分がたっても両チームともゴールがなく、ブルースが思ったより善戦していることがわかると、オッズはこんなふうに変化した。

レッズ・ユナイテッドの勝利　4/6（1・66倍）
引き分け　11/4（3・75倍）
ブルース・シティの勝利　10/3（4・33倍）

依然として、3通りの結果全体に対するブックメーカー側のハウス・エッジは変わらない。が、最初のオッズで、ブルース・シティに10ドル狙いで1・05ドルを賭けていたとしよう。するると、次のようにレッズ・ユナイテッドの勝ちと引き分けに賭けて保険をかけることができるようになる。

$$\frac{10}{1.66}+\frac{10}{3.75}=6+2.66=8.66$$

これで、ブルースへの賭け金と合わせて、8・66＋1・05＝9・71ドルの賭け金で、結果のいかんにかかわらず10・00ドルの払い戻しを得られる。差額0・29ドルの儲けだ。

（ヘッジングのもう少し緩めのバージョンとして、**ダッチング**（dutching）がある。固定リターンを狙って複数の選択肢に同時に賭けるところまでは一緒なのだが、起こりうるすべての結果をカバーするわけではない。どういうことかというと、ほぼ起こりえない結果、たとえば競馬ならいちばん弱い何頭かの馬を除外することで、選んだ馬のどれかが勝ったときのリターンを〝確定〟させるわけだ。当然ながら、除外する結果を見誤ると、大損してしまうこともある）

ヘッジングのデメリットはふたつある。ひとつ目に、ハウス・エッジが存在するシナリオでは、オッズがあなたにとって有利なように、つまりヘッジングが可能なようにうまく変動してくれる保証はない。たとえば、最初に紹介したシナリオで、戦力アップしたのがブロンコスのほうだったら、ヘッジングの機会は生まれていなかっただろう。同じように、サッカーの試合の例で最初の賭けを行った直後、レッズが得点していたら、うまくヘッジングはできなかったはずだ。

そういうわけで、ヘッジングは流れが二転三転するようなシナリオにいちばん向いているといえる。つまり、選手間で流れが何度も行ったり来たりするテニスのようなハイスコアのスポーツのほうが、1回のゴールで流れががらりと変わり、試合の行方が決定づけられてしまうサッカーのようなスポーツよりも、試合中にヘッジングを行う余地は高いのだ。一方、アービトラージの機会を狙っているギャンブラー（通称「アーバー」）は、ブックメーカーどうしでオッズに差がつきやすい無名のスポーツやイベントに狙いを定めることが多い（警告。ブックメーカーはアーバーを目の敵《かたき》にしていて、目に見える兆候にいつも目を光らせている。たとえばアルバニアのハンドボールの試合に計算し尽くされたような不審な金額が賭けられたりすると、とたんに疑惑の目を向けるのだ。なので、アカウントが停止になったりしないよう、ある程度の節度をもって行うことが必要だ。インターネットでギャンブラー向けの掲示板やアービトラージの情報を検索すれば、監視の目をかいくぐる方法について、いかがわしいアドバイスがたくさん見つかるけれど、それに従うことは絶対にお勧めできない)。

ギャンブルにおけるヘッジングのふたつ目のデメリットは、雀《すずめ》の涙程度の儲けを確保するのに多額の賭け金が必要になることもあるという点だ。そのため、あるゲームで結局ヘッジングのチャンスが回ってこず、それまでコツコツと積み重ねてきた儲けがいっぺんに吹っ飛んでしまう、なんてこともザラにある。試合中の賭けを認めるブックメーカーが増えつつあるのは、そうすることでむしろヘッジング(あるいは早い段階での当選金のキャッシュアウト〔訳注/試合中、現在のオッズで早々と利益を確定させる行為〕。数学的にはまったく同じ戦略)を促せるからだという点を覚えておいたほうがいいだろう。ヘッジングで儲ける人がいるということは、裏を返せば少額の儲けを確定することと引き換えに高額当選のチャンスをなげうつ人がいるということでもある、というのがブックメーカー側の論理だ。

つまり、ヘッジング戦略はギャンブラーに誤った自信を与えてしまう。全体的に見れば、ブックメーカーだけがハウス・エッジから利益をむさぼりつづけ、ギャンブラーは損を重ねつづけるのだ。

それでも、ヘッジングの数学的原理を理解しておくことには価値がある。ギャンブルの世界では(そして第4章で説明するとおり、投資の世界ではそれ以上に)、ヘッジングが有効なツールになるような状況が存在するからだ。実際、ブックメーカーは、ほかのブックメーカーで賭けるという一種のヘッジングを通じて、自身のビジネスモデルの安全を常に守っている。ブックメーカーには必ずハウス・エッジがあるけれど、それでも本命が勝利した場合に大損してしまう可能性がある。その埋め合わせのため、別のブックメーカーで特定の結果に対するリスクを減らすような賭けを行い、全体的なキャッシュフローをならすわけだ。逆にいうと、ギャンブラーや投資家の側に分《ぶ》がある状況では、ヘッジングはリスクを分散する絶好の手段になるということだ。

ヒント

ビジネスでも役に立つヘッジング

ヘッジングの数学をきちんと理解しておくと、ビジネスのシナリオでも役立つことがある。

たとえば、アメリカのとある輸出業者が、ドイツに納品するプラスチック・バナナを大量受注したとしよう。その輸出業者はプラスチック・バナナのメーカーにドルで製造を発注し、ドイツからユーロで代金を受け取る。この契約の利ざやは本来15％だが、まんがいち為替レートが悪い方向に変動すると、利ざやがあっという間に吹っ飛んでしまう。

この輸出業者は実質的に、為替レートを対象としたギャンブルを行っているのと同じことだ（為替レートが有利な方向に変動して、利ざやが膨らむ可能性もあるという点を忘れないでほしい）。さて、この輸出業者がユーロの口座を保有しているとすると、発注額と同じ額のユーロを現時点の為替レートで売ってしまう、というのがヘッジングの選択肢のひとつだ。そうすれば、現時点の為替レートで、ドル換算の利ざやを確定させることができる。賭けのヘッジングと同じように、この場合ももっと儲かる可能性をあきらめることによって、損失のリスクを回避するわけだ。

バリュー・ベッティングで勝てるゲームを探す

ケリー基準、ヘッジング、資金を守り破産を回避するための手法……。どんなベッティング戦略を使うにしろ、ギャンブルで中長期的に利益をあげる方法はただひとつしかない。正真正銘の価値《バリュー》がある賭け、つまり真の確率がオッズの示す確率より勝っているような賭けを探すという方法だ。

カードカウンティングやインサイダー取引など、敵のシステムを出し抜くための少々ヤバい方法については、第5章でじっくりとお話しするとして、ここでは、少しでも価値のある賭けを見つけるための常道的な手段を紹介しよう。

少し前のセクションで、カジノのゲームのなかには、価値のある賭けのチャンスが巡ってくるものもあるという話をした。たとえば、ポーカーでは、トゥルー・オッズがポット・オッズを上回るケースがある。でも、ほとんどの場合、カジノのゲームは店側が有利になるよう徹底的に仕組まれているので、正真正銘の価値がある賭けを見つけるには、ポーカーなどのゲームの腕を磨くか（特に相手がカジノではない場合）、カードカウンティングなどのグレーな手段を使うかしかないのが実情だ。

しかし、スポーツ賭博の世界では、理論上は、統計分析を駆使してブックメーカーを出し抜くことは可能だ。マイケル・ルイスの著書『マネー・ボール』は、スポーツの試合を左右する要因に関する常識が時としてまちがっているということを、面白おかしく描き出している。同書に登場するビリー・ビーンは、資金不足にあえぐ野球チーム「オークランド・アスレチックス」のゼネラル・マネジャーを務めていたが、常識的な成功への近道である有名バッターや有名ピッチャーを獲得するだけの金銭的余裕がなかった。そこで、彼はスタッフに大量の統計データを収集させ、出塁率（バッターが塁に出る確率を測る統計的指標）の高いバッターなど、無名だけれど優秀な選手たちに照準を絞った。その結果、彼は見事ささやかな予算で常勝チームを築き上げることに成功したのだ。

イギリスの実業家のマシュー・ベンハムもまた、ギャンブル好きが高じておこした会社を通じ、統計分析で財を築いた。彼は自身の買収したデンマークのサッカー・クラブ「ミッティラン」の運営でも大成功を収めると、現在では自身が多大な投資を行ってきたイングランドのサッカー・クラブ「ブレントフォード」にも同じ統計モデルを応用している（彼はこれらのサッカー・クラブでの自身の仕事を「マネー・ボール」という言葉で表現されるのを嫌っている。まるでスポーツ・マネジメントのあらゆる面に統計を使っていると誤解されているような気がするからだそうだ。むしろ、彼は適材適所で統計を科学的に使うことが自分の仕事だと思っている）。

あなたが統計をスポーツ・マネジメントに使うのであれ、ギャンブルに使うのであれ、そのためには数値に対する科学的なアプローチと、まだ広く知られていない方法論やシステム、その両方が必要になる。その理由を示す好例がベイヤー・スピード指数だ。これは『ワシントン・ポスト』紙の競馬コラムを担当していたアンドリュー・ベイヤーによって、１９７０年代初頭に開発されたサラブレッド競走馬のパフォーマンスを測る方法である。特定の馬の過去の成績が与えられたとき、その馬のベイヤー・スピード指数は、走破タイム、レース時刻、出走する競馬場の「平均タイム」を加味して計算される。

ベイヤー・スピード指数は、レース結果の統計分析における大きな一歩だったので、最初にこの指数を用いたギャンブラーたちはまぎれもなく有利になった。ところが、この指数は次第にギャンブラーだけでなく予想屋やブックメーカーにも使われるようになり、ギャンブラーにたいしたアドバンテージをもたらさなくなった。

この話の教訓はこうだ。統計はおおいに信頼してもらってけっこうだけれど、特定のゲームやゲーム内の場面において価値のあるチャンスを見出そうと思うなら、日々新たな結果分析の方法を見つけ出していく必要があるのだ。

クリス・アンダーセンとデイビッド・サリーは共著『サッカー　データ革命――ロングボールは時代遅れか』で、サッカーの試合のパターンに関する従来の仮定の多くが、詳しい統計分析をしてみると実はまちがいだとわかると述べている。たとえば、チーム内でいちばん能力が低い選手はいちばん能力が高い選手よりも試合結果に決定的な影響を及ぼすことが多い。また、サッカーの試合に賭けるギャンブラーは、コーナー・キックがゴールに結びつく確率を過大評価する傾向がある。そのせいで、一方のチームにコーナー・キックが与えられたとたん、ゲーム中のオッズが不釣り合いなほど大きく変化する傾向がある。そんなときこそ、ゴールしないほうに賭ける絶好のチャンスなのだ（コーナー・キックがゴールに結びつくケースは、なんと45回に1回くらいしかない）。

また、デイヴィッド・サンプターは著書『サッカーマティクス』で、サッカー賭博の必勝モデルを探るべく行った独自の簡単な実験について記している。彼はペナルティ・エリアの内側と外側からの各チームの平均シュート数をもとにした「ゴール期待値」という指標を通じて試合結果をモデル化するなど、いくつかの戦略を試した。結局、彼はそのなかのふたつの戦略でささやかながら利益をあげた。まず、ギャンブラーは一攫千金を夢見て大穴に賭ける傾向があるので、スポーツ・イベントにおいて本命はブックメーカーによってオッズが高めに設定されていることが多い。なので、本命チームが勝つ真の確率はオッズの示す確率よりも高いケースがあるのだ。この仮定に基づき、リーグ内の3強チームにずっと賭けつづけていれば、イングランド・プレミアリーグ2014／15シーズンでわずかだが利益をあげられた。

サンプターはさらに、ギャンブラーはサッカーの試合で退屈な引き分けに賭けたがらないので、引き分けにバリュー・ベッティングの機会が潜んでいることが多い、という仮定に基づいた戦略もモデル化した。この戦略を使っていれば、分析対象のシーズンでかなりの利益をあげられていたはずだという(ただし、この話には傑作のオチがある。サンプターの思いついた戦略のなかでいちばん儲かったのは、なんと彼の奥さんに最近の試合結果をザッと見てもらい、直感でスコアを予想してもらうという戦略だった)。

こうした統計や賭けパターンの観察はまぎれもなく貴重なこともあるけれど、他方で過信につながる危険性も秘めている。たとえば、3強チームにひたすら賭けるというサンプターの戦略は、2014/15シーズンでは成功したものの、番狂わせの試合の割合が多かった翌シーズンに使っていたら失敗していた(2015/16シーズン、レスター・シティは開幕時の5000対1というオッズを見事にくつがえし、チャンピオンまで駆け上がった[訳注/イギリスのブックメーカーは独自にオッズをつけるため、このオッズをつけたブックメーカーは巨額の損失を負った])。

というわけで、ギャンブラーが本気で統計分析を利用しようと思うなら、結論を導き出すのに十分な量の標本が必要なだけでなく、どんなに頭のよい人でもはまり込んでしまう論理的誤謬について深く理解しておくことが欠かせない。それはギャンブルとビジネス、どっちの世界にも言えることなのだ。

図18

小さな標本、大きな標本

小数の法則と大数の法則
——心は統計が超苦手

私たちは自分が思っているよりもはるかに統計が苦手だ。数学を使ってスポーツ、カジノ・ゲーム、市場を分析するときは、不十分なデータに頼ったり、直感を正当化する小道具として数学的なツールを使ったりするのは避けないといけない。

統計や確率に関する私たちの判断を惑わせる法則や誤謬はいくつか知られている。

まず、**大数《たいすう》の法則**とは、結果の集合のなかから非常に巨大な標本を取ると、その集合のすべての要素のもっともらしい値、つまり平均値に近くなる可能性が高いという原理だ。たとえば、ハッピーランドという国の成人男性の平均身長が170センチメートルだとすると、取る標本が大きければ大きいほど、その標本の平均身長はこの値に近づいていく。逆に、取る標本がごく小さければ、たまたまのっぽの男性が何人か交じっていて不釣り合いな偏りが生じ、平均身長が180センチメートルを超えてしまうことだってある。それより少し大きな標本を取れば、平均身長は全体の平均値に近づく傾向があり、標本が大きくなるにしたがって、平均身長は母集団全体の平均値へと収束していく。

カジノが確実に儲けをあげられるのは、この大数の法則のおかげだ。1台のルーレット盤を1時間しか回さなければ、いくらハウス・エッジがあるといっても、カジノ側が大損する可能性はある。しかし、50台のルーレット盤を1か月間ずっと回しっぱなしにすれば、ゲーム数の多さによって、カジノの儲けはハウス・エッジの予測値に近くなるだろう。

対照的に、**小数の法則**とは、標本が小さいとそこから誤った結論を導き出しやすいという原理だ。たとえば、あなたの会社の新人営業担当者が3か月連続で好成績をあげつづければ、あなたはその人物が優秀な営業担当者だと早合点してしまうかもしれない。でも、それが実は営業成績の短期的な変動の結果で、次の9か月間はまるで鳴かず飛ばず、ということだってある。あるいは、ただのビギナーズ・ラックであったり、前任の営業担当者の得意客からのリピート注文のおかげだったりする可能性もあるのだ。これでは、正しい情報に基づく判断とはいえない。

フレーミング次第でブレまくる意思決定

小数の法則は、意思決定の心理学の理解に多大な貢献を行ったダニエル・カーネマンとエイモス・トベルスキーによって提唱された。ふたりの最大の発見は、確率に関する人間の直感はいい加減きわまりないという厳然たる観察結果だった。それまでの研究は、多数の人々がある状況で生じる結果の確率を独立して推定すると、その推定は正しい確率を中心として均等に分布する、という誤った仮定に依拠《いきょ》している傾向にあった。つまり、確率を低く見積もりすぎる人々と高く見積もりすぎる人々が均等にいて、その推定の平均値を取るとおおむね正しい値になるという仮定だ。

心理学者のトベルスキーとカーネマンは、多数の実験を通じてこの仮定の誤りを明かし、この仮定さえ取っ払えば、人々が確率を見誤るパターンはかなり予測がつきやすくなるということを示した。簡単にいうと、人間は私たちが思うよりもずっと確率に鈍感なのだ。

たとえば、ふたりの発見した**利用可能性バイアス**とは、人間は自分の思い出せる直近の類例に基づいて確率を判断してしまいやすいという法則だ。詐欺師や営業担当者もこの利用可能性バイアスをよく利用していて、たとえば儲けの出た事業や成功した商品の例ばかりを潜在顧客にアピールし、似たような商品を売ろうとする。

また、トベルスキーとカーネマンは、観察されたいくつかの合理性のバイアスについて体系的に記述することを試みる「プロスペクト理論」も提唱した。

次のふたつの研究例は、質問の**フレーミング**（提示のしかた）によって意思決定者の反応のしかたが変わることを実証している。まず、次の2種類の選択肢について考えてみよう。

シナリオ1：あなたは1000ドルを持っていて、次のふたつの選択肢を提示された。

A．50%の確率で1000ドルをもらえるが、50%の確率で何ももらえない。
B．確実に500ドルもらえる。

シナリオ2：あなたは2000ドルを持っていて、次のふたつの選択肢を提示された。
A．50%の確率で1000ドルを失うが、50%の確率で何も失わずにすむ。
B．確実に500ドルを失う。

どちらのシナリオでも、確実な1500ドルを取るか、50%ずつの確率で1000ドルまたは2000ドルになるかの二者択一を迫られている。これらのシナリオを実験でテストすると、面白いことにシナリオ1ではリスク回避的な人が多くなるけれど（大儲けを狙うよりも確実な500ドルを選ぶ人が多数派）、一転してシナリオ2では、まったく損をしなくてすむ可能性に期待して、1000ドルを失うリスクを冒す人が多数派になる。

フレーミングの実例はまだある。たとえば、ほとんどの人は50ドルのおもちゃを10ドル安く買うためにわざわざ隣町まで車を走らせることはあっても、2万ドルの自動車を20ドル安く買うために同じことをしたりはしない。この場合、購入額に対する割引率が意思決定に影響を及ぼしているということだ。これもまた、問題のフレーミングによって合理的な判断が歪められる例といえる。

ヒント

バイアスから自由になるための意思決定術

意思決定の際には、あなたの時間の価値をいつでも念頭に置いておこう。つまり、目の前の問題を文脈からなるべく切り離して判断するのだ。たとえば、潜在的なリターンの低い仕事（だらだらと続く会議など）には時間をかけすぎるくせに、潜在的な利益の高い仕事（潜在顧客の特定など）には時間をかけなさすぎるケースはあまりにも多い。ビジネスや投資について判断するときは、潜在的なコスト削減や利益を測る基準となる「時給」をいつも意識するとよい。そして、ギャンブルであれベンチャーであれ、成功と失敗の実際の確率を合理的で明確に評価するためには、フレーミング効果や利用可能性バイアスといった人間の本能的なバイアスを避けようと努力することが大切なのだ。

サンクトペテルブルクの宝くじ
——注目すべきは「効用」

1枚のくじの値段を自分で決めなければならないゲームを想像してほしい。このゲームでは、1枚のコインを繰り返し投げ、初めて表が出るまでに裏が出た回数に基づいて賞金が支払われる。1回目で表が出たら賞金は1ポンド。2回目で出れば2ポンド、3回目なら4ポンド、4回目なら8ポンド、という具合に、賞金は倍々に増えていく。

さて、問題はこの宝くじをいくらで買うかだ。本章のこれまでの議論を踏まえるなら、真っ先に1枚の宝くじのリターンの期待値を計算すればいいと思うだろう。賞金は2分の1の確率で1ポンド、4分の1の確率で2ポンド、8分の1の確率で4ポンド……と続く。

それらを合計すると、期待値はこうなる。

$$\left(\frac{1}{2}\times 1\right)+\left(\frac{1}{4}\times 2\right)+\left(\frac{1}{8}\times 4\right)+\cdots = 0.5 + 0.5 + 0.5 + \cdots$$

よって、1枚の宝くじのリターンの期待値は無限大となり、有限の金額であればいくら支払ってでも購入するのが理論上は合理的である。でも、ほとんどの人は、この宝くじに1週間分の給料をまるまるつぎ込んだりはしない。では、さっきの期待値モデルのどこに問題があるのだろう？

このパラドックスは、18世紀の数学者ニコラウス・ベルヌーイによって提唱され、弟ダニエルによって最初の答えが提唱された。ダニエルはこう指摘した。「ある品物の価値は、価格ではなくその効用に基づいて決定されるべきである。たとえ金額は同じでも、1000ドゥカートを得ることの価値は金持ちよりも貧乏人にとってのほうがまちがいなく大きい」

効用という概念は今や経済学にとって不可欠であり、まったく同じ品物の価値が人によって異なる理由をうまく説明できる。その品物を使うことによって得られる満足度が人によって異なるからだ。

また、ベルヌーイの言葉には、**お金の限界効用の逓減《ていげん》**という概念が暗黙のうちに含まれている。限界効用とは、ある財を1単位追加して消費することによって得られる満足度のことである。限界効用の逓減とは、早い話、ある財をたくさん手に入れれば入れるほど、ありがたみが薄れていくことを指す。ごく日常的な例でいうと、1切れ目のケーキはおいしいし、満足感がある。2切れ目もまだ満足感があるかもしれない。でも、3切れ目、4切れ目になると、ケーキを食べる喜びは1切れ目と比べてかなり低くなるだろう。

ほとんどの財は限界効用が逓減していく。お金自体もひとつの財として扱うことができ、やっぱり限界効用は逓減していく。5ドゥカート金貨の価値は、公爵《こうしゃく》よりも貧乏人にとってのほうがずっと大きい。なので、公爵ならサンクトペテルブルクの宝くじのようなゲームに軽い気持ちで5ドゥカート金貨を賭けるかもしれないけれど、貧乏人は食や住のために取っておこうと思うだろう。

ベルヌーイは、効用をギャンブラーの総資産に比例するものとして正式に定義し、宝くじの価値を求める方法として、次のような恐ろしい数式を導き出した（私自身に説明する能力はないけれど……）。ここで、cは宝くじの価格、wはギャンブラーの総資産。

$$\Delta E(U) = \sum \frac{1}{2^k}\left[\ln(w+2^k-c)-\ln(w)\right] < \infty$$

効用を定義する理想の数学関数を与えようとする試みは、ほかにもあまた行われていて、なかには比較的わかりやすいものもある。しかし、私たちが覚えておかなければならない重要な考え方は、そうした複雑な数式に頼らずとも、次の3点で言い表わせる。

（1）人間は効用に基づいて価値を推定するので、人によって同じ財に別々の価値をつけることは合理的な場合もある。

（2）効用は主観的なものであり、その消費者の総資産によって変わる。

（3）お金の限界効用は逓減する。

カーネマンとトベルスキーが論じたもうひとつの疑問はこうだ。なぜ大多数の人々は60％の確率で50ドルが儲かるギャンブルに50ドルを賭けないのか？［訳注／60％の確率で50ドル儲かり、40％の確率で50ドル損するとすると、本来、期待値は10ドルの儲けになるはず］

その理由を理解するには、この賭けを提示された人の金銭的な状況について考える必要がある。その人がお金持ちで、50ドルなんて取るに足らない損失だと考えているなら、このギャンブルを受けるのが合理的だろう。しかし、50ドルを失ったら次の給料日まで財布が空っぽになる、という人にとっては、このギャンブルを降りるほうが明らかに合理的といえるだろう。お金自体の効用がこの2種類の状況で異なるわけだ。また、どちらのギャンブラーにとっても、最初の50ドル（賭け金）の効用のほうが追加の50ドル（勝った場合の儲け）の効用よりも大きい。ただ、貧乏人にとってのほうが、失えないお金と儲かるかもしれないお金の差が大きいというだけの話なのだ。

ヒント

限界効用の逓減をビジネスに活かす

ビジネス全般においても、ビジネスモデルや新しい製品ラインについて考えるときは、限界効用の逓減について理解しておくことがすごく大事だ。ビジネスが持続可能といえるのは、製品を長く販売しつづけられる場合だけで、ふつうはそのためには顧客にリピート購入してもらう必要がある。

製品のなかには、食品のように、消費するとなくなってしまうため、おのずと定期的な追加購入が必要なものもある（とはいえ、食品の販売で成功するには、習慣的な利用を促すことも不可欠だけれど）。その点、多くの企業は計画的陳腐化〔訳注／新商品の販売を促すため、旧来の商品を意図的に陳腐化させること〕の概念を理解していて、定期的な交換やアップグレードが必要な製品を意図的に製造している。もちろん、計画的陳腐化は環境保護の観点から懸念もあるけれど、現代の経済モデルでは避けるのはかなり難しい。

１９７０年代まで、市場には使い捨てでない安全カミソリがたくさんあった。一生涯使えるうえ、刃を交換しないで研げばすむものさえあった。しかし、これは長期的に持続可能なビジネスモデルとはいえず、結果として大半の企業は使い捨てのプラスチック製カミソリへと移行した。また、市場が特定の製品で飽和状態になってしまうケースもある。

昨今の大人の塗り絵ブームは記憶に新しい。最初にいくつかの塗り絵本がヒットすると、世界じゅうの出版社がきれいで独創的な塗り絵本を次々と発売しはじめた。最大の問題は、たちまち大人の塗り絵ファンたちが一生かけても塗りきれないほどの塗り絵本を購入してしまい、新しい塗り絵本への需要がパタリとなくなってしまったことだ。その結果、塗り絵本の市場は崩壊し、多くの出版社が最新の塗り絵本の売れ残りを古紙回収へと回さざるをえなくなった。

この話の教訓は? 製品の限界効用の逓減の速さを理解し、いざというときのための危機管理計画を立てておくべき、ということだ。

なぜギャンブラーはかくも楽観的で、しかも同じような間違いを犯すのか

前に、ギャンブラーの目を曇らせる非合理的な信念や習慣の一例として、ギャンブラーの破産(資金が減っているのに、それに応じて賭け金を減らすのを忘れてしまうという失敗)を紹介した。もうひとつ、これに関連する問題として、**ギャンブラーの過信**がある。リスクの高い行動を絶妙のタイミングでピタッとやめられるというギャンブラーの思い込みのことだ。現実問題として、勝っている最中にやめられるギャンブラーは少ない。

ギャンブラーの過信は、人間の基本的な認知バイアスのひとつ、**楽観バイアス**に源流がある。自分は幸運の星のもとに生まれたとか、リスクを冒してもきっと大丈夫だろう、と考える傾向が人間にはあって、このバイアスから逃れるのは難しい。だからこそ、いつまでも幸運は続かないという事実をきちんと理解しておくことが大事なのだ。なぜなら、大数の法則によって、私たちの成績はやがて平均的な結果に近づいていくからだ。さらに、ハウス・エッジが存在する場合、その期待値はまちがいなくマイナスになるだろう。

また、**ギャンブラーの誤謬**についても理解しておくことが大事だ。これは、あるゲームで片方に偏った結果が続くと、その後はもう片方の結果が出やすくなると思い込む傾向のことである。たとえば、誰かが5回コインを投げ、5回連続で表が出るのを見ると、ギャンブラーの誤謬によって、次は裏が出やすいんじゃないかと思ってしまう。

この現象は、1913年8月18日にモンテカルロ・カジノで起きた出来事にちなみ、**モンテカルロの誤謬**とも呼ばれる。このカジノのルーレット台で、ボールがなんと26回も連続で黒に入ったのだ（確率は0.0000000073）。ルーレット台自体に偏りがあると考えるギャンブラーもいただろうが、当時カジノにいたギャンブラーたちはこれから赤が出やすくなると信じ、我も我もと赤に大金を賭けた結果、合計で数百万フランを失った。実際、ルーレット台に偏りがないものとして、黒が26回続いた直後からゲームを始めたとしても、ボールが赤と黒に入る真の確率はまったく等しい。

図19

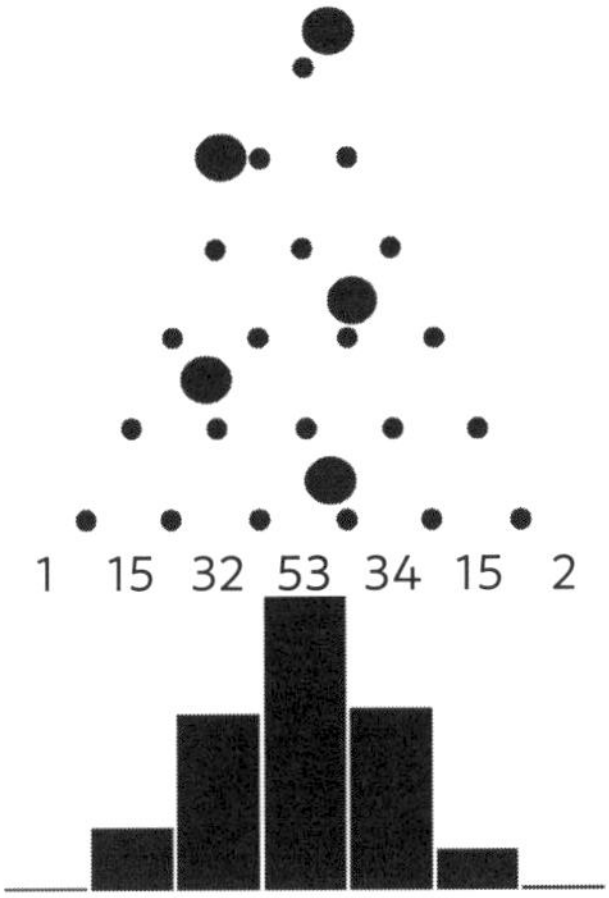

玉はパチンコ台の中央真上から落とされ、釘に当たって跳ね返りながら落ちていく。最終的に玉が落ちた地点の統計を取ると、正規分布に近くなる。

大事なのは、ギャンブラーの誤謬と**平均への回帰**を分けて考えることだ。平均への回帰とは、ある変数が1回目の測定で極端な値（具体的にいうと、平均値より異常なほど高いまたは低い値）を取ったとすると、次の測定では平均値に近づく傾向があるという事実を指している。

この概念を初めて特定したのは19世紀の遺伝学者フランシス・ゴルトンで、彼は飛び抜けて身長の高い人々の子どもはそれよりも少し身長が低いことに気づいた。プロセスのなかにランダム性の要素が存在する場所なら、似たようなパターンが見られることが多い。たとえば、ある日、ある街のさまざまな地点で自動車による信号無視の数を計測し、翌日にもういちど計測すると、1日目に数が最多だった地点は2日目に数がちょっとだけ少なくなり、1日目に数が最少だった地点は2日目にちょっとだけ多くなる傾向がある。しかし、ほかの地点がこんどは代わりに外れ値を取るので、結果的に全体的な分布が狭まるわけではない。

この現象はランダム性の必然の**結果**であって、例外ではないという点を理解しておくべきだ。たとえば、図19のようなパチンコ台の真上から玉を落とすと、玉はそれぞれの釘のところで左右に跳ね返り、最終的には正規分布に従って下の穴に落ちる傾向にある。仮に、下まで落ちた玉を、その最終的な横位置から2台目のパチンコにそのまま落としたとすると、それでもやっぱり正規分布に従って穴に入る。現在、左右両端の穴、つまり前回の分布の外れ値の真下にある玉が、どの位置から落とされたかと問えば、正解はその位置の真上よりも中心近くである可能性が高いだろう。理由は単純だ。1回目で中心近くの穴に落ちた玉のほうが数的には多いので、その玉が弾んで端のほうへと広がっていった可能性のほうがずっと高いのだ。

もうひとつ別の例として、サッカーのリーグ戦で、あるチームがシーズン開幕直後にスタート・ダッシュを見せ、幸先よく6戦中5勝したとする。このとき、最終的な勝率が$\frac{5}{6}$になると期待するのはまちがっている。$\frac{5}{6}$以上ではなく未満になる確率のほうが高いのだ。もちろん、そのチームがシーズンを通じて絶好調を保つなんてこともありえないではないけれど、この勝率がずっと続くという予想に大金を賭ける前に、平均への回帰が起こりそうかどうかを少なくとも一考したほうがいい。

ギャンブラーの誤謬と平均への回帰のちがいを理解するひとつの方法がある。1000人でコイン投げ大会を開くとしよう。裏ではなく表を出した人が次の回戦に進むとすると、1回戦では500人が勝ち残り、2回戦では250人、3回戦では125人、4回戦では62人（切り下げ）、5回戦では31人が勝ち残るだろう。

この段階では、5回連続で表を出した31人前後のラッキーマンばかりが残っていることになる。そのなかのひとりを見て、表と裏の数は〝平均化〟するはずだから、次のコイン投げでは50％以上の確率で裏が出るだろう、と予想するのがギャンブラーの誤謬だ。言わずもがな、そんな予想はむちゃくちゃだ。各プレイヤーが次のコイン投げで表または裏を出す確率は相変わらず50％ずつであり、この時点から測定すれば、以降の結果は表と裏が50％ずつに平均化すると期待できる（つまり、**この時点から**予測すると、累積的なコイン投げの結果は、表の合計回数が裏よりも5回多いという点を中心として均等に分布することになるだろう）。

一方、5回連続で表を出した人のなかのひとりに着目し、同じ実験を最初からやり直せば、その人は次のゲームで平均値により近い結果を出す可能性が高く、またしても5回連続で表を出す可能性は低い。これが平均への回帰の言わんとする内容だ。

ランダム性のなかにパターンを探すという落とし穴

人間はランダム性を理解するのがあまり得意ではない。私たちは人生を理解する基本的な方法の一環として、パターンを探す傾向がある。そのことがありもしないパターンを見つけ出す元凶になってしまうケースもある。また、ランダム性を人為的に再現するよう言われるとうまくできないのも、そこに原因がある。

その好例をふたつ紹介しよう。

1890年代、『ル・モナコ』という新聞に、モンテカルロのカジノのルーレットの結果が毎日発表されていた。数学者のカール・ピアソンは、ランダムなデータを使って自身の方法論を検証しようと思い、同紙に記録されていたルーレットの結果を参照した。すると、ルーレット盤がずいぶんと不可解なふるまいをしていることがわかった。一連の結果はまったくランダムなんかではなく、不正操作されているか、さもなくば極端に偏っているように見えた。実は、同紙の怠け者の記者が、どうせ誰も気づきやしないだろうと高をくくって、でたらめな結果を発表していたのである。つまり、ルーレット盤がランダムでなかったわけでも、カジノで不正操作が行われていたわけでもなかった。その記者はランダムなデータセットを再現するのが下手である、ということを露呈しただけだった。

ルーレットのランダムな結果を想像するよう言われると、多くの人はランダムな過程に対する安易なイメージから、〝パターンらしい〟パターンがまったくなくて、値がかなり均等に散らばっているような、完全にめちゃくちゃな結果を生成しようとするだろう。実際のところ、正真正銘のランダムな過程はそれほど整然とはしていなくて、たとえば6はしょっちゅう出るけれど7は何百回も連続で出ないとかいうような、〝パターンらしい〟結果を生むことがある。正真正銘のランダムな事象は人間にとってランダムに見えないことが多いのだ。

アップルはｉＰｏｄにシャッフル機能を導入したとき、似たような問題に悩まされた。同じバンドの曲がかたまって表示されたり、同じ曲が連続で繰り返されたりすることに気づいたユーザーの多くが、シャッフル機能が完全なランダムではなく不正操作されていると早合点し、苦情を寄せたのだ。スティーブ・ジョブズはこうした数学的な中傷に腹を立てたが、「よりランダムらしく感じられるようあえてランダム性を抑える」べきだと説明し、シャッフル機能の修正を行った。

そんなわけで、私たちのランダム性に対する認識はまるで当てにならない。その影響のひとつが、「流れ」に関するギャンブラーの認識にある。オンライン・ギャンブル・ソフトウェアには不自然な「流れ」があり、ランダムにできていない、というのはよくある迷信だ。むしろ、ランダムな過程では、結果に流れがあるほうがふつうで、そう感じてしまうのは十中八九、正真正銘のソフトウェアのバグではなく、私たちの認知の欠陥のせいなのだ。

ランダム性を理解できないと、さらにふたつ、理性の落とし穴が待っている。

ひとつ目は、ギャンブラーの誤謬のひとつのバージョンとして、私たちはかなり限定的なデータに基づいて流れに関する結論に飛びついてしまいがちだということ。たとえば、あるサッカー・チームが3試合連続で引き分けると、次も引き分ける可能性が高いと考えてしまう。あるいは、ある会社の株価が10週連続で上昇すると、同じ流れがずっと続くと誤解してしまう。スポーツ賭博の文脈でいうと、この現象はトーマス・ギロビッチ、ロバート・ヴァローネ、エイモス・トベルスキーの1985年の論文にちなんで、**ホットハンドの誤謬**と呼ばれる。この論文は、前回のショットが成功したバスケットボール選手のショットは成功率が高いという誤解について調べたものだ。ある意味、運が〝平均化〟するのではなく、結果の異常な流れが続くと仮定している点で、ギャンブラーの誤謬とはまるきり正反対だ。

これらの誤謬を理解しておくことは大事だけれど、その知識の応用方法をまちがえないよう注意も必要だ。たとえば、スポーツ選手が直近の成功から自信を得、本当にそれから得点の確率が増えるという証拠もいくつかある。また、ギャンブラーにさえ運の流れがあるという証拠もある。[*] ただしこの場合、その理由がなんとも皮肉だ。多くのギャンブラーは、自分の運の流れがいつか途絶えやしないかと内心ビクビクしている。なので、何回か連続で勝つと、次こそ負けるのではないかと疑心暗鬼になり、どんどん無難な賭け方をするようになる。そのため勝ちつづける可能性が高まるというわけだ。

ふたつ目は、一見するとランダムな過程に、本当にバイアスが潜んでいるケースもあるということ。モンテカルロのカジノのルーレット台で大儲けしたイギリスのヨークシャーの機械工、ジョセフ・ジャガーの物語は、もしかすると作り話かもしれないけれど、真偽はどうあれ、彼の物語には教訓がある。伝説によると、ジャガーは書記官のチームを雇い、何台かのルーレット盤の数週間分の結果を書き留めさせた。その結果、機械の不具合のせいなのか、はたまたルーレット盤の配置のずれのせいなのかはわからないが、一部の台の結果が特定の数字に偏っていることをついに突き止めた。その欠陥を突き、彼はハウス・エッジを見事に破り、大金を持って立ち去ったそうだ。

この物語は作り話の可能性もあるけれど、カジノは本当にこういうことが起こりうると信じていて、模倣犯が現われないよう、念には念を入れてルーレット盤を定期的に交換している。いずれにせよ、この逸話は重要な真実を照らし出している。正真正銘のバイアスや流れを特定しようと思ったら、大量のデータが必要なのだ。大量のデータを集められれば、スポーツやゲームに真のパターンやバイアスを見つけ出せるかもしれない。ところが、不十分なデータで同じことを行おうとすれば、ランダム性を理解するのが苦手な人間の脳の欠陥のせいで、誤った結論を導き出してしまう可能性だっておおいにあるのだ。

ヒント

ランダム性にだまされないために覚えておくべき2つのこと

ギャンブラーの誤謬、ホットハンドの誤謬、平均への回帰のさまざまな効果は、まぎらわしいこともあるけれど、キーポイントは単純だ。純粋にランダムな事象の表面的なパターンにだまされてはいけないということと、過去の事象はそれと完全に独立した将来の事象の発生確率に影響を及ぼさないということ、その2点さえ押さえておけばよい。

＊http://www.popsci.com/article/science/are-lucky-streaks-real-science-says-yes

ルーレットの数学の意外な応用先

ルーレットの確率の研究は、ほかの分野に意外で有益な副効果をもたらしてきた。数学者のアンリ・ポアンカレ（第8章を参照）はルーレット盤の修正版を使い、初期値鋭敏性を用いてルーレット盤の最終的な静止状態を理論的に予測できることを実証した。その一方で、初期条件の微細な変化が最終結果の大きな変化につながるということを証明し、確定的な物理過程が事実上ほぼ予測不能な結果につながりうるという現代カオス理論の基礎を敷いた（つまり、あるサイコロ投げやルーレット盤の結果が「ランダム」であると言うときには、その結果を特徴づける確定的過程が複雑すぎて時間的に分析不可能であるという意味）。

一方、カール・ピアソンが『ル・モナコ』の記者のはったりを暴くために使った手法は、現代科学の礎石《そせき》となった。科学者たちは物理過程や化学過程に関する実験や新しい薬剤のテスト・データを分析するとき、その結果が純粋たる偶然のみによって得られる確率と比較することで、理論を検証する（第7章の統計的有意性のセクションを参照）。これは、その証拠が理論を実際に裏づけているのか、それとも私たちがランダム性にだまされているにすぎないのかを確かめ、不正や結果の捏造《ねつぞう》を見つけ出すための根本的な手法なのだ。

第３章のまとめ

ギャンブルで勝つ

①誰でもギャンブル中は非合理的なミスを犯しやすい。練りに練った計画さえも簡単に失敗してしまうことがある。

②ヘッジングやケリー基準などの戦略を使えば、利益をあげたり損失を抑えたりする確率を増やせる。

③賭ける理由やベッティング戦略は、合理的な仮面をかぶっていても、実は非合理的なもののほうが圧倒的に多い。賭けるのが合理的といえるのは、ハウス・エッジに勝てるなんらかの知識や分析を持ち合わせている場合だけだ。

④絶対確実なベッティング・システムや必勝のベッティング・システムなどというものは、例外なくいんちきだ。

第4章

投資で成功する

リスクとボラティリティを理解して富を蓄積しよう

もっとも利率がよいのは知識への投資である。
——ベンジャミン・フランクリン

ふつう、ギャンブルは金儲けの戦略としては不向きなので、あなたの人生にとっては分《ぶ》が悪い。それよりも、人生を豊かにするのに分のいい戦略を探すほうが理にかなっている。その点、株式市場は、長期的に見れば実質成長を示す傾向があるので、理論上はそれにぴったりの機会といえる。早い話、カジノとは反対で、株式市場では投資家側に優位性があるということだ。もちろん、うまくいかないケースはいくらでもあるけれど、投資家の勝負の条件はギャンブラーよりは公平なのだ（当然、数式やデータの分析はずっと複雑になるけれど）。

そこで、まずは株式投資の基本のキについて解説し、その次に数学がビジネス環境において重要な役割を果たす場面を見ていこう。

初めに、ひとつだけ警告を。本章で紹介する数式や計算を応用できる度合いには限度がある。ここでの目的は、あくまでも複雑怪奇な専門用語をわかりやすく解説し、みなさんが興味を抱いた分野を探求しつづけられるだけの基礎的な知識について説明し、投資の教科書や講座で扱われている話題について基本的で常識的な理解を提供することなので、了承してほしい。

株式投資入門

ある意味、株式や債券の購入は賭けと似ている。短期的、中期的、長期的な値上がりを期待して購入するのが金融商品だからだ。短期的に値上がりすることを期待している場合、それを「投機」

という。一方、もっと長期にわたって企業にお金を預けている場合、その企業に「投資」をしているといって齟齬《そご》はないだろう。

金融商品にはいろんな種類があって、リスクの度合いもまちまちだ。たとえば、債券市場で販売される債券は、一般的に安全な投資のひとつとされる。早い話、双方が合意した利率で企業にお金を貸しているのと同じことだ（ただし、その企業の実績に伴って値上がりしたり、配当金が支払われたりはしない）。

一方の株式は、株式市場で販売され、値上がりしたり、その企業の利益の一部が配当金として支払われたりする可能性がある。ただし、その企業が利益を留保して再投資に回した場合、配当金は支払われない。この場合、その企業の実績の向上が株価の上昇という形で反映されるはずだ。

株式は当初、その企業の創設者と出資した外部の投資家だけが保有している。次に、追加の投資家たちがその企業に現金を出資し、非公開の株式を受け取る。しかし、さらなる資本が必要な段階や、初期の投資家たちが持ち株の現金化を望む段階まで来ると、企業は新規株式公開（IPO）を検討するかもしれない。つまり、株式を公開市場で売り出し、誰でも買える状態にすることで、非公開会社から公開会社へと転換するのだ。また、株式を保有していれば、株主会議で議決権が得られ、株式をほかの人に売却することもできるようになる。

株式にはいろんなレベルの権利やリスクがある。優先株は普通株よりも優先的な権利が与えられるが、企業によってはさまざまな種類の株式を発行しているところもある。たとえば、ウォーレン・

バフェット所有のバークシャー・ハサウェイは、A種株式とB種株式を発行している。

企業の運営に積極的《アクティブ》にかかわりたい、あるいは経営権を握りたいと考えるなら、最大限の議決権を得られる株式を保有することが大事だ。そうすれば、取締役の選任などに対して口を出せる。しかし、より受動的《パッシブ》な投資家にとっては、各種金融商品の重要性はリスク・レベルによって変わってくる。会社の清算の際には、最初に債券などの債務証券の保有者、次に優先株の保有者、最後に普通株の保有者、という順番で支払いが行われる（種類の異なる株式も同様に区別されることがある）。

リスク・レベルは潜在的な報酬と直接かかわっている。一般的に、債券は年間5〜7％くらいのリターンを生み出してきたけれど（しかもその価値は固定されているため、満期まで待てば、その間の企業実績にかかわらず一定額が支払われる）、株式のリターンは年間平均8〜9％くらいだ（そして理論上は、際限なく値上がりする可能性もある）。なので、債券は破産の可能性がものすごく小さい低オッズの賭けに相当し、株式は破産のリスクがそれなりにある高オッズの賭けに相当するといったらわかりやすいだろう。

株式って何？

では、会社の株式を保有しているというのは、具体的に何を保有しているのだろう？　いくらその会社の一部が自分のものだからといって、会社の文具収納棚のところへ行ってクリップを1箱くすねてきてもいい、というわけではない。これにはれっきとした理由がある。個人と法人の資産は法的に分離されており、株主は有限責任しか負わないのだ（つまり、会社がつぶれたとしても、裁判官の命令で株主の個人的な資産が差し押さえられることはない）。

しかし、株式を保有すると、**時価総額**と呼ばれるその会社の総合的な価値の一定割合を保有することになる。ごくごく単純にいうと、ある会社が同じ種類の株式5万株を発行済みで、1株の価値が20ドルだとすると、その会社の時価総額は100万ドル（20ドル×5万株）というわけだ。このことから、単純にふたつの会社どうしの株価を比べるのはまったく意味がないといえる。株価という情報は発行済み株式数と組み合わせて初めて意味を持つのだ。

時価総額はふたつの要素で構成される。**純資産**は、在庫、建物、オフィス家具、現金保有高、特許、著作権など、会社の保有するすべての資産に基づく。これは個人の純資産と同じなので比較的評価しやすい（エンロンのようなとんでもない会社ではなく、ふつうの会社なら）。具体的にいえば、現在の価格ですべての資産を売却し、すべての負債を清算したあとに残る資金の額を示している。

もうひとつ、市場価値のより不安定な要素として、その会社の将来のキャッシュフローがある。株価が上下する最大の理由は、投資家がその会社の将来のキャッシュフローの価値についていろいろな見方を持っていて、市場全体の投資家心理がさまざまな出来事に応じて変化していくからだ。

個々の投資家がブローカーに買い注文や売り注文を出すたび、市場の需要と供給全体が変化して株価が上下する。なので、会社を評価するときには、その会社の純資産と将来的な潜在収益力を入念に分析するのがもっとも合理的といえる。

しかし、投資家は合理的なものと非合理的なものの両方を含め、幅広い手法を使って投資先を判断するので、その会社の将来のキャッシュフローへの見立てのちがいだけで値動きが生じると断じるのは、あまりに単純すぎるだろう。たとえば、多くの人々は最近の株価の変動に影響を受ける。株価が上昇傾向にあればその会社の実績は好調だということになり、その傾向が続くと見るのは合理的かもしれないが、株価の修正がすでに過剰に働いていて、非合理的な期待によって持ちこたえているにすぎないという危険性はいつだってある。

主観的・客観的な企業評価に影響を及ぼすその他の要因として、その会社のブランディング、人的資本（スタッフがどれだけ訓練を積み、定着しているか）、参入障壁（同じ業界への新規参入者がどれだけ容易にその会社に太刀打ちできるか）などの持つ価値がある。さらには、インターネット上のデマ、意図的な株価操作、その会社の評判や醜聞《しゅうぶん》など、ランダムな要因の影響も加味しないといけない。

当然、投資家にとって最善の戦略は、過小評価されている株式を買い、そのまま保有しつづけるか、株式が過大評価されていると思うとき、あるいはほかの投資機会にお金を回したくなったときに売ることだ。

しかし、企業を評価したり、企業が過大評価または過小評価されているかどうかを見分けたりする絶対確実な方法なんてない。

そこで、企業の分析に使える方法をいくつか見てみよう。

株価収益率（PER）
――株式の価値を測るためのツール集

100年以上にわたって使われている伝統的なツールのひとつが**株価収益率（PER）**だ。株価収益率は、その株式が割安なのか割高なのか、同じ業界または市場全体のほかの企業と比べてどうなのかを考えるのに使える。株価収益率はその企業の時価総額を年間の純利益で割れば求められる。たとえば、モーターマウス社という架空のモデルカーのメーカーが年間3万ドルの利益をあげていて、時価総額が60万ドルだとしよう。すると、株価収益率は$\frac{600{,}000}{30{,}000}=20$となる。つまり、同社を買収した人が提案された買収コストを回収するまでに20年間かかる計算になる（利益が一定だと仮定した場合）。この値をほかのモデルカー・メーカーやおもちゃ会社と比べれば、価格が適正なのかどうかがわかる。モデルカーの冒険を描いた最新映画や、子どもがモデルカーを飲み込んで窒息する危険性を報じた新聞の煽り記事など、外的な要因は同じセクターの企業に等しく影響を及ぼすので、こうした比較を行えば、モーターマウス社固有の特徴をより正確につかむことができる。

あるセクターの株式を買いたいなら、株価収益率を尺度に使って企業どうしを比べ、いちばん株価収益率の低い企業に投資する、というのがひとつの手だ。一般的に、20はかなり平均的な株価収益率と見られていて、株価収益率がもう少し低くてたとえば10くらいなら、買い時と考えていいかもしれない。ただし、新興企業は老舗企業と比べて高い株価収益率で取引される。新興企業のほうが成長の余地が大きいという言い方もできるからだ（つまり、未開拓の新たな市場を見つけるのは、老舗企業のほうが難しい）。また、株価収益率を正しく解釈するためには、その会社のビジネスモデルへの理解も必要になる。たとえば、新規市場への積極的な拡大のために短期的な利益を犠牲にしつづけているアマゾンは、近年の株価収益率が５００を超えている。

株価収益率に関連するわかりやすいツールとして、**ＰＥＧレシオ**がある。ＰＥＧレシオを求めるには株価収益率を５年間の利益成長率で割ればよい。たとえば、５年間の利益成長率が30％で、株価収益率が15なら、ＰＥＧレシオは０・５だ。一般的に、ＰＥＧレシオが１未満だと割安株だといわれる。似たような指標である**ＰＥＧＹレシオ**は、高配当の株式を好む投資家によってよく使われ、株価収益率を（成長率＋配当利回り）で割って計算される。ＰＥＧＹレシオもやはり１未満が望ましく、０・５未満の株式はかなりのお買い得品と考えられる。もし予想株価収益率（翌年の予想利益を使って計算した株価収益率）が現在の株価収益率より高ければ、アナリストは利益が増加すると期待していることになる。

当然ながら、現在や過去の数字に基づいて予測を立てることには危険が伴う。予測のどこに欠陥があるかわからないし、状況が想定外の変化を見せる可能性はいつだってあるからだ。

数学的な財務分析ツールの信頼性は、すべて用いる「情報」にかかっている。私の昔の上司のひとりは、スプレッドシートやデータベースについてこんなことを口癖のように言っていた。「ゴミを入れればゴミしか出てこない」

ヒント

企業価値を測る指標とうまく付き合うコツ

財務比率の種類の多さに頭がこんがらがってしまう人も多いだろう。たとえば、企業の配当から期待リターンを計算する方法のひとつであるゴードン方程式はもとより、支払能力、流動性、効率性、収益性に関連する比率、そして単純な評価比率……。こうした比率にこだわりすぎると、純粋な数値の森に迷い込み、それが実世界の複雑な事実や事象をぼんやりと映し出すだけの経験則にすぎないということを忘れてしまう危険性がある。数学的に分析することは投資家にとってものすごく有益だけれど、没頭しすぎるのも考えものだ。ジョン・ボーグルやピーター・リンチのような老獪《ろうかい》な投資家たちは、いんちきな結果や誤った情報にだまされないよう、完全に熟知している分析ツールだけを厳選して使い、自分がよくわかっている企業にのみ投資するよう説いている。

お金の時間的価値
——株価収益率の数学的ロジック

株価収益率は**お金の時間的価値**というより大きな数学的問題のなかの特殊な事例であるということを理解すると、株価収益率の数学的なロジックが直感的に理解しやすくなる。

お金の時間的価値は、少なくともスペインの初期の経済学者および神学者のマルティン・デ・アスピルクエタが論じた16世紀ごろから分析されてきた問題で、お金は理論的に将来よりも現在のほうが価値が高いという考え方である。というのも、現在お金を持っている人は、将来までのあいだに利息を得ることができるはずだからだ。たとえば、私が1年後に1000ドルを受け取る機会を持ちかけられたとする。さて、この機会にいくらを支払う？　仮に、銀行預金に5％の利息がつくとすると、1000ドルを1・05で割ればよい。

$$\frac{\$1000}{1.05} = \$952.38$$

つまり、金利5％と仮定した場合、翌年の1000ドルを得るために現在投資する必要があるのは952・38ドルということだ。現在価値を求めるために将来価値から割り引かなければならない率、つまりこの数式でいう5％のことを、**割引率**（ディスカウント・レート）という。当然、金利をどう選ぶかが重要になる。会計士がよく用いるのは、銀行預金や国債から得られる保証された最高利回りである**無リスク金利**だ。より正確ではあるが危なっかしい手法として、名目無リスク金利からインフレ率を引いた**実質金利**を用いるものがある（要するに、ある期間の無リスク金利が7％、インフレ率が4％だとすると、実質金利は3％）。

どういう金利を選ぶにしても、利息のつく銀行口座（またはお金を増やすその他の手段）を持つ合理的な人間なら、将来の1000ドルよりも今日の1000ドルを選ぶという基本的な事実は変わらない。すると、こんな疑問が浮かんでくる。お金の現在価値を一般的に計算するには？ もっとも基本的な公式はこうだ。

$$FV = PV \times \left(1+\frac{i}{n}\right)^{(n \times t)}$$

ここで、
FVはお金の将来価値
PVはお金の現在価値
iは金利
nは1年当たりの複利計算期間数
tは年数

たとえば、元本を2万ポンド、年利を6％、利息は四半期ごとに支払われるとして、2年後の価値を計算するとこうなる。

$$20{,}000 \times \left(1+\frac{0.06}{4}\right)^{(4 \times 2)} = 20{,}000 \times (1.015)^{8}$$
$$= £22{,}529.85$$

また、将来の支払額から現在価値を求めたければ、同じ数式を次のように変形すればよい。

$$PV = \left(\frac{FV}{\left(1+\frac{i}{n}\right)^{(n\times t)}}\right)$$

この基本的な公式にはいろいろなバージョンがあって、評価しようとしているのが年金《アニュイティ》（定期的な支払い）なのか永久年金《パーペチュイティ》（永久に続く定期的な支払い）なのか、リターンが線形的または指数関数的に増加していくのか、支払いが期首なのか期末なのか、といった要因に応じて異なる。こうした公式はいずれも、たとえば不動産賃借権《リースホールド》、住宅ローン、年金の査定や価格づけなど、さまざまな場面で役立つ。

ここではとりあえず、比較的シンプルな例のひとつ、永久年金の現在価値を求める公式に着目してみよう。そのためには、将来のすべての支払額に対する現在価値の和を計算しないといけない。当初の複雑怪奇な数式を簡約化すると、一定の支払額が続く永久年金の公式はこうなる。

$$PV = \frac{C}{i}$$

ここで、iは金利、Cは年間の支払額。式を変形すると、こうなる。

$$\frac{PV}{C}=\frac{1}{i}$$

したがって、現在価値を年間の支払額で割った値は金利の逆数になる。一目瞭然のとおり、これは現在の時価総額を現在の利益で割った株価収益率と似ている。

なので、株価収益率とは、あなたの株式に対して支払われる実質的な金利の逆数だと考えると合点がいく。ある企業を現在の評価額で買収すると、その投資額に対する支払いとして利益を受け取ることになる。企業の株式を買った場合も、その量に比例する形で同じことが起きている。というわけで、お金をただ銀行に預けておくよりも儲かる株式を見つけることが大事になる。

だからこそ、株価収益率が20（5％金利の逆数）とかいう株式は堅実だが面白味がなく、株価収益率が10（10％金利の逆数）とかいう株式は買い時と判断されるわけだ。もちろん、株価収益率のよい企業を見つけたとしても、タイミングが味方してくれないこともある。ほかの投資家が続々と10％以上の高金利を稼ぐチャンスに気づき、売り手よりも買い手が多くなれば、たちまちその企業の株価は上昇し、あとでやってきた買い手にとってはそこまでお買い得とはいえなくなってしまうだろう。それでも、現在の価格で購入した投資家は、株価や将来の配当の上昇という形で得をする可能性が高い。

同じように、PEGレシオが尺度として用いられる理由もこれでわかる。株価収益率を5年間の利益成長率で割るということは、単純に投資金に対して得られる実質的な金利を、利益が成長している実際の割合と比べるということにほかならない。もし後者の値のほうが大きく、PEGレシオが1を下回っていれば、市場がその企業の収益力を過小評価している可能性があるのだ。

ヒント

「10戦6勝」なら御の字と心得る

有名な投資家で作家のピーター・リンチは、株の銘柄選びについて、「10戦6勝なら御《おん》の字だ。10戦9勝することなど絶対に不可能なのだから」と言っている。つまり、ポートフォリオに値下がり株よりも値上がり株のほうがちょっとだけ多ければ、投資で利益をあげるのには十分、とおっしゃっているのだ。優良な投資機会を見つけ出すなんて気の遠くなるプロセスだと感じている人は、彼のこの金言を覚えておいて損はない。平均的な株価が長期的に見て上昇傾向にあると仮定した場合、十分に理解した数学的指標をいくつか使い、徹底的な調査を行えば、成功するチャンスはそれなりにあるということだ(この法則は、特定の投資で失う可能性のある金額はどんなにひどくても投資額まで、という株式ポートフォリオの性質に依拠《いきょ》している。第6章で説明するデリバティブの場合、事情はもう少し複雑になるので要注意)。

意思決定における不確実性をどう管理するか
――ポートフォリオ理論

世界的な金融危機は、すべての卵をひとつの籠《かご》に盛っている投資家にとってどれだけ状況が悪化しうるかなど、多くのことを実証した。数学が投資において果たす最大の役割のひとつとして、不確実な世界におけるリスクの分散がある。リスクをまるまる避けるのは不可能だけれど、不確実性を抑えるために使える投資家向けの戦略はあまたある。

このセクションでは、個々の投資や投資ポートフォリオ全体の期待リターンを評価する**ポートフォリオ理論**の基本のキについて、ざっと学んでみよう。いちばんの目的は、世の中の出来事に反応してすべての投資商品がいっせいに同じ方向へと動く「相関リスク」を避けることだ。そのためによく用いられる戦法が**分散投資**だ。ポートフォリオ内の過剰な相関を避ければ避けるほど、ふつうはリスクを削減できる。ポートフォリオ理論において、**個々の投資の期待リターン***を計算するには、何はともあれ、起こりうる一連の結果と各々の確率を計算する方法を見つけなければならない(もちろん、その推定自体を正確に行う方法をうまく見つけるのも、金融投資の腕の見せどころといえる)。起こりうる一つひとつの結果に対し、リターンとその確率を掛け合わせ、すべての結果に対する和

*投資理論における期待**リターン**は、ギャンブルでいうところの期待**値**に相当すると考えておけばよい。

表3｜ガオー!社の確率表

シナリオ	確率	リターン
最高のケース	20%	16%
最悪のケース	20%	-4%
基本的なケース	60%	6%

を求めればよい。* たとえば、おもちゃの恐竜を販売する架空の企業、ガオー！社に投資するに当たって、上のような確率表を計算したとしよう。このとき、期待リターンはこう計算される。

$$(0.2\times 16\%)+(0.6\times 6\%)+(0.2\times -4\%)$$
$$=3.2\%+3.6\%+(-0.8\%)=6\%$$

よって、ガオー！社の期待リターンは6％。

次に、**ポートフォリオの期待リターン**の計算が必要になるかもしれない。そのためには、個々の資産の期待リターンの加重平均を求めればよい。数式で表わすと、

ある ポートフォリオの期待リターン $= w_1R_1 + w_2R_2 + \dots + w_nR_n$

となる。ここで、w_nはこのポートフォリオ内の特定の株式の重み《ウェイト》。よって、ポートフォリオの40％が期待リターン12％のハッピー・ファーム社の株式、25％が期待リターン6％のガオー！社の株式、35％が期待リターン8％のモーターマウス社の株式で構成されているとしたら、

ポートフォリオ全体の期待リターンはこうなる。

$$(0.4 \times 12\%) + (0.25 \times 6\%) + (0.35 \times 8\%) = 4.8\% + 1.5\% + 2.8\% = 9.1\%$$

賭けのときと同様、ある投資のリスクの度合いを計算するには、分散または標準偏差を用いる。ある投資の分散（σ^2）を計算するには、起こりうるすべての結果に対し、その結果のリターンと全体の期待リターンとの差分の平方を確率で重みづけした値の和を取ればよい。数式で表わすと、

$$\sigma^2 = P_1(R_1 - E(R))^2 + P_2(R_2 - E(R))^2 + \ldots + P_n(R_n - E(R))^2$$

となる。ここで、P_nはn番目の結果が起こる確率、R_nはその結果のリターン、$E(R)$は期待リターン。

さっきの表3のガオー！社の確率表を使って分散を計算してみよう。

$$[0.2 \times (16\% - 6\%)^2] + [0.6 \times (6\% - 6\%)^2] + [0.2 \times (-4\% - 6\%)^2]$$
$$= (0.2 \times 100) + (0.6 \times 0) + (0.2 \times 100) = 40$$

＊数式のほうがわかりやすいという人のため、期待リターン$E(R)$を求める式は、$E(R)=p_1R_1+p_2R_2+\ldots+p_nR_n$となる。ここで、$p_n$はあるシナリオが起こる確率、$R_n$はそのシナリオのリターン。

よって、**分散**は40、**標準偏差**（σ）は40の平方根（約6・32）となる。68−95−99・7則（第2章を参照）を使えば、実際のリターンが特定の範囲内に収まるおおよその確率がつかめる。

以降、数式が少し複雑になるけれど、概要だけでも簡単に説明してみたいと思う。たとえば、一定期間におけるaとbの**ふたつの資産の共分散**を求めるには、まずある日（または週などなんでも可）から次の日までの各資産の実際のリターンを計算する。次に、各期間に対して、資産aの実際のリターンから平均リターンを引き、資産bの同じ値と掛ける。共分散は、その積を足し合わせ、期間数nで割ったものだ。

$$\sum \frac{(R_a - \mathrm{Avg}\ R_a)(R_b - \mathrm{Avg}\ R_b)}{n}$$

この式において、測定期間が合計x日だとすると、期間数は（$x-1$）になる点に注意してほしい。

共分散とは、ふたつの資産の動きがどれくらい連動しているかを測る指標だ。共分散が正ならふたつの資産は同じ方向、負なら反対方向に動く傾向にある。

たとえば、ガオー！社の平均リターンが6％、モーターマウス社の平均リターンが8％であり、実績が上のとおりだとしよう（簡略化のため、標本の数を絞っている）。

共分散を計算するには、まず最後の列の和を計算する。

表4｜ガオー!社とモーターマウス社の共分散の計算

期間	R_a	R_b	R_a-Avg R_a	R_b-Avg R_b	(R_a-Avg R_a)×(R_b-Avg R_b)
1	5	7	-1	-1	1
2	12	1	6	-7	-42
3	8	16	2	8	16
4	3	9	-3	1	-3

$$(-1\times-1)+(6\times-7)+(2\times8)+(-3\times1)$$
$$=1-42+16-3=-28$$

次に、これを期間数4で割れば、共分散は-7と求められる。

ふたつの資産の関係を測るのに、**相関係数**も使える。ガオー!社とモーターマウス社の相関係数を求めるには、両資産の共分散を各資産の標準偏差の積で割ればよい。数式で表わすと、

$$相関係数=\frac{aとbの共分散}{\sigma_a\sigma_b}$$

相関係数は必ず-1から1までの値を取る。相関係数が1なら、ふたつの資産はまったく同じように動いており、-1なら反対方向にまったく同じように動いており、0ならまっ

たく相関がないことになる。よって、ふたつの企業xとyの値動きを標準的なグラフにプロットすると、1日の値動きは右肩上がり（xとyが同じ方向に動いている場合）または右肩下がり（xとyが反対方向に動いている場合）になる。

相関係数は**ポートフォリオ全体の標準偏差**を計算するときにも役立つ。これは少し複雑な計算になる。ふたつの資産からなるポートフォリオの標準偏差を計算する必要のある読者のみなさんのため、脚注[*]にその式を載せたけれど、その説明は長々しくなるので控える。重要なのは、100％相関しているわけでない十分に幅広い資産が与えられると、それらの資産からなるポートフォリオの標準偏差は、個々の投資の標準偏差の加重平均よりは低くなる、という点だ。実際にどれくらい低くなるかは、それらの資産の相関の度合いによる。

数式は少々厄介だけれど、あなたのポートフォリオのリスクの度合いを測るというたいへん有益な目的を果たしてくれる。ポートフォリオの標準偏差と加重平均の差が大きいほど、そのポートフォリオは効果的に分散されているというわけだ。

ヒント

計算はソフトウェアに任せて本質をつかもう

これらの式を見て目が回りそうになったとしてもご心配なく。実際に計算しなければならない場面はごくごく限られている。こうした数値の本質的な意味をつかんでおくことは大事だけれど、代わりに計算を行ってくれるオンライン計算プログラムやソフトウェアはいくらでもある。重要なのは、ポートフォリオ理論の知識がリスクの削減に役立つという点を理解しておくことなのだ。

リスクとボラティリティ
——大儲けの機会を算出する

ギャンブルと同じで、ある投資機会のボラティリティは、その投資にまつわるリスクや潜在的な報酬の度合いと直結している。株式市場でいちばんよく使われるボラティリティの指標は**ベータ**と呼ばれるものだ。ベータにはいろんな定義があり、計算方法の複雑さもまちまちだ。でも、基本的な考え方はかなりシンプルで、早い話、特定の株式のボラティリティと市場全体のボラティリティ

＊ふたつの資産からなるポートフォリオの標準偏差を計算しようとしている場合、次の数式が使える。

$$\sigma_{\text{ポートフォリオ}} = \sqrt{(w_1^2\sigma_1^2 + w_2^2\sigma_2^2 + 2w_1w_2\rho_{1,2}\sigma_1\sigma_2)}$$

ここで、

w_1 はポートフォリオ内の資産1の比率
w_2 はポートフォリオ内の資産2の比率
σ_1 は資産1のリターンの標準偏差
σ_2 は資産2のリターンの標準偏差
$\rho_{1,2}$ は資産1と資産2のリターンのあいだの相関係数

を比較した数値だと思えばいい。ベータを見れば、ある株式の値動きがどれくらい全般的な市況と関連しているのか、どれくらいがその株式固有のものなのかがわかる。

ヒント

共分散を手軽に調べる方法

ベータの計算を支える重要な概念のひとつが共分散だ。この文脈において、共分散の実際の意味を視覚化するお手軽な方法がある。連続数日間のxとyの価格情報に基づき、まずはそれらの点からなる散布図をつくる。次に、プロットした点にもっとも適合する直線を探す代わりに、1日目のx、y座標に対応する点から、2日目のx、y座標に対応する点へと矢印を描き、同様に2日目から3日目、3日目から4日目……と矢印を描きつづける。

この散布図を地図に見立てて、矢印が「南西」と「北東」を結んでいる場合（右上から左下、左下から右上、どっちでもかまわない）、ふたつのデータセットは共分散が正であり、市場の出来事に反応して同一の方向に動く。矢印が「南東」と「北西」を結んでいる場合、共分散は負となる。リスクの分散されたバランスのよいポートフォリオの構築方法を考えるときには、そのポートフォリオのさまざまな要素どうしの共分散を見ると便利だ。ほとんどの共分散が正なら、特定の日のすべての銘柄の値動きが同じ方向になる可能性が高い。

エクセルで分散を計算するには、関数として「VAR.S（その資産のすべてのパーセント変化）」

図20

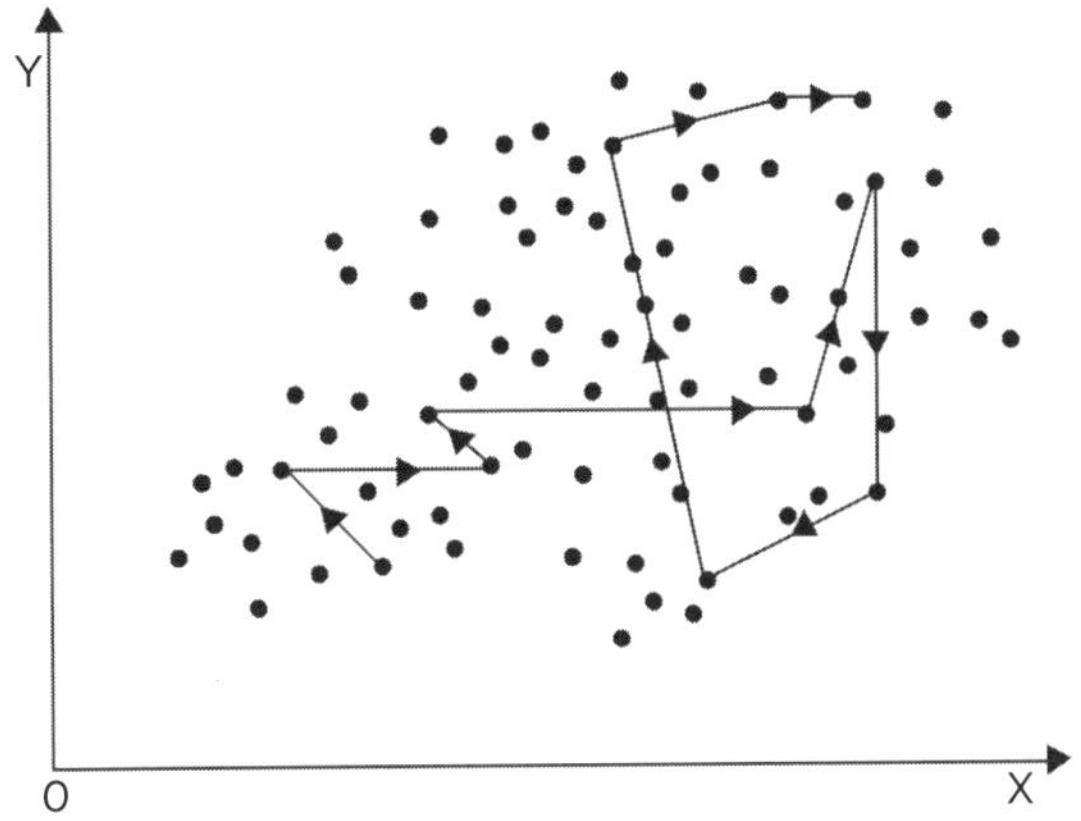

散布図に、連続する数日間の値動きを追った矢印を記入したもの

を使えばよい。共分散については、「COVARIANCE.S（その資産のすべてのパーセント変化，ベンチマークのすべてのパーセント変化）」を使えばよい。

株式のベータ値を発表している情報源はたくさんあるけれど、方法論や計算に使用している期間は情報源によってまちまちなので、計算方法をつかんでおくのがベストだ。

ベータを計算するには、一定期間における特定の株式とベンチマーク市場全体の価格の推移をチャートやスプレッドシートにまとめるのがいちばん手っ取り早い。各期間から翌期間（日、週、月などなんでも可）までのその株式とベンチマーク市場の両方のパーセント変化を計算

し、次に市場全体とその株式の価格変化の共分散を、ベンチマーク市場の価格変化の分散で割る。数式で表わすと、

$$\beta = \frac{\mathrm{Cov}(r_a, r_b)}{\mathrm{Var}(r_b)}$$

となる。ここで、βはベータ、r_aは株式のリターン、r_bはベンチマーク市場のリターン。

ベータが1を上回る株式は、おおむね市場全体よりも変動性が高く、ベータが1を下回る株式は、市場全体よりも変動性が低いことを示している。ベータ値が負の株式は、測定された期間において価値が低下したことを意味している（市場全体の成長率がプラスと仮定した場合）。

簡単な例で見てみよう。表5は5日間のモーターマウス社と市場全体のリターンを示している（前日の終値からのパーセント変化で表わしたもの）。

まず、それぞれの平均リターンを計算してみよう。

モーターマウス社は $\dfrac{(1.3 + 1.7 + 2.5 + 1.35 + 0.7)}{5} = 1.49$

市場全体は $\dfrac{(3.3 + 4.2 + 4.9 + 4.1 + 2.5)}{5} = 3.8$

表5｜モーターマウス社と市場全体のリターン

日目	モーターマウス社のリターン（%）	市場全体のリターン（%）
1	1.3	3.3
2	1.7	4.2
3	2.5	4.9
4	1.35	4.1
5	0.6	2.5

市場全体の分散を計算するには、各日のリターンと平均の差の平方を足し合わせ、その結果を標本数マイナス1で割ればよい［訳注／分散を計算する際、標本数で割る方法と標本数マイナス1で割る方法がある］。

$$\frac{(-0.5)^2+(0.4)^2+1.1^2+(0.3)^2+(-1.3)^2}{4}=0.85$$

次に、共分散を求めよう。まず、各日のモーターマウス社のリターンと平均リターンとの差を取り、それを市場全体のリターンと平均リターンの差に掛ける。5日間にわたってその値の和を取り、その結果を標本数マイナス1で割ればよい。数式で表わすと、共分散は

$$\sum_{1}^{5}\frac{(RMo-ARMo)\times(RMa-ARMa)}{S-1}$$

となる。ここで、

RM_oはモーターマウス社のリターン

ARM_oはモーターマウス社の平均リターン
RM_aは市場全体のリターン
ARM_aは市場全体の平均リターン
Sは標本数

実際の数値を代入すると、次のようになる。

$$\{[(1.3-1.49)\times(3.3-3.8)]+[(1.7-1.49)\times(4.2-3.8)]+[(2.5-1.49)\times(4.9-3.8)]+[(1.35-1.49)\times(4.1-3.8)]+[(0.6-1.49)\times(2.5-3.8)]\}/(5-1)$$
$$=2.405/(5-1)$$
$$=0.60125$$

よって、この場合、モーターマウス社と市場全体の共分散はわずかな正の値を示している。つまり、モーターマウス社の株価は市場全体と相関していたが、そんなに強い相関ではない。

より信頼できる手法のひとつとして、**資本資産価格モデル**で使われるものがある。このモデルでは、特定の株式とベンチマーク市場の実際のリターン率が無リスク金利（通常は国債利回り）に従って割引される。

その結果、ベータの計算方法は微妙に変わる。

$$\beta = \frac{r_a - r_f}{r_b - r_f}$$

ここで、r_fは無リスク金利。

この式を変形すると、特定の株式のβと市場全体のリターン率から、その株式のリターン率を予測できる。

$$r_a = r_f + \beta(r_b - r_f)$$

この式はつまるところ、βが1を上回る株式の場合、リターン率が市場全体のリターン率より高くなければ、賢明な賭けとはいえないことを意味している。

公表されているベータ値を信頼するにしろ、あなた自身の手法、ベンチマーク、タイムスケールを用いるにしろ、株式に投資するときには、リスク・レベルだけでなくお金の時間的価値も考慮に入れることが大事だ。ギャンブルのセクションで見たとおり、ある賭けのボラティリティが大きければ大きいほど、大儲けの可能性と大損の可能性、その両方が高まるのだ（当然、ありえないような出来事が原因で破産する可能性も）。

ヘッジ比率
――リスクだけをうまく削減できるか

金融や投資の専門用語を使うと、本当なら単純なはずの概念が不必要なほど複雑になることがよくある。ヘッジ比率はその好例だ。ヘッジ比率とは、オプションを使ってあるポジション〔訳注／株の信用取引や商品の先物取引などにおいて、買った（または売った）状態になっていてまだ反対売買により決済していないもの。建玉ともいう〕のヘッジングを行う場合に、そのオプションの**デルタ**を測る指標である。

例を使って説明しよう。たとえば、あなたが道路輸送会社を運営していて、将来のガソリン価格の変動に対してヘッジングを行いたいとしよう。あなたがガソリンの**先物**（将来の特定時点における商品の売買を事前に決めた価格で行うという法的取り決め）を購入できるとしたら、先物を購入するだけでいくらでもヘッジングができる。先物がどれだけ割引されるかによっては、完璧に近いポジションのヘッジングが可能だ。でも、ガソリンの代わりに「原油」の先物といった代替商品を使わざるをえないこともある。デルタは、ガソリン価格が1単位変動したときに、原油価格がどれだけ変動するかを測るにすぎない。たとえば、ガソリン価格が１００ドル変動すると、それに伴って原油価格が50ドル変動するなら、デルタは０・５となる。

お互いの値動きを完璧に追わない商品を使ってヘッジングを行う場合、ポジション全体をヘッジングするのではなく、最適ヘッジ比率を用いて自分のポジションのボラティリティを最小化するのがよい。最適ヘッジ比率は、ふたつのポジションの相関係数に、現物価格（その製品を実際に購入できる現在の価格）の標準偏差と先物価格の標準偏差の比率を掛けることによって求められる。数式で表わすと、$h=p\times\left(\frac{\sigma_s}{\sigma_f}\right)$となる。ここで、$h$は最適ヘッジ比率、$p$は相関係数、$\sigma_s$と$\sigma_f$はそれぞれ現物価格と先物価格の標準偏差。

たとえば、さっきのガソリンと原油の例で、ガソリンの現物価格の標準偏差が4％、原油価格の標準偏差が8％、相関係数が0・9だとすると、ポジションの$\left(0.9\times\frac{4}{8}\right)=45\%$をヘッジングするのが理想的といえる。ふたつのポジションの相関が高ければ高いほど、そしてお互いの標準偏差が近ければ近いほど、最適ヘッジ比率は1、つまり完璧なるヘッジング（ポジション全体のヘッジング）に近づいていくという点に注目してほしい。

この結果は直感的に合点がいく。ヘッジングしたい資産とまるで影みたいにぴったり相関する資産が見つかれば、その資産の値動きをぴったりと追わない資産を使うよりも安全だ（そして、潜在的な損失も少ない）。ただし、ヘッジングによって潜在的な損失だけでなく潜在的な利益も減るという点も忘れないでほしい。たとえば、予想されるガソリンの所要量を原油の先物でヘッジングした場合、原油とガソリンの両方が値下がりすれば、得られるはずの利益をみすみす失ってしまったことになる。つまり、ヘッジングの本質的な目的はリスク削減にあるのだ。

前にも触れたとおり、ヘッジ・ファンドの名称は、買いポジションと売りポジションを組み合わせてリスクを削減するというこの種の投資戦略にちなむ。しかし、ヘッジ・ファンドはいつだってほかにもさまざまな戦略を組み合わせてきた。ヘッジ・ファンドが市場で優位性を得るために使っている手法は、時代とともに大きな広がりを見せてきたのだ。

アービトラージ
——ギャンブルと投資に共通する稼ぐ理論

アービトラージ（裁定取引、さや取り）は、ギャンブルだけでなくビジネスの常套手段でもある。ビジネスにおけるアービトラージは、投資家が市場間に見られるわずかな価格差を突こうとしたときに行われる。

ある意味、製品を売り買いする事業者のほとんどは一種のアービトラージに勤《いそ》しんでいるといっていいだろう。たとえば、現金問屋で食料品を大量に仕入れ、顧客に少量ずつ売りさばく店主は、その食料品の価格差と、近所の店でその商品が買える利便性に顧客が喜んで対価を支払うという事実をうまく利用している。

しかし、金融用語でいうアービトラージは、単純に別々の市場（またはデリバティブ形式）で資産を同時に売り買いし、まったく同じ資産の価格差を利用する行為を指す。同じ事象に別々のオッズをつけているブックメーカーをあざとく見つけ出す「アーバー」よろしく、金融界のアーバーたちは市場の一時的な非効率性を見つけ出し、同時に売り買いして保証された利益をあげるわけだ。

たとえば、モーターマウス社の株式が東京証券取引所で38・47ドル、ロンドン証券取引所で38・52ドルで取引されていることにたまたま気づいたとしよう。理論上は、東京証券取引所でその株式を買い、価格差が残っているうちにパッとロンドン証券取引所で売りさばくことが可能だ。実際、膨大な数の企業や個人のトレーダーがさまざまな商品のアービトラージの機会を虎視《こし》眈々《たんたん》とうかがっている。たとえば、アマゾンで本を買い、次の瞬間にイーベイでもっと高い値段で売る、なんてのはその典型だろう。

もう少し複雑な例が為替市場だ。世界の別々の取引所で、ユーロ、ポンド、ドルが次のレートで取引されている状況を考えてほしい。

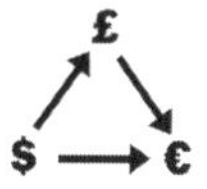

取引所①：1・45ドル＝1ポンド
取引所②：0・8ユーロ＝1ドル
取引所③：0・88ポンド＝1ユーロ

元金を100ポンドとすると、まずこれを145ドルに換え、次に116ユーロに換え、最後に102・08ポンドに換えれば、この取引で2％の利益をあげられる。2・08ポンドなんてたいした額ではないけれど、元金1万ポンドから始めれば、利益はなんと208ポンドにもなる。

当然ながら、こんな都合のよい市場の非効率性は、見つけようと思うとたいへんだし、世界じゅうのファンドが価格の乖離した通貨や資産を売り買いし、均衡価格へと押し戻すので、あっという間に解消されてしまう。また、完全に同時に取引を行うためのメカニズムも必要だし、手数料を支払ってでもお釣りが来るくらいの利益をあげる必要もある。しかし、世のヘッジ・ファンドや投機家の多くの活動の源流には、このアービトラージの基本原理がある。自動取引を利用して微妙な価格差を突き、薄利多売を通じてあぶく銭を儲けているのだ。

合理的な市場がなぜバブルを生み、そして崩壊するのか
——ケインズの美人投票

歴史を振り返ってみると、投機バブルと崩壊の例がたくさん見つかる。最初期の例のひとつといえば、17世紀オランダで巻き起こったチューリップ・バブルだ。チューリップの球根の価格が尋常ならざる高値まで急騰し、そのあと一気に崩壊したのだ（やや誇張気味の歴史的記述もあるけれど、実際に起きた現象であることにちがいはない）。1873年恐慌は、アメリカとヨーロッパに長期の不況をもたらした金融危機だ。同じように、ウォール街大暴落も世界恐慌の引き金となったし、不動産デリバティブのバブルは近年の世界的な金融危機の主な原因になった。これまでに、不動産から株式、デリバティブ、消費財まで、市場は局所的なバブルと崩壊を何百回と繰り返してきたのだ。

市場サイクル全体を通じて、これから相場が上がることを予想する「ブル」（強気筋）と、下が

ることを予想する「ベア」（弱気筋）と呼ばれる人々が常に存在する。現在が市場サイクルのどの段階なのかを計り知ることは難しいので、ブルとベアのあいだでは激しい揉み合いが繰り広げられることもある。けれど、数学的な視点からいうと、合理的な行動の判断を難しくしている根本的要因について考察するのは面白い。

ケインズの美人投票の概念は、経済学者ジョン・メイナード・ケインズの著書に由来する。彼は美人投票の参加者が100枚の写真のなかからもっとも美人だと思う顔を6つ選ぶという状況について論じた。そして、参加者たちの平均的な回答をもっとも正確に予測した人が優勝者となる。この場合の合理的な行動は、自分が個人的に美しいと思う6つの顔を選ぶことではなく、**平均的に**もっとも美しいとみなされるであろう顔を選ぶことになる。となると、状況はいっそう複雑になる。これが合理的な行動だとしたら、ほかの全員も同じように行動すると仮定しなければならない。つまり、平均的な参加者がもっとも美しいと思うであろうと平均的な参加者が考える6つの顔を推測しなければならないのだ。よって、合理的な行動の定義方法には一種のフィードバック・ループが存在するわけだ。

株式市場の挙動もそれと似ている、というのがケインズの主張だった。銘柄選びでいちばん成功するのは、多くの場合、株式の真の価値を見極めようとする人ではなくて、空気を読むのがうまい人、つまり特定の株式について市場全体がどう考えるかを予測するのに長《た》けた人なのだ。なので、株価収益率やゴードン方程式などの数式を使って企業を分析することは誰でもできるけれど、それだけでなく、ほかの人々（特に、その意思決定が市場に最大の影響を与える超大手ファンド）がまったく同じ公開情報をどうとらえるかを予測するのも、必要な思考プロセスのひとつといえる。さらには、ほかの人々がその情報をどうとらえるかをほかの人々がどう考えるか……等々も予測する必要があるだろう。

このフィードバック・ループが数学的にどれだけ複雑なのかは、ゲーム理論の一部である**ナッシュ均衡**の概念を考えるとわかりやすい。ゲーム理論とは、ふたり以上のプレイヤーが参加し、各プレイヤーがお互いの均衡戦略を知っている競争型ゲームのあらゆる手を分析しようとする数学分野のことだ。

そうしたゲームの一例を紹介しよう。いわゆる**p－美人投票**とは、ケインズの美人投票のひとつの形である。このゲームの参加者は、0から１００までの数字のなかから、参加者の全予想の平均値の$\frac{2}{3}$になると思う数字を予想する。

真っ先にわかることだけれど、66よりも大きい数字を予想する意味はまるでない。そこで、予想が0から66まで均等にばらつくと仮定すると、平均は33になるので、ひとまずは33の$\frac{2}{3}$である22を軸として予想するのが合理的だろう。ところが、この推論に従って、ほかの全員が22を予想するものと考えると、22の約$\frac{2}{3}$である14を予想するべきである。そして、ほかの全員が同じ論理的な手順を踏み、14を予想するとしたら、14の$\frac{2}{3}$を選ぶべきであり……と永遠に続く。この推論を極限まで進めると、この問題の唯一のナッシュ均衡解は、全員が0または1を予想するというものであることがわかる。でも現実的には、一部の参加者は完璧に合理的ではなく(または、完璧に合理的でない参加者がほかに何人かはいるだろうと仮定し)、この思考プロセスを極限の極限までは進めないだろう。なので、全員が0または1を予想するというのは確かにこの問題のナッシュ均衡ではあるのだけれど、実世界の実験で本当にそうなるとはかぎらないのだ。

人々が心理学実験においてこのような循環的な推論を行った回数を見れば、それがよくわかる。それぞれのプレイヤーは、無限に続くフィードバック・ループを何段階までたどったかで定義できる。レベル0のプレイヤーは33前後の値、レベル1のプレイヤーは22前後の値、等々を予想するだろう。実際にこの実験を行ってみると、ほとんどのプレイヤーはレベル0からレベル3くらいに収まり、結果として平均的な予想は15から20の範囲となる。

ゲーム理論の文献では、これらのレベルは参加者の「推論の深さ」を示す指標と呼ばれることがある。しかし、この指摘は正しくなさそうだ。なぜなら、ほかの参加者の推論の深さを考慮した予想がいちばん優れているからだ。この大会で優勝するのは、全員が無限のフィードバック・ループに気づくと仮定したプレイヤーではなく、むしろ推論の平均的なレベルを正しく予想したプレイヤーなのだ。

ある意味、ビジネス全般もケインズの美人投票にどことなく似ている。出版社は**自分が**すばらしいと思う本だけを出版できれば理想的だけれど、出版社にとって合理的なのは、たくさん売れると思う本をひたすら出版することだ(場合によっては、最小公倍数的な読者に訴えかける必要もあるだろう）。さらに、出版社は、書店の仕入れ担当者にその本を気に入ってもらえると営業担当者が思ってくれると信じなければならないし、営業担当者は、顧客にその本を気に入ってもらえると書店が思ってくれると信じなければならない。つまり、書店市場でさえ、すでに何層ものフィードバック・ループが働いているわけだ。

ブルとベアの話に戻ると、市場が非合理的だと考えるのは簡単だ。バブルの最中、人々はある資産がまるでインフレ率を上回る割合で永久に値上がりしつづけるといわんばかりの行動を取る。そして、価格が必然的に停滞または暴落すると、恐怖が一気に割り込んできて、価格は非合理的とも思えるほどの安値まで下落しつづける。しかし、ケインズの美人投票の概念を念頭に置けば、今まで非合理的に見えていたものが、一転して合理的に見えてくる。価格の高騰や暴落は、全員がお互いの考えを正確に予想しようと試みる市場で生じる必然の結果にすぎないのだ。そして、数多くの合理的な予測の組み合わせが、クレイジーなふるまいを見せる市場を形づくることもまた事実だ。ちょうどチューリップ・バブルの最中、チューリップの球根に家と同水準の値段がつけられたように……。

ついでに、この考えと関連して面白い事実を紹介しておこう。多くの投資家や資本家は、効率的市場仮説を信じているとよく言う。全員がまったく同じ情報を使って株式を評価できるのだから、株式はいつだって適正価格で取引されるはずだ、という考え方である（もし適正価格と市場価格に乖離があれば、誰かがすぐにその価格差に気づき、適正価格に戻るまでその株式を売り買いするだろうから）。

この仮説に従うなら、割安の資産を買うことなんて不可能に近い。だとすると、効率的市場仮説を信じる投資家や資本家の多くが、「自分だけは市場に勝てる」と信じているのはいったいどういうわけだろうか。

『投機バブル 根拠なき熱狂』の著者であるロバート・シラーなどの経済学者は、それとは逆に、市場は効率的市場仮説で説明するには変動が大きすぎると主張している。結局のところ、ケインズの美人投票のロジックに照らし合わせると、ある資産の適正価格を定義することは必ずしも可能ではない、というのがこの状況のもっともシンプルな説明だろう。みんなが完璧に合理的な方法で行動していても、その行動が組み合わさってものすごく非合理的な市場が形成されることだってあるのだ。

目指せバフェット
——投資家向けのケリー基準講座

ウォーレン・バフェットやビル・グロスのような世界有数の投資家たちは、多少なりともケリーの公式（第3章を参照）に頼って財を築いてきた。そのシステムを詳しく理解することは、ギャンブラーはもとより投資家にとっても役立つだろう。もちろん、ケリー基準は投資家の用いる唯一のツールとは言えないけれど、特定の資産に資本の何パーセントを賭ければよいかを判断するのにたいへん重宝する。ウォーレン・バフェットのパートナーのチャーリー・マンガーは、投資資本を広く薄く分散させることとの重要性を説いている。「賢人はここぞというチャンスでドカッと賭ける。分《ぶ》がよいと睨んだら大きく賭けるのだ。そして、残りの時期はおとなしくしている。ただそれだけのことだ」

投資に関しては、ふつうは負けても（たいていのギャンブルのように）持ち金がパーにはならないという事実を踏まえて、ケリー基準の簡易版が使える。この場合、式は次のとおりだ。

$$投資する資本の割合 = \frac{合計期待リターン}{分数式オッズ}$$

ある投資の合計期待リターンを計算するには、各結果の起こる確率に、損益のパーセンテージを掛け、その結果を合計すればよい。たとえば、類似した資産の直近100回の取引を調べ、その結果をこんな表にまとめるといいだろう。

すると、次の似たような取引の期待リターンはこうなるだろう。

(0.25 × 0.06) ＋ (0.2 × 0.02) ＋ (0.4 × 0) − (0.15 × 0.04)
= 0.013

よって、期待リターンは0・013＝1・3％。

分数式オッズを計算するには、負けの結果と勝ちの結果の数を比較すればよい。この場合、負け

表6｜直近100回の取引結果

回数	損益
25	6%
20	2%
40	0%
15	–4%

が15回、勝ちが45回なので、オッズは1対3または1/3となり、合計期待リターンを0・33で割ると、$\frac{1.3\%}{0.33}$＝3・9%となる。

よって、このシナリオの場合、資本の3・9%をその資産に投資する価値がある（小さいオッズほど起こりやすい結果、大きいオッズほど起こりにくい結果を表わしている点に注意。なので、ある資産が取引の75%で損失、25%で利益を出しているとすれば、3で割って投資額を少なくするというのは直感的に合点がいく。デシマル式オッズのほうが直感的にわかりやすいと思うなら、分数式オッズの代わりにデシマル式オッズから1を引いた値を使ってもかまわない）。

もちろん、ギャンブルのときと同じで、これは投資家にとってかなり大雑把な経験則にすぎないけれど、リスクに応じて投資額に自制をきかせるという点では、便利なツールだ。

本当にケリー基準が投資に役立つのかをめぐっては、学術的な議論が盛んに交わされているし、もしかしたら、ウォーレン・バフェットはたまたま連戦連勝を続けている世界一のラッキーマンにすぎないのかもしれない。それでも個人的には、「ケリー基準がウォーレン・バフェットにとって十分なら、私にとっても十分なはず」という説に乗っかりたい。

低リスクで高利益な投資

株式やデリバティブへの投資は万人向け、というわけではない。それでも投資でお金を儲けたいなら、投資の基本的な数学的概念をつかんでおくことが大事だ。これまで、企業の価値を測り、成長性の高い資産を見つけ、リスクを最小限に抑えるためにポートフォリオのバランスを取る方法をいくつか見てきた。成功する投資家のほとんどはそうした手法をいくつも使っていて、時間をかけて徹底的に理解しようとする。なので、ウォーレン・バフェットのような億万長者の役に立ってきた指標を知るのもいいけれど、日々いろんな金融ツールを使いながら実践経験を積んでいくことに勝る手段はないのだ。

たびたび「オマハの賢人」と称されるバフェットは、自身のバリュー投資のアプローチについて、「85%はベンジャミン・グレアム」と表現している。経済学者、プロの投資家、そして名著『証券分析』や『賢明なる投資家』の著者であるグレアムは、バリュー投資の事実上の生みの親であり、1920年代にコロンビア・ビジネス・スクールでこの投資法を教えた。

グレアムが口癖のごとく話したのが、ミスター・マーケットという人物の登場する寓話だ。その人物は毎日あなたの家のドアをノックしては、いろいろな企業の株式を売り込んでくる。彼の提示する価格は、ほとんどの日は適正に見えるのだが、たまに高すぎたり安すぎたりする。ケインズの美人投票と同じで、値動きが合理的かどうかを見極める必要なんてない。ただ、価格変動が過剰に思えるケースはしょっちゅうあるだろう。

この寓話が言わんとしているのは、投資の際には、市場の気まぐれをあまりにも真剣にとらえるのはやめ、いつだって本質的価値という考え方に集中せよ、ということだ。ハウス・エッジが帳消しになり、有利な賭けができる状況をギャンブラーが血眼になって探すのと同じように、賢い投資家は、株式の市場価格がその本質的価値よりも低い状況（その場合は買い）か、高い状況（その場合は売り）をいつだって探そうとする。

ウォーレン・バフェットが本質的価値の分析に用いている多彩な法則のひとつは、もともとグレアムが提唱したものだ。企業が自社の将来的な成功にどれくらい適正な投資をしているかを見る目安として、彼は5年間の留保利益（つまり、配当として株主に払い戻されなかった利益）を合計株価の上昇分と比較した。基本的な経験則として、株価の上昇が留保利益の合計以上なら、その企業は留保利益を賢く再投資していることになる。バフェットはこれが常識的なアプローチである単純な理由をこう述べている。

高いリターンが期待できるのであれば利益を「その企業自身によって」再投資してほしいと願うはずだし、再投資の結果として低いリターンしか期待できないのであれば、再投資などしないでとっとと払い戻してほしいと願うはずだ。

つまり、その企業のほうがあなた自身よりもあなたのお金を効率的に使えるなら、企業はその利益を留保して再投資に回すのが合理的であり、そうでない場合はあなたに配当として手渡すべきなのだ。

バフェットは最近、株式市場が急落し、測定できる留保利益が少なかった1971～75年と2009年では、この経験則は成り立たないことを認めた。この場合、単純な株価の上昇ではなく、その企業の株価の推移が市場平均を上回った割合と比較するべきだという。この指標は、上げ相場の最中でさえ使ったほうがいいかもしれない。本当は全般的な株価の上昇の波にまるまる乗っかっているだけなのに、その企業があたかも賢明な投資を行っているかのように見えるのを防ぐためだ。

これまでに紹介したほかの投資法則と同じように、投資を検討する際は、この指標をその企業の展望に関するその他の指標と考え合わせることが大事だ。しかし、企業にあなたのお金の使い道を任せようと思っているなら、企業の経営陣が留保しているお金が、果たしてあなた自身で使うよりも効果的に使われているかどうかを確かめることは不可欠なのだ。

ヒント

オマハの賢人からのアドバイス

オマハの賢人の経験則を、資金管理のごくごく基本的な数学的法則へと一般化すると、次のことがいえる（あえて言うまでもないくらい単純な内容だが）。**相手の実現できる成長率（手数料や控除を差し引いた分）があなた自身で実現できる成長率よりも高くないかぎり、決してあなたのお金の運用を他人任せになんかしちゃいけない。**

チャーティズムにダウ理論
——あやしい投資理論にご用心

前章で、ギャンブラーの非合理的な判断につながるバイアスや落とし穴をいくつか紹介した。しかし、錯覚や混乱にはまるのはギャンブラーだけではない。投資家やビジネスパーソンも同じくらい、楽観バイアス、利用可能性バイアス、ホットハンドの誤謬《ごびゅう》といった数々の認知バイアスの餌食《えじき》になりやすい。直近1年間の幸運な成績に基づいて営業担当者を昇進させてしまう上司。実績に対する運の役割を過小評価してしまうファンド・マネジャー。こんなに負けが続いたのだからそろそろ勝って〝当然〟だと思い込む投資家。ギャンブルに当てはまってビジネスには当てはまらない論理のバイアスなんて、ひとつも存在しないのだ。

作家のナシーム・ニコラス・タレブは、今までにいちども起きたことがないという理由だけでまず起きなさそうに見えてしまう出来事、その名も「ブラック・スワン」について記している。人間は未来予測の際、過去の出来事に基づく帰納的推論に頼りすぎてしまう、というのが彼の結論だ。

たとえば、世界的な金融危機のきっかけとなったサブプライム市場の崩壊は、もともとアナリストたちによって6シグマの事象と見られていた。つまり、平均値から標準偏差6個分以上も乖離している事象のことで、確率にすれば10億分の2程度しかない。これは数学的モデル化への過信が破滅的な結果につながることもあるというひとつの例だ。

また、世の中には、いかにも数学的根拠があるように見えて、実際には民間信仰や眉唾物《まゆつばもの》のギャンブル〝システム〟とやらとそう変わらない投資法則や投資手法がごまんとある。

その最たる例が**チャーティズム**（チャート至上主義）だ。チャーティズムを信仰する投資家、通称チャーティストたちは、株価チャートのなかにパターンを見つけ、理解することができるという迷信じみたことを本気で信じていて、「ヘッド・アンド・ショルダー」や「カップ・アンド・ハンドル」のようなチャートの形状を観察することで、未来を予測できると豪語している。これは人間がランダムな情報のなかにパターンを探そうとしてしまうということを示す歴然たる例だ。実際、ほとんどのチャーティストは投資実績がかなり悪い。自分の直感を確かめるためのずっと効果的な分析手法でも持ち合わせていれば話は別だけれど。

ダウ理論もまた、専門用語風の表現で塗り固められたうさんくさい推論の一例だ。この理論が罪深いのは、「上昇トレンド」「下降トレンド」「反発」とかいうもっともらしい表現のせいで、過去から未来を簡単に予測できるという誤解を投資家に植えつけてしまうところにある。これが**半値の原理**みたいな怪しげな概念につながる。これは、上昇トレンドのあとには上昇分の50%ほどの下落が起きるという説だ。これは正常な値動きであり、ふつうはさらなる上昇につながるものとみなされるが、50%を超える下落はいっそう悪化するサインらしい。このように、ダウ理論を信じる投資家は、ありもしないパターンを探そうと躍起になるので、過信に陥ってしまう危険性があるのだ。

ヒント

信頼してはならない理論の特徴

投資機会を分析する際には、厳密な数学や常識的な手法を駆使しよう。ただし、ランダム以外の何物でもない場所にパターンを見つけられると豪語するシステムや手法は、絶対に信頼してはいけない。そして、よりちゃんとした分析手法を用いるにしても、少量のデータから大胆な結論を導き出すことのないよう注意が必要だ。

第４章のまとめ

投資で成功する

①株式市場で儲けたいなら、さまざまな資産の仕組みについて、基本のキを押さえておくこと。

②あなたが仕組みをよく理解している財務比率や数学的な分析手法を使おう。

③チャーティズムなどの眉唾物の理論は避け、必ず大量のデータに基づいて分析を行おう。情報が少なければ、それだけランダム性のなかにパターンがあると思い込みやすくなってしまう。

④ポートフォリオ理論は難解（そして正直なところ、ちょっぴり退屈）だ。ただし、リスクを効果的に削減し、なるべく効果的な分散を行ううえで役立つのはまちがいない。

⑤ヘッジング、アービトラージ、ケリー基準はどれも、きちんと理解すれば効果的な金儲けの戦略になりうる。

⑥市場の全員が「ほかのみんなは何を考えているのだろう」と勘ぐりだすと、そうして生じる数学的なフィードバック・ループによって、一見するとものすごく非合理的で、予測の難しい行動が生じることがある。

第5章

システムをハックする

数学的思考力でチャンスをものにしよう

いまだ戦わずして廟算《びょうさん》して勝たざる者は、
算を得《う》ること少なければなり。算多きは勝ち、算少なきは勝たず。
われこれをもってこれを観れば、勝負見《あら》わる。
——孫子

これまでは、数学を単純なギャンブル、ビジネス、投資にどう応用できるかを中心にお話ししてきた。でも世の中には、数学の力をずる賢い方法で利用して、優位に立とうとする人たちがたくさんいる。そのなかにはほかと比べて合法的な方法やまっとうな方法もあれば、そうでないものもあるけれど、ここでは倫理をどうこう言うのは控えて、純粋にそうした手法やシステムの仕組みを論じることだけに集中しよう。個人的には、あるハッキングやクラッキングの倫理について考えるときには、次の見出しのように自問するのが合理的だと思っている。

「エド・ソープならどうする？」

数学教授にしてギャンブラー、そして世界初のクォンツ系ヘッジ・ファンドの創始者であるエド・ソープは、実に魅力的で刺激的な人物のひとりだ（クォンツとは計量分析（quantitative analysis）の略で、コンピューターを駆使した金融分析のこと）。

ソープは博士号の取得に向けた研究を行っていたとき、ケリー基準に興味を持ち、ギャンブル戦略の実験のため、初期のコンピューターのプログラミング方法を学んだ。カードカウンティングと呼ばれる手法でブラックジャックのハウス・エッジに勝てるということを満足のいく形で証明した彼は、マニー・キンメルという裕福なギャンブラーに接触し、キンメルの軍資金1万ドルを持ってラスベガス、リノ、タホ湖のカジノに向かい、自身の理論を検証してみることにした。1週目で早くも持ち金を2倍以上にすると、その後も自身のさまざまな理論（バカラやバックギャモンなどのゲームにも広げていった）を検証しつづけた。カジノから出禁を食らうこともしょっちゅうで、つけひげとサングラスによる変装は欠かせなかった。いちどなど、闇カジノのスタッフによって店から引きずり出されたこともあるという。1962年、彼はベストセラー書『ディーラーをやっつけろ！』を刊行し、カードカウンティング手法を大衆に知らしめた。その結果、カジノは大々的なカードカウンティング対策を講じざるをえなくなったほどだ。

また、ソープは戦時中の暗号解読で有名な一流数学者、クロード・シャノンとも型破りな実験を行った。ふたりは世界初のポータブル・コンピューターを設計し、ソープがそれを片足に装着して、シャノンとの通信に使うイヤホンまで細いワイヤーで結んだ。ふたりはボールの初期の速度と軌道から、ルーレット盤のどのあたりにボールが落ちるかを予測する画期的な方法を編み出した。完璧な予測ではなかったけれど、ボールの落ちる範囲を38種類の数字のうちの6つ前後まで絞り、圧倒的な優位を築くことに成功した。実験環境では、ひとつの数字あたり25ドルを賭け、1時間で名目上8000ドルの儲けを叩き出すことができた。このコンピューターは実験環境でこそうまくいったけれど、いざカジノで使おうとすると、両耳につないだ音声ワイヤーがはずれるわ、異様に人目を惹くわで、運用上の問題が続出し、本格的に使うという夢は叶わなかった。まあ、いずれにしても、それはソープにとってただの実験にすぎず、純粋な金儲け計画というよりは学術研究に近かったのだが。*

やがてソープは、コンピューターを駆使して確率のパターンを分析するという自身の手法をもっと幅広い分野で応用できるということに気づき、金融市場に興味を持つようになった。彼が目をつけたのは、安定した利益につながる価格づけの小さな相関やアノマリー（変則性）の分析だった。彼は1967年に『ディーラーをやっつけろ！』の続編である『マーケットをやっつけろ！（*Beat the Market*）』を著《あらわ》し、1969年に世界初のクォンツ系ヘッジ・ファンドといわれるプリンストン・ニューポート・パートナーズ（当時の名称はコンバーティブル・ヘッジ・アソシエイツ）を立ち上げる。立ち上げからの18年間で、初期資金140万ドルを2億7300万ドルまで増やし、すべての四半期で利益をあげた。もちろん、これは彼らがパイオニアだったからという面が大きい。コンピューター分析に頼るクォンツやファンドが跋扈《ばっこ》する今となっては、初期のソープが市場で見出すことのできた優位性を見つけるのはずっと難しいだろう。

世界的な金融危機のあと、ソープはウォール街の批判の急先鋒に立っている。事実上、巨大銀行は自分勝手なルールをつくり、いかようにでも市場を歪められることから、彼はウォール街をカジノ同然の存在とみなしている。また、彼は金融詐欺師のバーナード・マドフが最終的に失脚する何年も前から、彼の主張する取引の多くが実際には不可能または虚偽であることに気づき、世の中に警鐘を鳴らしていた。しかし、ウォール街のインサイダーたるマドフの地位、それに規制当局の無能さが相まって、ソープの警告は無視されるはめになったのだ。

ソープはまた、数多くの人々に刺激を与えたことでも知られる。ウォーレン・バフェットは自身のヘッジ・ファンドの投資家たちに、ソープのファンドに加わるよう助言したし、成功したアメリカの資産運用会社ピムコの創設者であるビル・グロスは元来、『マーケットをやっつけろ!』を読んで投資家として身を立てたのだった。1990年にヘッジ・ファンド会社シタデルを立ち上げたケン・グリフィンはもともと、プリンストン・ニューポート・パートナーズの助言や文書に頼っていた。

ソープの著書はインスピレーションの宝庫だ。彼の助言のなかで、際立っているものがいくつかある。まず、彼は自分が投資で成功した理由を説明するなかで、人間は単純に「情報処理が不得意」なのだと述べている。人間はあまりにも簡単に統計のノイズや〝フェイク・ニュース〟に目を奪われてしまう。そのため、本当に強力できちんと分析された情報に頼っている人は、正真正銘の優位に立てるのだという。

また、より伝統的な投資に関しては、(ウォーレン・バフェットなどのように)投資先の企業を地道に理解する気がないのなら、インデックス・ファンドだけに絞って投資したほうがよい、とも述べている。というのも、彼の分析によれば、市場に勝ってやろうと息巻いている人は、実際には市場全体よりも平均で2%ほど成績が悪いからだ。というわけで、信頼できる正真正銘の情報でも持

*1970年代、カリフォルニア大学サンタクルーズ校で物理学を学ぶ数名の大学院生グループ「ユーダイモンズ」が、ルーレット予測マシンの改良版を開発した。目的はルーレットの儲けで科学界のための資金を調達することだった。1万ドルの調達に成功したという点では、実験はまあまあ成功だったが、やはり機器の問題で最終的にはプロジェクトを中止するはめになった。

ち合わせていないかぎり、インデックスに投資するほうが、ほかのシステムや直感に賭けるよりも、35年間で見ると2倍もの利益をあげることができるのだ。

さて、ここでいったんソープのキャリア初期まで時間を巻き戻し、カードカウンティングの技法について見てみよう。

カードカウンティング入門
――ディーラーをやっつけろ！

世界じゅうのカジノでもっともポピュラーなカード・ゲームのひとつがブラックジャックだ。そして、ブラックジャックがとても面白いのは、カードカウンティングの技術を十分に身につけた人なら、大きく勝つことのできるゲームだということだ。もちろん当のカジノ側も、少なくとも『マーケットをやっつけろ！』の刊行以来その事実を知っている。

カードカウンティングについてまずふたつ言えるのは、聞こえほど難しくはないということ、そして聞こえほど簡単ではないということだ。カードカウンティングの仕組みを実際に使うには、高度な数学力だとか、超人的な記憶力だとかが必要なわけではない。映画『レインマン』に登場するサヴァン症候群の主人公みたいに、6組のトランプの正確な順序を丸暗記できる能力なんていらない。カードカウンティングのプロセスはそれよりもはるかに単純だ。ただし、カードカウンティングを使うためには計り知れない忍耐力、冷静な思考、カッとならずにシステムを使いつづける能力が必要だし、カジノが使ってくるいろんなカードカウンティング対策も知っておかなければならない。

カードカウンターたちはブラックジャックが登場して間もないころから利益をかき集めてきた（ブラックジャックがアメリカで合法化されたのは１９３０年代になってからだけれど、ヨーロッパやアメリカでは少なくとも16世紀からなんらかの形で存在していた）。１９５７年に『勝つためのブラックジャック（*Playing Blackjack to Win*）』を著した通称「ブラックジャックの四騎士」（ボールドウィン、キャンティ、マイセル、マクダーモット）は、カードの枚数を記録してブラックジャックを優位に進める方法を論じた。しかし、ずっと多くの読者を惹きつけ、カードカウンティングに関する数学に精通するギャンブラー（とカジノ）がはびこるきっかけをつくったのは、なんといってもソープの著書『ディーラーをやっつけろ！』だった。

カードカウンティングの基本原理は簡単だ。場に出ていないカードにロー・カード（2から7）の割合が多ければディーラー、10点のカード（10、J、Q、K）またはA（システムによる）の割合が多ければプレイヤーの有利となる。ソープは一般的なシングルデック（トランプ1組）のゲームを数学的に分析した結果、「10カウント」法を推奨した。まず、10点のカード16枚をカウントし、残りの36枚のカードをカウントしたうえで、後者の数を前者の数で割ることにより、ディーラー側の優位性の変化を追跡するという方法だ。

その後の大半のカードカウンターたちは、もう少しシンプルなシステムを使うほうが効率的だと結論づけた。特に、ディーラーがシングルデックではなく6デックのカードを使うようになり（カードカウンティングへの対抗策）、ゲームが複雑になったことが要因として大きい。たとえば、基本的な「ハイ・ロー法」では、2から6までのカードに1、7から9までのカードに0、10からAまでのカードに-1という値を割り当てる。カードカウンティングを行う人は、配られたカードの値を合計し、プラスまたはマイナスの合計値を常に数えておくだけでいい（ほかにも、オメガ、ハイ・オプト、KOなど、いろんな名前のカードカウンティング法があるけれど、このセクションでは、一番人気であり、なかなか有効であることが証明されているハイ・ロー法に絞ってお話しする）。

この合計値の解釈方法は、使われているデックの数など、ほかの要因によって変わる。シングルデックだとカードカウンティングの効き目がありすぎるので、最近ではシングルデックのカジノはほとんど皆無で、6デックとかそのくらいがふつうだ。現在のカウント値（ランニング・カウント）から「トゥルー・カウント」を求めるいちばん手っ取り早い手法は、推定される残りデック数で割ることだ。なぜなら、直感的にいえば、使われているカード数が少なければ少ないほど、ハイ・カードとロー・カードの割合に大きな影響が出るからだ。

いちばんシンプルな戦略は、カウント値がマイナスであれば一定の小さい額を賭け、プラスであれば一定の大きい額を賭けるというものだ（1組52枚のカードの値の合計は0になるため、これはいわゆるバランスト・システムと呼ばれるもので、カウント値が0であれば、残りのカードはプレイヤーとディーラーのどちら側にとっても有利不利の差はない）。あるいは、カウント値が1単位増加するたびに賭け金を1単位ずつ増額していくという、もうちょっと複雑なシステムもある。

もちろん、いっそう勝率を上げられるさらに精密で複雑な手法もある。しかし、カジノは特に人気の高い本や手法をひととおり研究していて、しょっちゅう使われるベッティング・システムは知り尽くしているという点を忘れてはならない。なので、ここで紹介したシステムを使えば、カジノに目をつけられてしまう可能性が高いだろう。

もっと複雑な数学的戦略もある。たとえば、最初の数枚のカードが配られたあとに勝率がどう変化し、どんな状況なら賭け金を増額するのか、勝負を降りるべきなのかを専門的に分析したものもある。そうした戦略を詳解した名書として、ドン・シュレシンジャーの『攻撃的ブラックジャック(*Blackjack Attack*)』とスタンフォード・ウォンの『プロフェッショナル・ブラックジャック(*Professional Blackjack*)』の2冊がある。後者のスタンフォード・ウォンの名前を冠した複雑なカウンティング・システム「ウォン・ハーヴズ」では、10点のカードとAが-1、2と7のカードが$\frac{1}{2}$、3、4、6のカードが1、5のカードが$1\frac{1}{2}$、8のカードが0、9のカードが$-\frac{1}{2}$のカウント値を持つ。このシステムは実際の勝率と比較してもかなり高精度だけれど、当然ながらハイ・ロー法より使いこなすのが難しい。

どのシステムを学ぶにしろ、カードをきちんとカウントできるようになるまでにはそうとうな練習が必要だ。しかも、カードカウンティングを難しくするような邪魔や雑音が山ほどあるカジノの店内で、そのシステムをてきぱきと使いこなせなければならないわけだからたいへんだ。

また、カジノはカードカウンティングの摘発と阻止にかなりの力をそそいでいる。カードカウンティングを試せば、ディーラーやピット・ボスに目をつけられるかもしれない。カジノの従業員が話しかけてきて集中を削がれたり、あなたのプレイや賭けのパターンを監視カメラで分析されたりすることもあるだろう。顧客の手の動きや賭けのパターンを分析し、カードカウンターたちを自動的に検出する実験的なソフトウェアを開発しようという学術研究まで行われている。カードカウンティングが行われている兆候を見破るのが得意な元カードカウンターを雇っているカジノも多い。

さらに、カジノは有名なカードカウンターの映像や写真を共有しているので、いったんカードカウンティング行為がバレれば、そのカジノだけでなく全店から出禁を食らってしまう可能性まであるのだ。

ヒント

カードカウンティングをカジノで使うための心得

カードカウンティングを試したいなら、手法を学び、無意識にできるようになるまで練習しよう。カジノのカードカウンティング対策について情報収集し、対抗手段を練っておこう。また、運がいい日もあれば悪い日もあるので、どんなときでもカードカウンティング戦略を使えるよう、軍資金は多めに用意しておくのがオススメだ。

カードカウンティングの基本的な手法は誰でも学べるとはいえ、人によって向き不向きは当然あるし、カードカウンティングが認められるかどうかはカジノのルールによってまちまちなので、時には危険を承知で使う覚悟がいるかもしれない。

カードカウンティングを使えば、まちがいなくギャンブラー側がカジノよりもほんのちょっとだけ優位に立てる。だからといって、成功が保証されるわけではないし、カジノのカードカウンティング対策により、カードカウンティングを実践するのは日に日に難しくなっている。それでも、優秀なカードカウンターなら勝つことは可能なのだ。

MITブラックジャック・チームの荒稼ぎ伝説

カードカウンティングを体系的な方法で使った、この世でもっとも大胆不敵な集団のひとつが、MITブラックジャック・チームだ。

1970年代、カードカウンティングはアトランティックシティのカジノで禁止されていたが、1970年代終わりごろの裁判所の判決により、カジノはそれができなくなった(少なくとも建前上は)。すると、マサチューセッツ工科大学(MIT)の6人組の学生グループがカードカウンティングの技術を学び、春休みの旅行で大儲けを果たした。当初のグループは解散したけれど、そのなかのひとり、J・P・マッサーは、より体系的な金儲けの計画に乗り出した。

MITでカードカウンティングの講座を教えていたマッサーは、まず4人組のグループを結成した。すると1980年代、彼は数年前に独自のブラックジャック・チームを立ち上げていたハーバード大学出身のビル・カプランと運命的な出会いを果たす。カプランのチームはラスベガスで大儲けをしていたが、活動がカジノ側にバレると、少人数ずつのチームに分かれ、活動拠点となる海外の新たなカジノを探さざるをえなくなった。

　カプランは新たなチームへの資金提供に同意したが、今まではるかに厳格なアプローチを提案した。すべての戦略をあらかじめ練り、仲間どうしで完全に示し合わせておこうというのだ。彼は多数の投資家から20万ドル弱を調達し、いよいよ1980年8月、チームは活動を開始した。初期のころは年間250％ものリターンをあげていたというから驚きだ。

　このMITチームは少人数ずつに分かれてプレイする最大80名ものプレイヤーを雇い、1980年代、そして90年代にかけて、投資金や開業資金に比してとてつもなく高いリターンをあげつづけた。1984年になると、カプランは彼のチームをあぶり出そうとするカジノ・スタッフから常に尾《つ》け回されるはめになる。でも、新顔を絶えず送り込むことによって、カジノの企む掃討作戦を完全にとはいわないまでも部分的に阻むことができた。

　彼らの用いたベッティング・システムは比較的シンプルだったけれど、ギャンブラーとは別の専任カードカウンターを置くことで、ギャンブラーが自分でカードカウンティングの作業を行わなくてすむよう改善を加えていた。専任のカードカウンターは、形勢が有利になったと見るや、手ぶりなどを使ってギャンブラーに合図を送るのだ。

MITブラックジャック・チームの事例から導き出せる最大の教訓とは、やり方に細心の注意さえ払えば、カードカウンティングは依然として金儲けに使えるということだ。そして、巧妙な金儲けの手段は、誰かが体系的で集中的な応用方法を見つけたとたん、新たな高みへと押し上げられるものなのだ。

偉大なる数学者をも混乱させたイカサマ

ギャンブルが誕生してこのかた、鼻持ちならない連中はいつだって不当な優位を築く方法を探してきた。なかでもしょっちゅう詐欺やイカサマに使われてきたのがサイコロやトランプのゲームだ。ちょっとした数学を使うだけでそうしたイカサマを見つけたり、回避したりできることもある。たとえば、サイコロのもっとも基本的なイカサマとして、本物のサイコロを「いんちきサイコロ」(数字が3種類しかないサイコロで、各数字の裏に同じ数字がある)や、その究極形である「同目サイコロ」(全面同じ目)とすり替えるという方法がある。クラップスというゲームの場合、いんちきサイコロは特定の目が出る確率を思いのまま操るのに使える。たとえば、1と3と5の目しかないいんちきサイコロを2個投げれば、合計7を出して「セブン・アウト」〔訳注/7を出して負けること〕する心配はない。6面サイコロは一方向から同時に3つの面までしか見えないものだから、瞬時にいんちきサイコロを見破るのは難しいのだ。

標準的なサイコロを調べると、一定のパターンが見つかる。たとえば、1、2、3の目が見えるようにサイコロを持つと、こんな感じで必ず反時計回りに数字が大きくなっていくことに気づく。

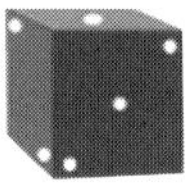

さて、まだ数字が書かれていないサイコロを用意し、3つの面に反時計回りで1、2、3の目を書き込み、さらに各数字の裏に同じ数字を書いて、いんちきサイコロをつくるとしよう。すると、サイコロの向きによっては、この3つの数字が時計回りに増えていくことに気づくと思う。いんちきサイコロをつくるとき、どの方向から見ても時計回りにならないようにするのは、どうやっても数学的に不可能なのだ。

サイコロは確率もまぎらわしい。偉大な数学者で哲学者のゴットフリート・ライプニッツは、2個のサイコロを振って11が出る確率は12が出る確率と同じだと言い張るというまさかのまちがいを犯した。合計がその数字になる組み合わせは、11の場合は(6, 5)、12の場合は(6, 6)の1通りで変わらない、というのが彼の考えだった。でも、本来5と6の目はどちらのサイコロで出てもかまわないという事実を考慮しないといけない。よって、12が出るケースは(6, 6)の1通りしかないけれど、11が出るケースは(5, 6)と(6, 5)の2通りあると考えるのが正しい。

この種のまちがいはありふれている。なので詐欺師は、パッと見ではよい賭けに見えるけれど、実は確率の計算ミスを犯しやすい賭けを提示するというやり方を常套手段としている。たとえば、ある詐欺師がカモ（その詐欺の被害者）に対して、こんな「勝てば2倍」の賭けを持ちかけるとしよう。「あんたが2個のサイコロを続けて振り、7が出る前に8が出ればオレの勝ち。その逆ならあんたの勝ちだ」。サイコロ遊びをする人ならたいてい、7（ぜんぶで1, 6; 2, 5; 3, 4; 4, 3; 5, 2; 6, 1の6通り）のほうが、8（ぜんぶで2, 6; 3, 5; 4, 4; 5, 3; 6, 2の5通りだけ）よりも少しだけ出やすいと知っている。なので、カモのほうが勝算は高い。カモがこの最初の少額の賭けで勝つと、詐欺師は2回目の賭けを持ちかける。「こんどは、7の前に6が出ればオレの勝ち、その逆ならあんたの勝ちだ」。合計6になるのは5通り（1, 5; 2, 4; 3, 3; 4, 2; 5, 1）しかないので、今回もやっぱりカモのほうに分《ぶ》がある。またまたカモが勝つと、詐欺師はいよいよ牙を剥く。賭け金を一気に吊り上げ、「あんたが7を2回出す前に6と8を1回ずつ出せばオレの勝ち。その逆ならあんたの勝ちだ」と持ちかける。

一見すると、さっきと同じ賭けを拡張しただけのように思える。ところが、こんどは一転して詐欺師のほうが有利になるというのだから不思議だ。詐欺師の勝率は実に7744分の4255（＝54・9%）にもなる。もしも詐欺師が6と8の出る順序を指定していれば、やっぱり詐欺師のほうが不利だっただろう。でも、6と8のどちらが先に出てもよいばかりに、確率が変化したのである。

その理由を確かめるため、図21を見てほしい。この図は最初に2個のサイコロを振る時点で起こ

図21

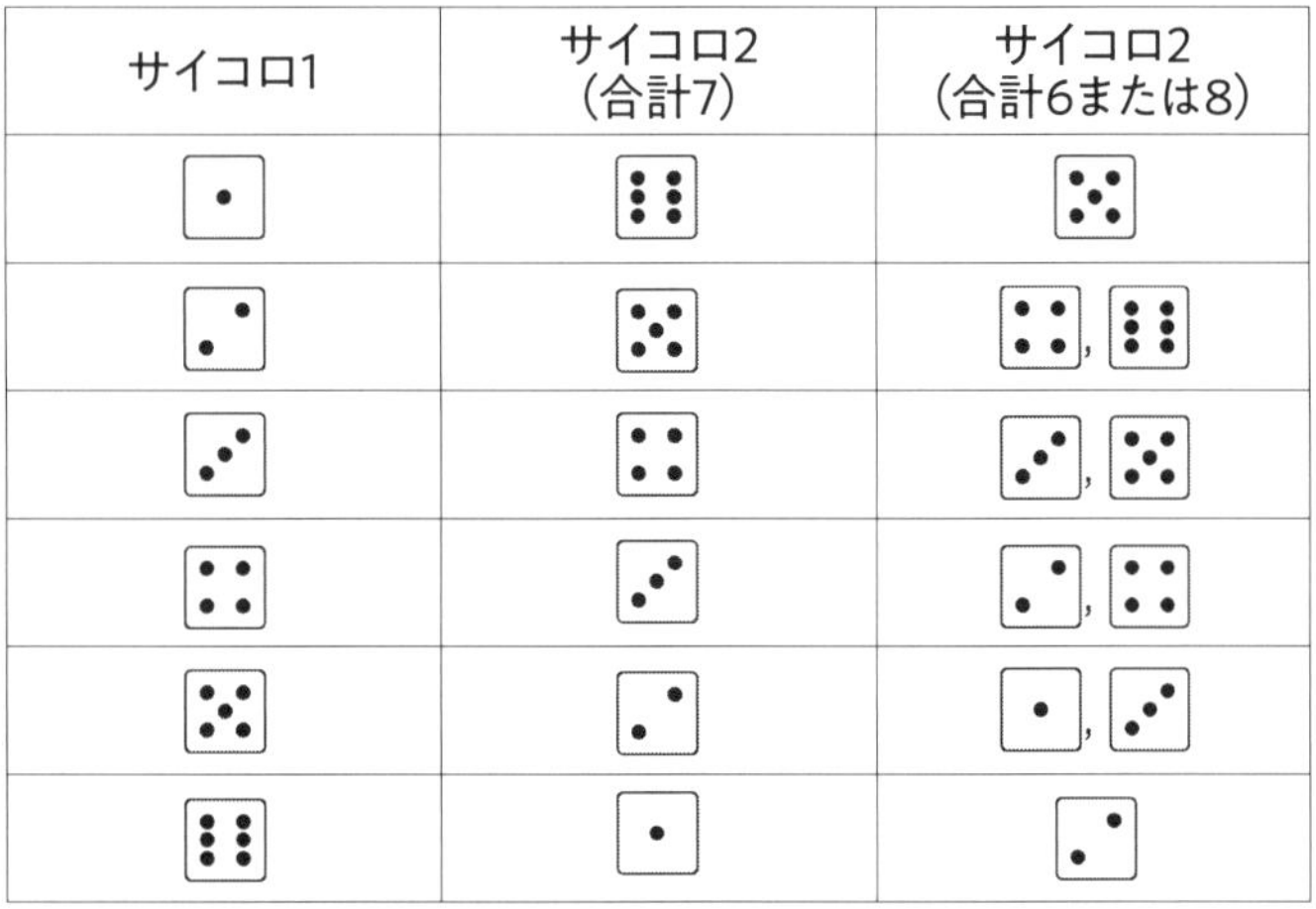

サイコロ1	サイコロ2（合計7）	サイコロ2（合計6または8）
⚀ (1)	⚅ (6)	⚄ (5)
⚁ (2)	⚄ (5)	⚃ (4), ⚅ (6)
⚂ (3)	⚃ (4)	⚂ (3), ⚄ (5)
⚃ (4)	⚂ (3)	⚁ (2), ⚃ (4)
⚄ (5)	⚁ (2)	⚀ (1), ⚂ (3)
⚅ (6)	⚀ (1)	⚁ (2)

2個のサイコロを投げて合計6、7、8が出る組み合わせ

りうる結果を示したものだ。1個目のサイコロを振って、左の列の数が出た場合、2個目のサイコロを振って合計が7になるために必要な数を中央の列、合計が6か8になるために必要な数を右の列に示してある。この段階では、右の列のほうが圧倒的に確率が高い。中央の列が$\frac{6}{36}$に対して右の列は$\frac{10}{36}$だ。いったん6か8が出ると、ふたつ目の数が出る確率は$\frac{5}{36}$へと戻るけれど、最初の段階での優位が幸いして、全体的には詐欺師が有利なままなのだ。

　似たような賭けとして、サイコロではなくトランプを使ったものもある。マーベリック・ソリティアは、アメリカのテレビ映画『マーベリック』にちなんで名づけられたゲームだ。この番組の登場人物であるギャンブラーのバート・マーベリックは、1組のトランプからランダムに25枚を引き、ポーカーのストレート以上（つまり、ストレート、フラッシュ、フルハウス、フォーカード、ストレート・フラッシュ、ロイヤル・フラッシュのどれか）*の手役を5組つくることができたら勝ち、というギャンブルに巨額を賭けた。

直感的には難しそうだけれど、やってみると意外に簡単だとわかる。まず、フラッシュの数が最小になるのは、たとえば2種類のマークが4枚ずつで、残りの2種類のマークが9枚以下とかいうケースや、3種類のマークが4枚ずつで、残りの1種類のマークが13枚とかいうケースが考えられるけれど、たとえこの組み合わせだとしてもフラッシュがふたつできることは保証されているし、どの5枚でフラッシュをつくるかについても、かなりの裁量がある。できあがったフラッシュの中味をうまい具合に入れ替えながら、ほかのカードでストレートやフルハウスをつくることはあっという間にできる。たとえば、フルハウスがひとつもつくれない唯一の状況は、13種類の数字のうち12種類が2枚ずつあり、残りのひとつの数字が1枚だけあるというケースだ。しかしこの場合、ほとんどはストレートがいくらでもつくれるだろう。

実際、パスカルの三角形（できればコンピューター）を使った複雑な組み合わせの計算に従えば、

*念のために言っておくと、ストレートは数字が5つ連続している手役（J、Q、Kはそれぞれ11、12、13として数える）。フラッシュは同じマークのカードが揃った手役。フルハウスは手札のなかにスリーカードとワンペアがひとつずつ含まれている手役。ストレート・フラッシュは、ストレートでありなおかつ同じマークのカードが揃っている手役。ロイヤル・フラッシュは同じマークの10、J、Q、K、Aが揃っている手役。

この偉業を達成できる確率は、なんと98%ちょっともあることがわかる。むしろ、難問に挑戦したいなら、マーベリック・ソリティアが完成**しない**25枚のカードの組み合わせを探してみるといいだろう。

もうひとつ、トランプを使った賭けとしてこんなものもある。2組のトランプをそれぞれ完全にシャッフルし、友人（あるいはカモ）にこんな「勝てば2倍」の賭けを持ちかける。「それぞれの山からいちどに1枚ずつカードを引き、2枚のカードが数もマークもぴったり一致すれば、オレの勝ち。山にあるカードがなくなるまで引きつづけても1回も一致しなかったら、あんたの勝ち」。1回に引いた2枚のカードが一致する確率はわずか$\frac{1}{52}$なので、あなたの友人はきっとお得な賭けだと思うだろう。実際には、このゲームはあなたのほうが約26%も有利なのだ。

似たようなギャンブルとして、こんな賭けもある。詐欺師がこんな「勝てば2倍」の賭けを持ちかけるとしよう。「あんたがデックを3つの山に分け、それぞれから1枚ずつ引く。J、Q、Kが1枚でも出ればオレの勝ち」。J、Q、Kが52枚中12枚しかないことを踏まえると、第一感ではあなたが有利に思える。しかし実際には、確率は累積していく。1枚目がJ、Q、Kでない確率は$\frac{40}{52}$、2枚目もJ、Q、Kでない確率は$\frac{39}{51}$、3枚目もそうでない確率は$\frac{38}{50}$なので、1枚もJ、Q、Kが出ない確率は$\frac{40}{52}\times\frac{39}{51}\times\frac{38}{50}=$44・7%となる。よって、詐欺師の勝率は55・3%にのぼる。

この種のイカサマには、ふたつの教訓がある。ひとつ目に、本当とは思えないくらい話のうますぎる賭けを提示されたら、たぶんイカサマだ。実際の確率を慎重に計算したほうがよい。ふたつ目に、ちょっとした数学的常識、基本的な確率の知識さえあれば、実際にずるをしなくても、勝算を高められることもあるのだ。

確率が詐欺に使われるとき

数学を使ったごく初歩的な詐欺のひとつが赤ん坊の性別予測だ。詐欺師が（霊能力とかなんとかを使って）赤ん坊の性別を低料金で予測し、まんがいちはずれたら返金を保証するというサービスだ。当然、詐欺師はでたらめな予測をするだけでよい。50％の確率で予測が的中したらそのまま報酬を懐に収め、残りの50％の客のなかで返金を求めてきた人にだけ返金すれば、必ず儲かる仕組みだ。

有名な「完全予測詐欺」も、基本的な原理はまったく同じだ。まず、詐欺師はサッカーの勝ち抜き戦や、1週間後に株価が上がるか下がるかなど、2種類の結果しかない事象（あるいは、3頭立ての競馬など、結果の数がごく限られている事象）を選ぶ。そうしたら、1万6000人の人々に、自分が完璧な予測法や内部情報を知っていると匂わせる手紙やメールを送りつける。そのうちの半数ではAの勝利、残りの半数ではBの勝利を予測しておく。翌週、予測が的中した8000人に、やっぱり半々で新たな予測を送る。これを4回繰り返すと、4回連続で正しい予測を受け取った1000人が残ることになる。さて、そこまで来たら、詐欺師はたとえば100ドルで次の予測をお教えします、というオファーを持ちかける。1000人のうちの1割でもオファーを受けてくれれば、詐欺師は労せず1万ドル（からその詐欺にかかった経費を差し引いた額）を荒稼ぎできるというわけだ。

実際、ドキュメンタリー番組『ザ・システム（*The System*）』で、マジシャンのダレン・ブラウンは、この詐欺と同じ手法を用いて競馬の結果を5回連続で正しく〝予言〟し、6回目のレースでひとりの女性からなんと4000ポンドを引き出すことに成功した。もちろん、その時点でマジシャンがネタばらしを行ったことは言うまでもない（この番組にはさらなるひねりが待っていた。その馬券は結局はずれたのだが、ブラウンはそれを同一のレースの勝ち馬券とすり替えた。このことから、その番組はおそらく制作費の一環としてすべての馬の馬券を買い、ブックメーカーの優位性を帳消しにしていたのだとわかる）。

ジョン・アレン・パウロスは著書『数で考えるアタマになる！——数字オンチの治しかた』で、こうした「予言」は意図的に行えば違法な詐欺になるけれど、世の予測家集団は多かれ少なかれ結果的には似たようなことを行っていると指摘している。たとえば、株式情報誌の誠実な発行者、いんちき薬の売り手、テレビの伝道家のなかにも、たまたま予測を的中させたり、もともと治りかけていた患者に治療薬を販売したりする人が一定割合いる。人間は非合理的なもので、こうした人々の予見能力を信頼しすぎてしまう傾向がある。

実際、金融部門全体がこうしたミスを犯しがちだ。ナシーム・ニコラス・タレブは著書『まぐれ』で、破滅的な損失を出した人は業界を去るので、生き残っているのは必然的に大成功した人々、少なくとも大ケガしなかった人々ばかりで占められると指摘した。しかし本来、純粋な運だけでも勝者と敗者の高いばらつきは説明がつく。その結果、生き残った人々は自分の実力を過大評価し、運の要素を過小評価してしまう。この論理をたとえばヘッジ・ファンド業界に当てはめるとどうなるだろう。何年間も連続で好成績をあげつづけているトレーダーは尊師と崇められ、巨額の資金を託されることが多いけれど、そういうファンドはだいたい最後には失敗してしまう。ダレン・ブラウンは『ザ・システム』で、スピリチュアルやホメオパシーを信じる人にもこれと同じようなバイアスの影響が見られると訴えた。

時に、過去の実績が未来の成功を保証すると信じる人間の習性が、もっと露骨に悪用されることもある。「アルゴリズム詐欺」とは、実際に取引すれば成功していたとかなんとか言って、過去の成功をでっち上げるタイプの詐欺だ。彼らは市場で高い成功率を誇る秘密のアルゴリズムを握っているトレーダーだと名乗るのだが、そのアルゴリズムの正確な仕組みはもちろん企業秘密だとか言って教えない。この種の詐欺はこれまで投資家たちを数々の破滅へと引きずり込んできた。お金がまるまる消失してしまった例もあれば、詐欺師が集めた資金をただのインデックス・ファンドに投資し、ささやかなリターンと引き換えに多額の手数料を徴収して、投資家がしびれを切らすまでじっと待っていた例もある。

もちろん、本当に高利益をあげられるような並外れたアルゴリズムを抱えているクォンツやファンドもないわけではない(たとえば、第6章を参照)。したがって、誇大宣伝は無視して、本当のところはどうなのかを分析することが大事だ。自分のアルゴリズムを声高に宣伝する者ほど、詐欺師の可能性は高いのだ。

ポンジ・スキームとネズミ講の数学的考察

バーナード・マドフの悪名高いファンドは、一種のアルゴリズム詐欺を用いて投資家たちを惹きつけた。彼の場合、過去の夢のような実績をでっち上げ、彼の有名なウォール街の企業の資金運用および投資顧問部門へと投資家たちを誘惑した。しかし、彼の犯罪はその先を行っていた。投資部門全体が一種のポンジ・スキームであり、2008年の金融危機で一気に崩れ去ったのである。

ポンジ・スキームの名称は、1920年代初頭に出資詐欺で悪名をとどろかせたイタリア系アメリカ人のチャールズ・ポンジその人に由来する。彼は割安の国際返信切手券を海外で購入し、アメリカで満額換金するアービトラージ・ビジネスを運営していると称して、45日間で50％、90日間で100％の利回りを投資家に約束した。ところが裏では、新しい投資家から受け取ったお金を、旧来の投資家への支払いに充当していたというのだから困ったものだ。当然、このポンジ・スキームは破滅的な最後を迎えた。

マドフも似たような詐欺を行っていた。彼のファンドが初期の投資家たちにもたらした利益が呼び水となり、多くの投資家たちがマドフのところへ押し寄せた。彼が健全な利益を還元しつづけられたのは、初期の投資家が利益を再投資していたことと、新しい投資家たちが絶え間なく流入しつづけたことのおかげだった。マドフ自身、これほど長くごまかし通せたことに驚いていたようで、というのも彼が行っていたと称する取引の多くは、やろうと思えば簡単にウソを暴くことができたからだ。彼のポンジ・スキームがとうとう2008年に崩壊すると、投資家が失った資金や約束されていた利益、額にして650億ドル分ものブラックホールがぽっかりと口を開けることとなった。

ピラミッド商法(ネズミ講)もポンジ・スキームと仕組みは似ているけれど、ポンジ・スキームとはちがって、首謀者が単独で詐欺を実行するわけではない。いんちき商品を販売するピラミッド商法の参加者たちによって、投資家が募られる。たとえば、あなたが健康サプリメントを販売する絶好の金儲け計画への参加を持ちかけられたとしよう。ただし、ひとつだけカラクリがあって、サプリメントの販売であげられる利益自体はほとんどなく、実際の報酬の大半は同じ商法への参加者を募ることによって得られる。

この点こそがピラミッド商法の肝だ。参加者はそれぞれ数人の新規会員を勧誘しなければならない。新規会員は入会費などの手数料を支払い、その一部がピラミッドを上がって最終的には首謀者の懐に入る。実際、最初のころは新規会員を見つけ、約束された報酬を得るのが比較的ラクなので、初期の会員はこの方法でかなり儲けられる。

ところが、ピラミッド商法の基本的な数学的性質を調べると、たちまち問題が浮き彫りになる。仮に、それぞれの会員が報酬を受け取るために4人の新規会員を勧誘しなければならないとしよう。

図22

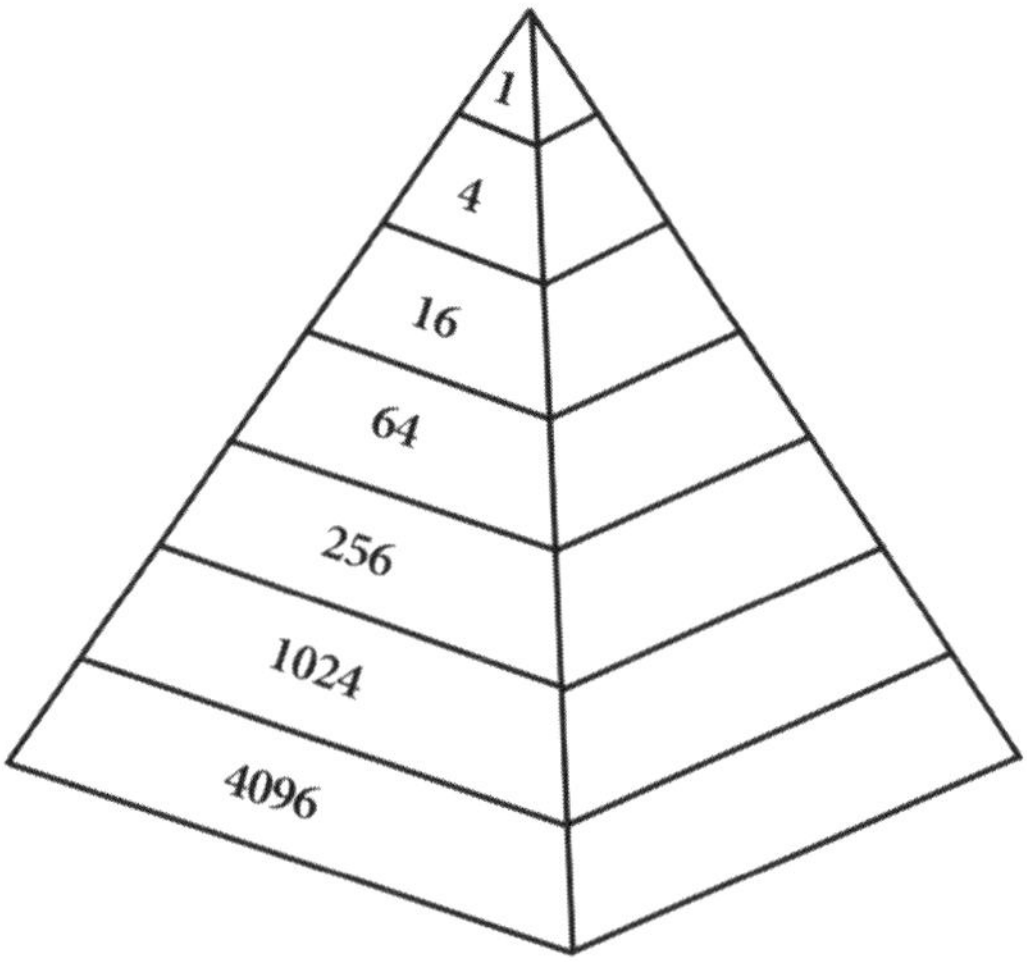

ピラミッド商法（ネズミ講）の数学

このピラミッド商法の首謀者を第1世代とすると、第2世代は4人の新規会員、第3世代は16人、第4世代は64人……と続く（図22を参照）。第15世代ともなると、10億人もの人々を勧誘しなければならなくなる。これはアメリカ人口の3倍だ。

そのため、ピラミッド商法はかなり早い段階で破綻してしまう。ポンジ・スキームは驚くほど長続きするケースもあるので（初期の投資家が再投資できるので）、幻想をなるべく先まで引き延ばすために、支払いを1回きりで終わらせないような方法を探すピラミッド商法がどんどん増えている。しかし、結局のところ、ポンジ・スキームにもピラミッド商法にもまったく同じ根本的な欠点がある。富を創出するのではなく、富を（首謀者へと）再分配しているにすぎないのだ。

ヒント

数学いらずのアドバイス

新規会員の勧誘、競馬の結果に関する内部情報、赤ちゃんの性別を予測する霊能力などに頼った完璧な予測法、秘密のアルゴリズム、魔法の金儲け法を知っていると豪語する人を決して信頼してはいけない。当たり前かもしれないが……。

宝くじに秘められた暗号を解読する

すでに見たとおり、宝くじやスクラッチは数あるギャンブルのなかでも期待リターンが特に低く、初期投資額のたった50%くらいしかないことが多い。その割に当選金額が高いことから、どちらかというと貧乏なギャンブラーに人気が高く、しばしば貧民への課税手段だと揶揄《やゆ》される。だが、宝くじの不利なオッズに勝つ正真正銘の方法を見つけた男が世の中に少なくともひとりいる。

トロントの統計学者モハン・スリヴァスタヴァは、同僚から冗談で何枚かスクラッチカードをプレゼントされたことがきっかけで、スクラッチくじの当選券を見破るという問題に興味を持った。普段から、採掘企業と仕事をするなかで、限られた量のデータから信頼できる統計情報を抜き出す方法について考えていた彼は、スクラッチカードが正確な数の当選券を発行しなければならないという条件のもとで大量生産されている事実に目をつけた。つまり、生産システムに欠陥があって、カードの生産時にランダムに数が生成されるわけではなく、疑似的なランダム過程が使われているはずだと考えたわけだ。

彼が考察していたスクラッチカードとは、「ティック・タック・トー」と呼ばれるゲームだ（イギリスでいうと〇×ゲーム式のスクラッチに近い）。ティック・タック・トーの右側の盤面には、一見するとランダムな数字があらかじめ見えるように印刷されている。カードの左側には当たり番号が並んでいて、表面のスクラッチ部分を削ると初めて見えるようになる。当たり番号が右側のカード上の3×3の9マスの盤面で横または縦に3つ並んだら、書かれている賞金がもらえる。1枚のカードには盤面がぜんぶで8つあるので、理論的には8回当選のチャンスがある。

数学的な頭脳のすごいところは、正真正銘のパターンを粘り強く探す訓練を積んでいることだ。スリヴァスタヴァは一連の理論を試し、どんなパターンが隠れているかを探っていった。実際のパターンが見つかるまではしばらく時間がかかったけれど、いざ見つかってみると、それは笑っちゃうくらい単純な欠陥だった。それぞれのカードには、右側の盤面上に何回も出てくる数字とそうでない数字がある。そのうち、盤面上に1回しか現われない数字に印をつけていき、その印が横または縦に3つ並べば、それは当選券なのだ（図23を参照）。

スリヴァスタヴァはこの発見を金儲けに利用するかどうかで迷ったけれど、街じゅうを車で走り回って当選券をかき集めるのにかかる時間を考えると、割に合わないと思った。週に数百ドルくらいなら儲けられるかもしれないけれど、やりがいのある統計学者の仕事には替えられない。という

図23

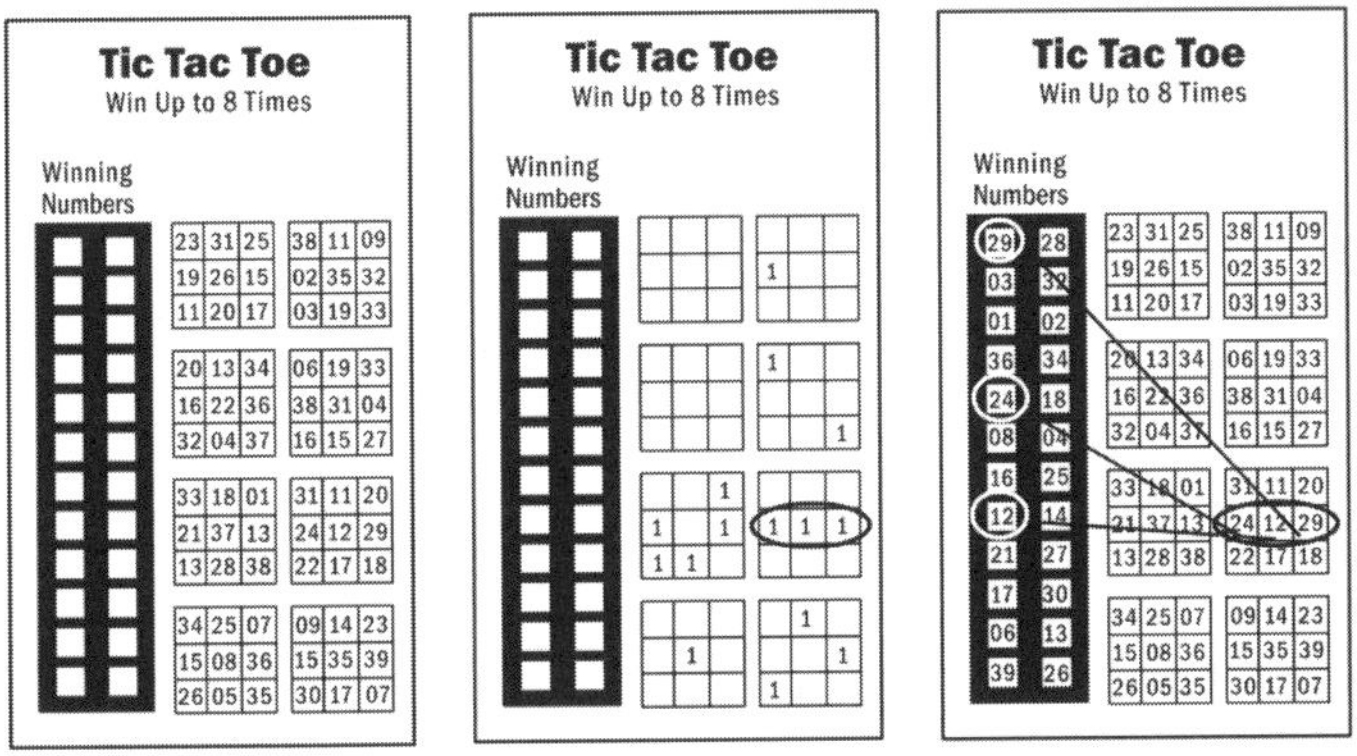

当選券を見つけるため、スリヴァスタヴァは2枚目のカードのように枠のなかに印をつけていった。空白は何度も出てくる数字、「1」は1回きりしか現われない数字。1が横に並んでいる行が当選を示している。

わけで、彼はこの発見を宝くじの業者へと伝えた。最初は頭のおかしな人だと思われて面会を断られたが、探し当てた当選券をどっさりと送りつけてシステムに欠陥があることを証明し、とうとうそのくじの販売を停止させた。

これは例外中の例外であり、ふつうスクラッチカードは解読不能にできている、と宝くじ会社は主張した。実際、宝くじ会社はそうであることを確かめるための監査を受けている。しかし、スリヴァスタヴァは世界各地のカードに、当選券を自分で選べる確率が30〜100％増加するような同様の欠陥を見つけた。

誰かがこのようなアノマリーを突いて宝くじから巨額の利益をあげたという明確な証拠はないけれど、ほかのゲームでは、こうした欠陥が利用された可能性を示す事例証拠がいくつかある。マサチューセッツ州の監査当局が地元の宝くじについて報告したところによると、たとえば、ある氏名不詳の人物が２００２年から２００４年までに１５８８枚の当選券、金額にして合計２８４万ドル分を換金したことがわかったという。１９９９年のある監査では、当選者の上位10人だけで８４２回、金額にして合計１８０万ドルもせしめていたことが判明した。一握りの人々に当選がこんなに集中するというのは、単なる偶然とはまず考えづらい。

こういう奇妙な結果が犯罪活動とつながっている可能性はある。宝くじの還元率はそう高くないけれど、一部地域では、犯罪による収益のマネーロンダリングに使われた例もある。犯罪者は、元金の50～60％分の当選券の証拠を残しておけば、そのお金の入手経路に関する言い訳が立つと考えているのだ。しかし、宝くじに表示された情報を解読し、当選券をあらかじめ特定する方法を見つけた人々によって、そういうアノマリーが生じている可能性は絶対にないとはいえない。結局のところ、誰もがモハン・スリヴァスタヴァのように誠実な人間だとはかぎらないのだ。

宝くじに勝つことはできるか？

ギャンブルのほとんどの場面では、全通りに賭けて絶対確実な儲けをあげられるなんてことのないよう、オッズがうまい具合に調整されている。ところが、宝くじの場合、すべての宝くじを買い占めれば確実に儲けることが理論的に可能な状況がたまにある(たとえば、1等が何回も連続でキャリーオーバーになっているケースなど)。

同じことを思いついた人はたくさんいるけれど、少し考えれば、実践するのはものすごく難しいとわかる。でも、十分な意志と資源さえあれば、不可能ではない。なぜそんなことが言えるかというと、実例が何回かあるからだ。1960年代初頭、ルーマニアの経済学者ステファン・マンデルは、母国から移住する方法を模索していた。パソコンが登場する前の時代、オッズを計算してそんな離れ業が可能なのかどうかを判断するのは至難の業だった。また、全通りを購入できるだけの資金を調達するのもムリだったので、彼は6つの数字のうちの少なくとも5つを必ず的中させるのに必要な組み合わせの数を手作業で計算した。だが、彼は思った以上に幸運だった。なんと1発目で1等を引き当て、家族みんなでオーストラリアへ移住するだけの資金を得たのである。

オーストラリアへ着くと、彼はより大胆な試みを行う計画を練り、その資金を調達できるシンジケートを組織した。その後の数十年間で、彼のシンジケートはオーストラリアで12回も宝くじに当選した。マンデルの知り合いであり、1992年にアイルランドの宝くじで同じような略奪を企てたステファン・クリンスウィックスは、こうした離れ業に挑むシンジケートが抱える苦労を説明している。たとえば、軍資金を調達し、宝くじの購入を監督するためのオフィスを構え、宝くじを購入する人々や数字を正確に記入する人々を口コミで雇う必要があった。また、宝くじの申込券を事前にあちこちから集め、購入場所を地理的に分散させるため、各地のホテルを予約する必要もあった。彼らは人目につかないようなるべく閑散とした購入場所を選び、総仕上げとして、購入した宝くじを安全な本部へとすべて持ち帰った。もちろん、そのすべてに経費がかかるので、当選金でその巨額のコストを回収できることが保証されている宝くじを入念に選ばなければならない。

クリンスウィックスの場合、アイルランドの宝くじ当局が画策に気づき、抽選の数日前に大量購入を制限したため、彼らは全組み合わせの88％しか購入できなかった。購入した宝くじのなかに当選番号があったというのは、まぎれもない幸運だった。しかし、大当たりを山分けしなければならない当選者がほかにも2名いたというのは、まったくの不運だった。これこそがこの手法のリスクのひとつだ。それでも、大当たりと少額の当選をすべて合計すると、なんとか利益が出た。もちろん、期待していたよりはずいぶんとちっぽけな額だったけれど。

そのころになると、マンデルのシンジケートは、宝くじのシンジケート購入を難しくするオーストラリアの法律が次々と議決されたことで、長らく壁にぶち当たっていた。そんななかでも、彼は好機をうかがい、とうとう1992年にアメリカのバージニア州で、儲かりそうな宝くじを見つけた。ただ、アメリカの現地の店舗と長距離でもって交渉して宝くじを購入する必要があったので、それは今までとは比べ物にならないくらい複雑な作戦だった。それでも、作戦は成功し、彼のシンジケートは1等賞金の2800万ドルを獲得したうえ、2等以下も13万5000本を当選させた。結局、マンデルは南太平洋の小さな島へと隠居し、悠々自適な生活を送った。

現実には、多くの宝くじが大量購入への規制を設けていて、不審な活動を見つければただちに販売を中止または制限するということを知っておいたほうがいい。また、高額賞金が複数の当選者によって分割されることもあるので、賞金が確実に利益をあげられるような構造になっていないことも多い。確かにマンデルは面白い人物だけれど、彼や世界じゅうのほかのシンジケートのたび重なる成功こそが、こうした金儲けの手法を行き詰まりへと追いやったのかもしれない。

ずる賢いギャンブラー、クイズ番組をハックする

ずる賢いギャンブラーが打ち負かしてきた運のゲームは宝くじだけではない。ある驚異的な大勝利が演じられる舞台となったのは、アメリカのゲーム番組『プレス・ユア・ラック』だった。それは運ではなく数学的なパターン認識の能力がもたらした結末であった。

オハイオ州で育ったマイケル・ラーソンは、いつのころからか労せずお金を儲けられる抜け穴や近道探しにばかり興味を持つようになった。たとえば、彼は若いころ、手当たり次第に銀行口座を開き、新規の口座開設者に与えられる現金特典をかき集めたこともある。定職に就いても長続きせず、テレビを観てはゲーム番組やインフォマーシャルから手っ取り早くお金を稼ぐ方法はないかと考える毎日だった。

当時、『プレス・ユア・ラック』はどちらかというとまだ新しいテレビ番組で、その前年の1983年に放映が始まったばかりだった。ラーソンは番組の録画テープを何日も観つづけるうち

に、ひとつの弱点を見つけた。参加者はまず雑学の問題に答え、ライトの点滅するコンピューター盤を回す権利を獲得する。赤いボタンを押すと18個のマスのどれかにライトが止まり、ひとつのマスにつき3通りの結果がある。全54通りの結果のうち9通りは「ワミー」といって、今までに獲得した賞金が没収されてしまう。つまり、理論上、6分の1の確率で全財産を没収されるのだ。その結果、4回目のスピンまでに全財産を没収される確率は50%を超える。それぞれのスピンでなんらかの賞品や賞金を獲得する確率は$\frac{5}{6}$なので、4回連続で獲得する確率は$\frac{5}{6}\times\frac{5}{6}\times\frac{5}{6}\times\frac{5}{6}=\frac{625}{1296}$にとどまるからだ。十分な賞金が貯まったら、残りのスピンをパスして利益を確定させることもできる。

コンピューター盤はランダムな動きを模して設計されており、制作陣は検証の結果、当選金額はどんなに多くても2万５０００ドル程度に収まると確信していた。スピンの権利がもらえるマスもあったので、理論上は永久にスピンが続く可能性もあったが、制作陣はそのマスだけを狙って確実にルーレットを止められる人がいるなんて思いもしなかった。

そんなルーレットを観察するうち、ラーソンは一見するとランダムな動きが、実はより短い5パターンの動きの単純な繰り返しで成り立っていることに気づいた。そしてまた、18個のマスのうちのふたつは絶対にワミーではなく、必ずボーナス・スピンがもらえた。このパターンを念入りに丸暗記すると、彼はＣＢＳのスタジオに出向き、いざ１９８４年5月19日収録の番組への出場権を勝ち取った。

すべり出しは最悪だった。雑学の問題でひとつまちがえたうえ、なんと最初のスピンでワミーを引いてしまったのだ。でも、だんだん生で見るコンピューター盤の要領をつかんでいき、より高い確率で思いどおりのマスに止められるようになっていった（何回かボタンの押すタイミングを誤ったけれど、ワミーに止まらずにすんだのは幸運だった）。結局、彼はなんと45回連続で目的のマスにルーレットを止めつづけた。制作陣は冷や汗をかきながらその様子を見守り、どんどんパニックを募らせていった。一方、番組司会者のピーター・トマーケンは目の前で繰り広げられる光景に困惑するばかりだった。結局、あまりにも収録が長引いたため、番組を2回に分けて放映せざるをえなくなったほどだ（CBSは恐怖のあまり、その回を再放送するのを何年間も拒みつづけた）。この番組の動画を実際に観ていただくとわかるのだが、面白いことに、ラーソンはマスにルーレットが止まるたび、賞品が発表される**前に**大喜びしている。結局、彼は賞金11万２３７ドルと、ボート1隻、すべて込みのパッケージ旅行をふたつ獲得したところで、数回のスピンを残して利益を確定させた。

制作陣はなんとか彼のイカサマを暴こうと、番組のテープをじっくりと調べ直した。45回連続で当たりのマスにルーレットが止まる確率は$\left(\frac{5}{6}\right)^{45}$＝０・０２７％しかないので、純粋な偶然の出来事とは考えづらい。ラーソンがどうにかしてルーレットの動きのパターンを解明したことは明白だった（実際、制作陣は以前の番組会議でこの可能性を論じ、却下していたことを後日認めた）。でも、彼がゲームのルールや条件を破ったわけではないので、制作陣はしぶしぶ賞金の支払いに応じた。そして、ただちにコンピューター盤の改良を行い、より強力なコンピューターを使ってルーレットの動きをずっと複雑なものへと変えた。

悲しいことに、ラーソンのその後の人生は多難そのものだった。彼は成功する見込みの薄いアイデアを次々と追いかけて大損を出し、あるときは財産の一部を空き巣に盗まれ、挙げ句の果てには1990年代にオハイオ州でポンジ・スキームを首謀し、架空の宝くじの権利を販売して2万人の投資家から300万ドルをだまし取った。そして、当局から逃亡を続けた末、がんで死亡するという波瀾万丈の人生だった。それでも、ラーソンの『プレス・ユア・ラック』の出演回は伝説となり、今もなお、ゲーム番組の穴を探し、高額の賞金をかすめ取ろうとする多くの人々の刺激になっている。

モンティ・ホール問題
——数学教授ですら間違えた伝説のクイズ

これまで見てきたとおり、確率に対する私たちの直感は驚くほど不正確なことがある。モンティ・ホール問題はその好例だ。1960年代のアメリカのゲーム番組『レッツ・メイク・ア・ディール』で、司会者のモンティ・ホールが出場者にこんな取引を持ちかけた。

3つのドアのうち、ひとつのドアの後ろには景品の自動車があるが、残りのふたつのドアの後ろにはヤギがいる。あなたはひとつのドアを選ぶ（1番ドアとしよう）。すると、司会者が別のドア

図24

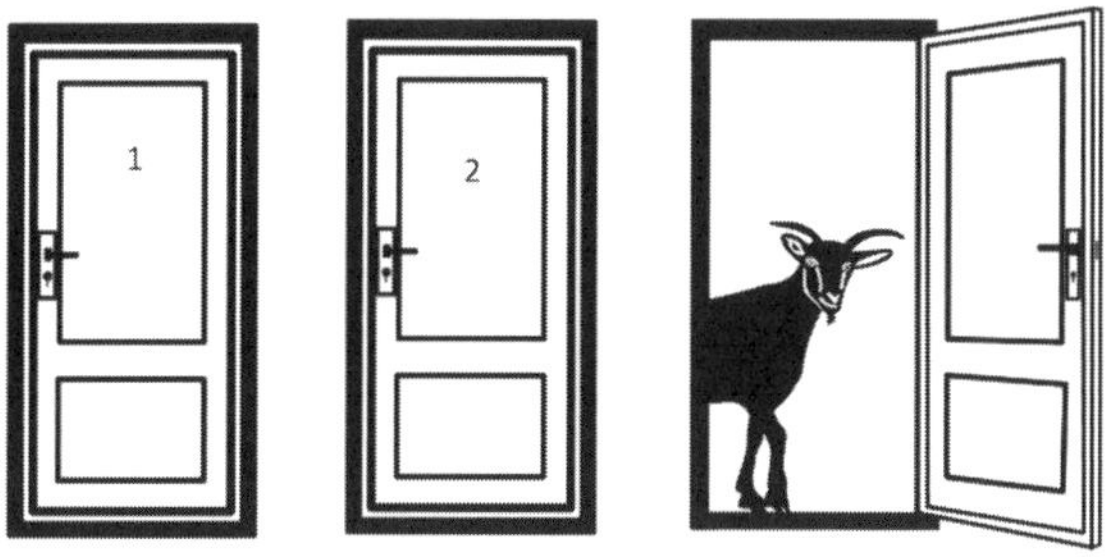

モンティ・ホール問題

（3番ドア）を開けてヤギを見せたあと、あなたに選択を迫る。1番ドアのままにするか、それとも2番ドアに替えるか？　さて、景品の自動車を獲得するには、選択を替えたほうがいいか？

替えても替えなくても同じ、というのがほとんどの人の第一感だ。閉まっているドアはふたつあるわけだから、どちらのドアに自動車が隠れている確率も50％ずつで同じに思える（図24を参照）。

だが実際には、「替えるべき」というのが答えだ。実は、あなたが最初に選んだドアの後ろに自動車がある確率は33・33……％で、もう一方のドアの後ろに自動車がある確率は66・66……％なのだ。この問題と正解がアメリカの雑誌に初めて発表されると、数学の教授も含めた何千人という読者から、まちがっているとの苦情が押し寄せた。それくらい、見かけよりもずっと理解するのが難しい問題なのだ。

まだ開いていないふたつのドアで確率が半々でない理由を理

図25

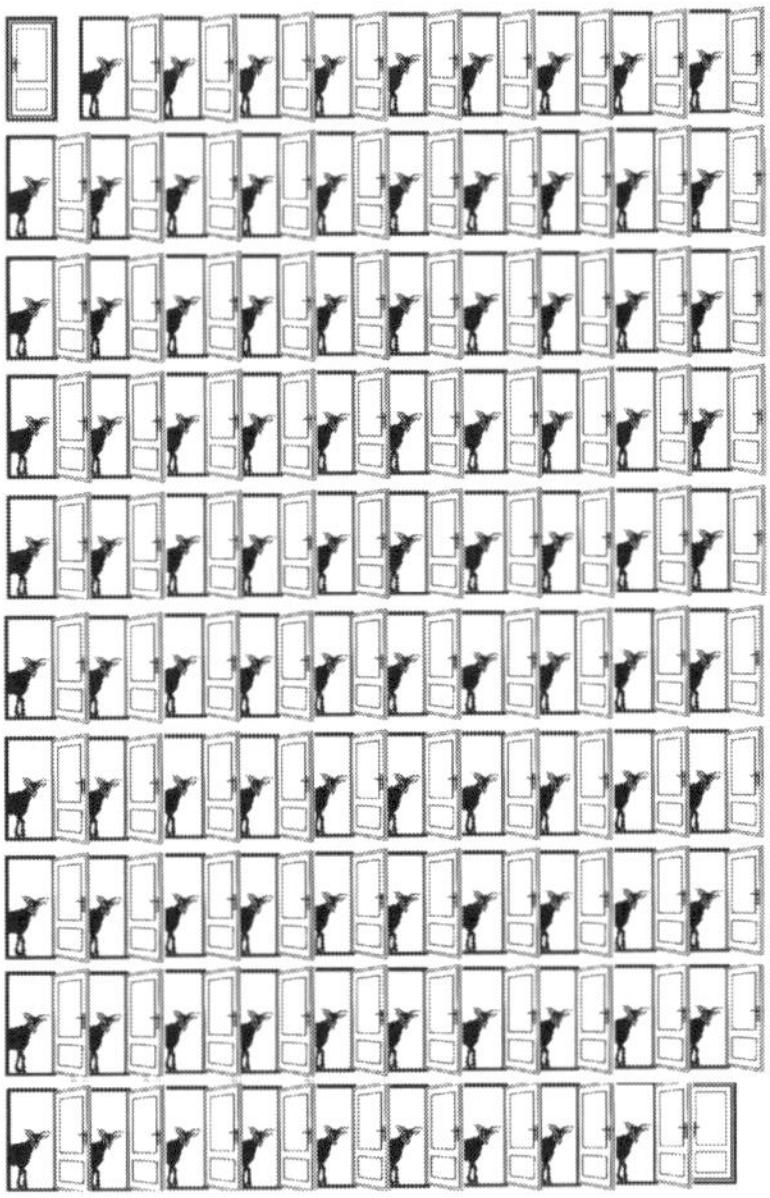

モンティ・ホール問題の100ドア版

解するには、100個のドアのうち99個がヤギ、たったひとつが景品の自動車という状況で同じことをするところを想像するのがいちばんわかりやすい。あなたが1番ドアを選んだあと、司会者がヤギのいる98個のドアを開け、あなたが最初に選んだドアと100番ドアだけを残したとしよう（図25を参照）。

このバージョンなら、最初の選択が正しい確率はきっかり1％しかなく、もうひとつのドアのほうに自動車が隠れている確率は100分の99だということが簡単にわかるだろう。ほかの99個のドアのうち、はずれの98個を除外することで、司会者は残りのドアが正解だというほぼ確実な情報を自分から教えてくれたわけだ。選択を替えてはずれるのは、最初に選んだドアが奇跡的に正解だったケース、つまり100回に1回しかない。先ほどのドア3つのシナリオも理屈はまったく一緒だ。最初の選択が正しい確率は3分の1で変わっていないのだから、残ったドアが正しい確率は3分の2となり、選択を替えるべきなのである。

ヒント

「誕生日の謎」で直感を鍛える

もうひとつ、直感を裏切る意外な統計を紹介しよう。ランダムに集まった人々のなかに同じ誕生日の人がいる確率はいくつ？　びっくりすることに、23人以上の人が集まると、同じ誕生日の人がいる確率は5割を超える。*

ここでもやはり、具体的に計算してみると理解が鮮明になる。そこで、どの人もお互いに誕生日が**かぶらない**確率を計算してみよう。

ひとりの集団の場合、誕生日のかぶる人がいない確率は当然ながら$\frac{365}{365}$だ。

ふたり目が加わったとき、誰とも誕生日がかぶらない確率は$\frac{364}{365}$だ（残りの1日がひとり目の人物の誕生日である）。

*ここでは、誕生日が1年を通じてランダムに散らばっているとし、うるう年、双子などの細かい変則性は無視することにする。

3人目の確率は$\frac{363}{365}$だ。

以下同様で、23人目が集団内の誰とも誕生日がかぶらない確率は$\frac{343}{365}$だ。

これらの事象がすべて成り立つ（つまり、誰ひとりとして誕生日がかぶらない）確率を求めるには、これらの確率どうしを掛ければいい。

$$\frac{365}{365} \times \frac{364}{365} \times \frac{363}{365} \times \dots \times \frac{343}{365} = 0.493$$

よって、23人の集団のなかに同じ誕生日の人が**ひとりもいない**確率は49・3%となる。

逆にいうと、23人いれば、同じ誕生日の人がいる確率は50・7%にもおよぶのだ。

ホールインワン・ギャング（と当てにならない直感）

直感的に正しい確率をとらえるのが難しい状況はたくさんある。ということはつまり、ほかの人が厳密な確率ではなく直感だけでギャンブルを行っているなら、バリュー・ベッティングの機会が生まれるということだ。もちろん、ブックメーカーもバカではないので、明白なミスを避けるためにそうとうな時間をかけて統計を分析している。それでもなお、うっかりしてしまう状況はある。

ホールインワン・ギャングがその好例だ。

1991年、イギリスのエセックス出身で、賭博業界で働いた経験を持つポール・シモンズとジョン・カーターは、金《かね》のなる木を見つけた。ふたりは多くのブックメーカーがゴルフ・トーナメントでのホールインワンの発生に高いオッズをつけていて、しかもそのオッズにかなりのばらつきがあることに気づいた。過去数十年間の主要なゴルフ・トーナメントの統計を精査した結果、ふたりはトーナメント中に誰かがホールインワンを出す実際の確率は五分五分に近いのに、そのオッズは最低でも3/1、いくつかのトーナメントすべてでホールインワンが出るオッズとなると100/1に設定されていることとすらあった。

この賭けの真のオッズを計算するために、例として全米オープンを考えてみよう。統計的には、プロ・ゴルファーがパー3のショート・ホールを3000回プレイしてようやく1回ホールインワンが出る。これだけを取り上げて見ると、とんでもなくありえない事象に見える。ところが、全米オープンには156人の選手が出場し、パー3のホールが3つまたは4つある。これだけで、たちまちホールインワンが出る確率はぐんと上がる。たとえば、パー3のホールが4つあるとすると、パー3のホールがプレイされる回数はこう計算できる。

156人の選手が初日、2日目をプレイすると、156×4ホール×2=1248回

予選終了後、選手は最低60人まで減るので、その60人が3日目、4日目をプレイすると、

60×4ホール×2＝480回

合計すると、ショート・ホールは最低1728回プレイされることになり、各回でホールインワンの出る確率が3000分の1とすると、トーナメント中に1回でもホールインワンが出る確率は、少なくとも$1-\left(\frac{2999}{3000}\right)^{1728}$（＝43・8％）以上ある。

ふたりはその後のトーナメントでも似たようなオッズを推定した。ここまでは、略奪や詐欺というよりは単純な統計分析だ。でも、いざお金を賭ける段階では、ちょっとした悪知恵が必要になった。シモンズとカーターは、大手のブックメーカーがこの賭けに適正なオッズを提示していることを知っていた。そこで、自分たちの知識を活かすには、リスクを少なからず読み違えている全国の零細ブックメーカーで賭ける必要があった。当時はインターネットなんてなかったので、ふたりは疾風のごとくイギリスじゅうの町を回り、標的とする個々のトーナメント（全米・全英オープン、ベンソン&ヘッジス、全米プロゴルフ選手権、ヨーロピアン・オープン）や、ふたつ、3つ、4つ、5つのトーナメントで連続してホールインワンが出る事象へと、とにかく賭けまくった。

結局、その年のそれらのトーナメントすべてでホールインワンが出て、ふたりはなんと50万ポンドもの当選金を得ることになった。少なくともひとつのブックメーカーが破産し、当選金を支払わ

ないまま国を去り、いくつかのブックメーカーは不当に当選金をだまし取られたと主張して支払いを拒否した。しかし、大半のブックメーカーが約束を守り、ふたりは濡れ手で粟《あわ》といわんばかりの儲けをあげた。

もちろん、今では世界じゅうのブックメーカーがこの話を聞き知っているので、近年では不正確なホールインワンのオッズを提示するブックメーカーを見つけるのは不可能だろう。

しかし、この話には貴重な教訓がある。統計ではなく直感に基づいてリスクを評価しているところでは、その直感の誤りからお金を儲けるチャンスが潜んでいることも多いのだ。

勝算を高める最良の方法「モンテカルロ法」

どんなギャンブルでも投資でも、ほかの人が入手できない情報や分析を用いて勝算を高めることは理論的に可能だ。もちろんお勧めはしないけれど、あなたにとっての勝算を有利に操る方法のひとつとして、内部情報がある。インサイダー取引が多くの形態のビジネスで違法なのにはれっきとした理由がある。公開前の情報を知っているインサイダーは、市場で短期的に不当な利益をあげられる。インサイダー取引を本当に違法とするべきかをめぐっては議論がある。情報が非対称であるほかの市場と比べ、新しい情報が市場に盛り込まれるタイミングが早ければ早いほど、価格が調整されるタイミングも早くなると主張する人もいる。ただしここでは違法だという事実を受け入れ、話を先へ進めよう。

市場を操作する（現時点で違法な）もうひとつの方法が「スプーフィング（見せ玉）」である。先物などの金融商品を大量に発注し、購入が完了する前に注文を取り消す行為だ。そうして生じた急激で一時的な値動きは、金儲けの手段として使える。２０１５年、アメリカ司法省はスプーフィング・アルゴリズムの使用をはじめとする一連の犯罪行為により、ナビンダー・シン・サラオ（別名ハウンズローのデイトレーダー）を起訴した。何百万件という注文が出され、即座に修正または取り消された２０１０年のフラッシュ・クラッシュの背景には、こうしたスプーフィング・アルゴリズムがあったとされる。

もうひとつ、投資で勝算を高める（合法的な）方法として、より高品質な情報分析の方法を見つけるというものがある。実際、次章で紹介するように、ほんの一瞬でも優位に立てるアルゴリズムやモデルを発見しようと励んでいるクォンツや高頻度取引トレーダーたちはたくさんいる。

一般論として、オッズを設定している相手よりも優れた合法的な情報分析の方法を見つけられれば、理論上はブックメーカーや市場に一貫して勝つことができるはずだ。

たとえば、数学教授のスティーヴン・スキーナは、スポーツの試合結果を65％の精度で予測し、ブックメーカーのオッズに勝つことのできる手法を開発した。残念ながら、彼のもっとも高性能なシステム「メイヴン」は、ハイアライ（手につけた器具でボールに勢いをつけ、壁に跳ね返らせるペロタと呼ばれる競技の一種）というからきし無名なスポーツ専用のもので、彼がシステムの仕組みを公表してしまった今となってはたいした使い道もないだろう。ハイアライを対象とする賭けはパリミュチュエル方式と呼ばれるもので、すべての賭け金をプールし、ブックメーカーが手数料を差し引いた残額を当選者に配分する。よって、よく知られたベッティング・システムがあると、潜在的な儲けが薄まってしまう。それでも、スキーナの著書『計算ずくの賭け（*Calculated Bets*）』は、正真正銘の効果的なベッティング・システムやアルゴリズムの開発プロセスを面白おかしく解説した本として、たいへん価値がある（彼は数学的アルゴリズムの開発全般に関する専門家でもある）。

スキーナがこの本のなかで解説している手法のひとつが、**モンテカルロ法**だ。モンテカルロ法では、大量のランダムな標本を用いて、決定論的解析（事象を一連の事象の一部としてではなく独立した事象として扱うことのできる解析）が可能なシステムのさまざまな特徴をモデル化する。有名な例が円周率の高精度な近似だ。正方形とそれにぴったり内接する円を描き、それを床に置いて、大量の小さな物質を全体にランダムに散らす。そうして、円の内側にある物質の数と正方形の内側にある物質の総数の割合を測定すれば、円周率の4分の1にかなり近い値が得られる。従来の手法を用いて円周率の値を計算する必要がないという点が、モンテカルロ法の強みのひとつである。

スキーナは若いころからいろいろなベッティング・システムを研究していた。それと野球データに関する興味が、数学者を志すきっかけになったと彼は言う。だが、メイヴンは大学院の教え子と共同で開発されたため、彼は儲けを自身の大学へと寄付した。超優秀なベッティング・システムが将来的に登場する可能性のあるギャンブルの分野として、彼が個人的に注目しているのは、オンラインでポーカーをプレイするボット（コンピューター・プログラム）である。実際、ポーカー・ボットはこれまでにあまた登場していて、現時点での証拠を見るかぎり、入念にプログラミングされたポーカー・ボットは多くの人間を打ち負かすことができる。そのひとつの理由は、ポーカー・ボットが一貫して正確な判断をできること、そして文字どおりポーカー・フェイスであることにある。しかしながら、ポーカー・ボットは人間と同じくらい変動の影響を受けやすく、信頼できる金儲けの方法とはいえない。

ベイズが切り拓いた「予測」の世界

スキーナと同じく、統計専門家のネイト・シルバーの数学的な専門知識も、彼のスポーツ好きと密接に結びついている。シルバーは政治的な予測をずばずばと的中させたことで名声を築いたけれど、その大本には野球に関する確率の分析があった。2000年代前半に経済コンサルタントとして働いていたころ、彼は野球のバッターやピッチャーの将来的なパフォーマンスを予測する統計システムPECOTA（Player Empirical Comparison and Optimization Test Algorithm、選手の経験的比較および最適化テスト・アルゴリズム）を開発した。彼の独創的なアプローチは、既存の分析に頼る代わりに独自の新しい情報処理手法を開発しようとする人のお手本になるだろう。

シルバーのイノベーションは枚挙にいとまがない。まず、PECOTAはほかの野球予測システムとはちがって、各選手をほかの〝同等〟な選手やその過去の成績パターンと比較した。彼はまた、たとえば投手がボールを投げた瞬間の速度を測る携帯型のレーダー・ガンの数値など、独自の情報源もＰＥＣＯＴＡシステムに取り入れた。さらに彼は、実際の結果を単一の予測値ではなく、一定の幅を持つ確率として表わすことの重要性も説いている。たとえば、政治的分析の分野へと進出した際、彼は「オバマがノース・カロライナ州で８％リードしている」とかいうふうに言う代わりに、「オバマがノース・カロライナ州で勝利する確率は62％」などと言うようにしている。

18世紀の牧師のトーマス・ベイズは、評価される証拠が増えるにしたがって仮説に割り当てられる確率を絶えず見直していく手法として、ベイズ推定を提唱した。シルバーの考えは、ひとつの重要な点でこの種の分析を思い出させる。彼は自分の使える個々の統計手法がいかに不確実なのかを強調することで、絶えず実際の結果をモデルと照らし合わせて検証し、モデルが少しずつ現実と一致するよう調整していくことを勧めている。これは標準的な統計手法だが、ＰＥＣＯＴＡモデルの確率的な出力を使用するという点に新鮮味があった。

シルバーは著書『シグナル＆ノイズ』で、とりわけスポーツ、政治、天気予報、金融といった分野におけるモデルの使い道について論じている。彼は２０００年代に政治予測の世界へと進出し、幸先よく大成功を収めた。たとえば、２００８年と２０１２年のアメリカ大統領選挙の予測は、実際の結果にものすごく近かった。

そんなシルバーの力をもってしても、２０１６年の予測は失敗に終わった。公平を期すために言っておくと、擁護の余地がないわけでもない。トランプの勝率30%という予測は、一部の評論家よりはまだ実際の結果に近かった。それでも、一部の人々にクリントンの勝利は決定的だという幻想を与えてしまったのは事実だ。が、まちがえたのは彼だけではない。近年の選挙では、世論調査がことごとくはずれている。では、なぜ世論調査の専門家たちはこれほど予測をはずしているのだろう？　彼らの失敗から得られる教訓は？

世論調査がはずれるのはどんなとき？
——標本の重要性

世論調査の技術はものすごく複雑だ。その目的は人々の集団的な意見を科学的に調査することだけれど、調査結果に妥当性を持たせるためには、対象集団の十分に大きな割合の人々に対して調査を行う必要がある。どんなデータセットでもそうだけれど、標本が小さければ小さいほど、誤解のもとになるバイアスが含まれている可能性が高い。ある世論調査の妥当性を見極める際、真っ先に確かめなければならないのは、調査が十分な数の回答に基づいているかどうかだ。回答数が数百件にも満たない調査はまず不正確と見ていいだろう。

だが、ただ標本の数が多ければミスを防げるかといえば、そうともいえない。たとえば、1936年のアメリカ合衆国大統領選挙で、『リテラリー・ダイジェスト』誌は1000万通のはがきを読者に郵送し、230万通におよぶ返信から、アルフレッド・ランドンがフランクリン・ルーズベルトに対して57％対43％で優勢だと結論づけた。致命的なことに、同誌は回答者の標本に偏りがあるかどうかを確かめる作業をいっさい行っていなかった。現代の世論調査手法の評判は彼らの失敗に起因するといっても過言ではない。同じ選挙で、若き世論調査員のジョージ・ギャラップは、たった5万人という標本に頼りながらも、回答者に関する背景情報を用いて回答に重みづけを行った。その結果、彼はルーズベルトが大勝するという予測を的中させたのである。

難しいのは、その集団を代表するような標本をどうやって取るかという問題だ。世論調査会社はいろいろな手法を用いてそれを実現している。たとえば、母集団のなかから大きな割合を**無作為抽出**するという方法を使えば、偏りの生じる危険性を最小限に抑えられる（対して『リテラリー・ダイジェスト』は、単一の読者層に頼りすぎた）。あるいは、標本にさまざまな性別や年齢層などの人々がバランスよく含まれているよう留意する**割当法**を使うという方法もある。

最終的に、世論調査会社はいろいろな方法を用いて世論調査の結果を調整する。たとえば、完全に母集団を代表するような標本を見つけるのは難しい。調査する集団自体にわずかな偏りがある場合が多いからだ。たとえば、登録民主党員と登録共和党員が半々ずつで構成される標本に基づき、アメリカの州選挙に関する世論調査を行う場合、実際の母集団のなかの民主党員の割合が52％、共和党員が48％だとしたら、世論調査会社は数値のバランスを取るため、民主党員からの回答に104％、共和党員からの回答に96％を掛けて重みづけするのがひとつの手だ。

次なる問題は、標本自体が母集団を代表しているとしても、一定の**誤差**を見込む必要があるという点だ。基本的な標準偏差の計算を使えば、1000人に対する世論調査には、前後3％の誤差が見込まれるとわかる。なので、ある話題に関する世論調査の結果がきっかり50対50に分かれたとしても、実際の結果は53対47（またはその逆）になる可能性がある。上下に6％の幅がありうるわけだ。本当は誤差の範囲内なのに、世論調査が〝はずれた〟と誤解してしまう人は多い。だからこそ、さっきも言ったとおり、ネイト・シルバーは選挙の最終結果を具体的な値ではなく、確率の範囲として予測するべきだと考えているのだ。

最後に注意点をもうひとつ。世論調査には難しい側面がまだまだたくさんある。たとえば、質問の言い回しや順序によって、回答に大きな差が出ることもある。世論調査会社は同じ質問や形式を長年にわたって使い、実際の結果と照らし合わせて少しずつ調整を繰り返すことで、この問題を解決しようとしている。たとえば、ある選挙で投票に行くと答える若者の人数と、実際に投票に行く人数とのあいだには、かなり大きな開きがあることがわかっている。そこで、世論調査会社はその比率に応じて回答数を下方修正する。ふつうは直近の選挙での実測値に基づいて、回答数をどれくらい重みづけするかを推定するのだ。

では、どうしてそこまでがんばっても世論調査会社のまちがいはなくならないのだろう？　最近でいえば、ブレグジットに関する国民投票、2016年のトランプ大統領の勝利、2017年のイギリス総選挙は、誤差を含めたとしても世論調査会社が予測に大失敗した選挙の例だ。サーベイションは社はブレグジットを正しく予測した唯一のイギリスの世論調査会社で、トランプの勝率は30％

しかないというネイト・シルバーの予測は、自信満々でクリントンの勝利を予測したほかの多くの会社と比べればずっとマシなはずれ方だった。

その理由はいろいろとあって複雑だけれど、こうした選挙についていえるのは、投票パターンの大きな変化が最終結果を大きく左右したという点だ。トランプの勝利とブレグジット投票では、普段なら投票に行かないような人口統計学的な層の人々の投票率が異様に高かった。また、昨今の選挙の経験から割り引いて考えられていたラストベルトの構成州［訳注／アメリカ中西部から北東部にかけての脱工業化が進む地帯で、トランプ当選に大きく寄与したとされる］など、母集団の一部で大きな変化も見られた。

ネイト・シルバーの主張によれば、これらの選挙における世論調査のミスの原因はデータ分析にあるのではなく、むしろ直感や経験を用いて〝外れ値〟とおぼしきものを割り引いて考えていた従来の世論調査手法にあったのだという。この説によると、世論調査会社はデータを見ても、そのデータを丸ごと信用せず、反体制的な候補者が民衆の支持を獲得していた選挙において、彼ら自身のエリート主義的な期待に近づくよう結論を調整していたということだ。

世論調査の結果が選挙の直前で〝お団子状態〟になる傾向はまちがいなくある。世論調査会社は自分だけが突飛な予測をしてはずしたくないと思っているからだ。その一例が2015年のイギリス総選挙の前夜にサーベイション社が実施した最終世論調査である。その世論調査では保守党が全体の過半数を獲得するという予測が出たのに、ほとんどの世論調査はどの党も過半数には至らないと予測していた。サーベイションの創設者でCEOのデイミアン・ライオンズ・ロウは、ほかの世論調査結果の平均とかけ離れた妙な結果だと感じたので、この結果をそのまま発表していいものかと〝ビビった〟ことを正直に認めた(同社はこの件を教訓に、2016年にはデータにきちんと耳を傾け、ブレグジットを正しく予測した)。

つまり、世論調査の誤りには数学以外の原因が潜んでいるということだ。だが、データ分析への批判をかわそうとしたネイト・シルバーの行為は不誠実だし、ある意味では不必要だともいえる。政治的な状況が急激に変化している期間には、世論調査会社が標本を調整するために使っている手法は完璧ではありえない、というのが真実なのだ。たとえば、2回の選挙のあいだで、母集団のなかの特定の集団の投票率が激変したら、世論調査会社が行う調整に誤差が生じやすくなる。世論調査会社がいつだって〝ひとつ前の戦争を戦っている〟かぎり、この問題を解決する完璧な数学的手段はないのである。

だからといって、世論調査が使い物にならないというわけではない。人々の意識に対する貴重な洞察を与えてくれることに変わりはない。ただ、政治的な世論調査と企業が頼る市場調査、そのどちらを評価するにせよ、少なくとも誤差の範囲内にある結果はみんな起こりうるものと考えておく必要があるだろう。そして、政治や調査対象の製品に対する意識が急激に変化している状況では、世論調査の信頼性はぐんと落ちるのだ。

ギャンブラーは、ブレグジットやトランプの勝利のオッズがどちらもかなりのお買い得だったという事実を知っておくべきだろう。話によると、ある無名のギャンブラーはトランプの勝利に25万ドルを賭けて62万ドルを獲得したし、ロンドンのある女性は人生初のギャンブルでブレグジットに11/4のオッズで1万ポンドを賭け、2万7500ポンドを儲けた。こうした結果で損したり得したりするのはギャンブラーだけではない。世界第5位の富豪であるカルロス・スリムは、トランプ当選の直後におよそ50億ドルを失ったといわれる。早い話、メキシコ・ペソの価値が暴落したからだ。

絶えざるフィードバックから勝利の法則を

ギャンブラーや投資家が世論調査プロセスの不確かさから導き出せる教訓に加えて、市場や有権者が急速に変化している時代には、必ずしも人々の〝本心〟を知ることができるとはかぎらない、という事実を覚えておくべきだろう。時には、危険を承知でリスクを冒す必要だってあるのだ。

それでも、ネイト・シルバーの事例に学び、前に進みながらアプローチを調整していくことはできる。企業や新しい製品ラインを立ち上げるのは簡単じゃない。どれだけ世界じゅうで市場調査や事前計画を重ねても、まちがいを犯さないという保証なんてどこにもない。いちばん大事なのは、勝利の法則が見つかるまで試行錯誤を重ね、フィードバックに基づいてアプローチを微調整しつづけることなのだ。

第５章のまとめ

システムをハックする

①ハッキングやクラッキングの多くは、数学的なアノマリー（変則性）を見つけたり、ほかの人が見逃しているパターンに気づいたりすることで成り立っている。

②本章では、宝くじ、クイズ番組、カジノ、ブックメーカーに勝つ方法を見つけた人々の物語を見てきた。現代の実践家たちは本章で紹介したような例をよく知っている。それでも、本章の物語は、世の中にまだ残っているかもしれない抜け穴やチャンスを探す絶好の刺激になるだろう。

③ハッキングやクラッキングの多くは、「言うは易《やす》く行うは難《かた》し」の典型だ。

④話のうますぎるオファーや約束を持ちかけてくる詐欺師には要注意。

⑤どんな形であれ、データ分析やシステムには欠点があるけれど、実際の結果に基づいてアプローチを少しずつ調整していけば、より賢明な判断にたどり着ける。

第6章

システムを構築する

儲けを生み出す仕組みを設計しよう

最大のリスクとは、いっさいのリスクを避けることだ。
急速に変化する世界では、リスクを冒さないことが
確実に失敗する唯一の戦略なんだ。
――マーク・ザッカーバーグ

アルゴリズムや複雑な数学的難問の解が、近年もっとも成功したハイテク系新興企業を支え、そしてまた金融部門を支配するようになった。

本章では、数学的モデル化が金融やビジネスの世界をどう変革しつつあるのか、その基本を探ってみよう。本章で触れている数学の一部はかなり高度なので、複雑な問題を深追いするのはやめて、使われている手法をなんとなく理解してもらえるような概要説明を中心にしていきたいと思う。その一方で、驚くほど初歩的な数学的土台の上に築かれた業界の巨大企業もいくつかある。

グーグルと行列

巨大テクノロジー企業グーグルの共同創設者であるセルゲイ・ブリンとラリー・ペイジが出会ったのは、1995年のことだ。ページが入学予定者向けのオリエンテーションでスタンフォード大学を訪問したとき、構内の案内を任されたのが当時大学院生だったブリンその人だった。

最初、ふたりはウマが合わなかったけれど、ペイジがスタンフォード大学で勉学を始めると、「バックラブ」というプロジェクトで共同研究をするようになった。それはウェブの構造をナビゲートして記録する方法を見つけようという試みであり、やがてページランクと改称されることになる。ページランクはインターネット検索エンジン技術に大躍進をもたらし、今もなおグーグルの仕組みの核を占めている。

最初期の検索エンジンは、単純に特定の検索語がページ上に現われる回数に基づいてページをランクづけしていた。それだと、たとえばバラの種類の名前が繰り返し現われるページのほうが、ただ単語数が多いという理由だけで、バラの分類学の世界的権威が書いたもっとも有益で有用なウェブページよりも簡単に上位に来てしまう。グーグルの前身であるアルタビスタなどが考えたこの問題の解決策は、まだこれといった効果をあげていなかった。ブリンとペイジがページランクに応用した根本的な発想とは、検索語との関連性だけでなく、そのページにリンクを貼っているほかのページの数にも基づいて、ページをランクづけできないか、というものだった。

この問題を考えるひとつの方法として、「ランダムウォーク」を想像してみよう。とあるウェブのユーザーがインターネット上のリンクを完全にランダムにたどっていくとする。そのユーザーがあるページにたどり着く確率は、そのページの重要性を測るひとつの指標になるだろう。とはいっても、もちろんインターネット上には250億以上のページがある。その値をいったいどう計算すればいいというのか？　ブリンとペイジが考えた答えは、基本的に、驚くほど初歩的な数学に基づいていた。

インターネットを、向きを持つグラフで表現される超単純なネットワークとして思い浮かべてみよう。各ページがノード、矢印はノード間のリンクを表わすものとする（図26を参照）。

次に、ユーザーの行うリンクがすべてランダムだと仮定すると、ユーザーがリンクを貼る可能性のあるすべてのページが等しい確率でリンクを貼られる。ここで、ページ間でリンクが貼られる確

図26

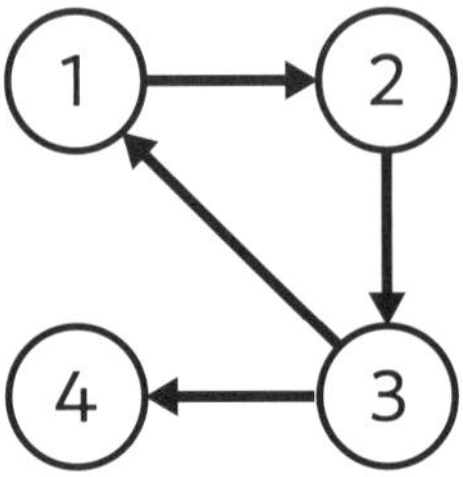

ウェブページを表わす番号つきのノードで構成される単純なネットワーク

率を行列（足し算や掛け算などの関数が定義された数値の長方形状の配列）で表わすことができる。ノード1からはノード2へしかリンクされていないので、1行2列目の確率として100％（＝1）を割り当てる。ノード3からはノード1またはノード4に50％（＝$\frac{1}{2}$）ずつの確率でリンクされているので、第3行の1列目と4列目は$\frac{1}{2}$となる。このネットワークを表わす行列はこんなふうになる。

$$
\begin{pmatrix}
0 & 1 & 0 & 0 \\
0 & 0 & 1 & 0 \\
\frac{1}{2} & 0 & 0 & \frac{1}{2} \\
0 & 0 & 0 & 0
\end{pmatrix}
$$

このネットワークにはちょっとした問題がある。ノード4からはどこへもたどり着けないのだ。なので、こういうノードは**行き**

止まり（ダングリング）ノードと呼ばれる。この問題に対処するには、ウェブ・ユーザーはノード4から好きなページをランダムで選ぶと仮定するのがひとつの方法だ（つまり、第4行の各ページに$\frac{1}{4}$ずつの確率を割り当てる）。

$$\begin{pmatrix} 0 & 1 & 0 & 0 \\ 0 & 0 & 1 & 0 \\ \frac{1}{2} & 0 & 0 & \frac{1}{2} \\ \frac{1}{4} & \frac{1}{4} & \frac{1}{4} & \frac{1}{4} \end{pmatrix}$$

または、任意の時点で、ユーザーがリンクをたどるのではなく1～15%の確率でランダムなページを選ぶと仮定することもできる。ブリンとペイジはこの主題に関する最初の論文で、この問題に対処するため、0・85という**減衰係数**を用いた（ユーザーがリンクをたどる以外の方法でウェブページを選ぶ確率は1－0・85＝0・15）。

この手続きのおかげで、理論上、すべての検索結果に一定のランクを割り当てることができるようになった。現在のページランクはページを1から10までかなり単純にランクづけするもので、対数尺度に基づくようだ。対数尺度とは、たとえば1〜10には10、11〜100には9、101〜1000には8等々を割り当てるという意味である。

ここまで来ると、次に必要なのは250億ページからなる行列に対してこの計算を行う方法を見つけることだ。そして、問題はもうひとつある。任意のページのページランクを計算するには、そのページがリンクしているほかのすべてのページのページランクがすでにわかっていなければならない。

大学の数学課程の初めのころに、行列の固有ベクトルや固有値の計算方法を学ぶけれど、それこそふたりがこの時点で用いた基本原理だ。もちろん、計算は厄介だが超難解というほどではない。ある固有値問題の解を計算するひとつの方法として、べき乗法がある。詳細には立ち入らないけれど、簡単にいえば、まず各ページの確率を適当に見積もり、結果を実際の値にどんどん収束させていくような関数を繰り返し適用していく。いったんその結果がかぎりなく正確になると、その関数は毎回多少なりとも同じ結果を返しつづけるようになる。

そして、ページランクが最初から行ったのは実質的にこれと同じことだ。ページランクの使用を開始してしばらくすると、各計算をその前の結果から開始できるようになる。なので、新しいページだけが〝推測〟された初期値から開始されることになり、既存の結果の正確性のおかげで新しい結果が絶えず急速に調整されていく。

グーグルで用いられる正確なアルゴリズムや、誤った結果や不正操作を除外するために行われる調整は、当たり前ながらもっとずっと複雑だ（そして、ほとんどが機密扱いにされている）。また、過去20年間のグーグルの運営にそそぎ込まれてきた数学的知略は、その多くが半端なく複雑だ。それでも、グーグルの検索エンジンの核をなすのはまぎれもなくページランクで、その発想の源は大学1年生で習う数学的アイデアにあった。もしかすると、〝次世代のグーグル〟を生み出すための発想もまた、同じくらい初歩的な数学的思考に潜んでいるのかもしれない。

フェイスブックの数学が作り出す〝バブル〟から抜け出すには

アルゴリズムとは、言ってみれば問題解決や計算に使われる規則や演算の集合だ。アルゴリズムは特にウェブとのやり取りの方法という点で、今や私たちの日常生活の大きな一部になった。インターネット企業は規模の大小を問わず、特定の顧客に向けて広告やコンテンツを配信するのにアルゴリズムを活用している。あなたのフェイスブックのニュースフィードやツイッターのタイムラインに表示される情報、投稿、広告を生成するアルゴリズムは、一連の具体的な入力に基づくデータセットを使い、自動的な判断を出力するわけだ。

このことが時として奇怪な状況を生み出す。有名なケンブリッジ・アナリティカのスキャンダルでは、5000万人分のフェイスブック・プロフィールのデータが、プロフィール情報によって生成された政治的なフィードをアメリカ有権者へと配信するのに無断で使用されたとされる。

名著『あなたを支配し、社会を破壊する、ＡＩ・ビッグデータの罠』の著者であるキャシー・オニールは、秘密のアルゴリズムが公共政策、金融、人民の管理方法に及ぼす数々の影響について説明している。

たとえば、世界各国の刑事事件の量刑は、その人の再犯リスクがどれくらい高いかによって決まることがある。当然、高リスクとみなされた人は、拘禁刑を受ける可能性が高くなるわけだけれど、リスクの判定に使われるアルゴリズムとて完璧ではない。本当に〝高リスク〟だったのかどうかにかかわらず、収監された人は出所後に就職しづらくなり、また犯罪行為に戻ってしまうリスクが高いので、判定ミスを検出するのは難しいのだ。これはアルゴリズム自体が本来測定しようとしている内容そのものに悪影響を及ぼし、誤ったフィードバックを生じさせてしまう例だ。

または、自閉症傾向のある人が、感情的知性（emotional intelligence）の検査でスコアが低かったばかりに、応募先の企業のアルゴリズムによって、本来向いていたはずの職を不合格にされてしまったとする。すると、定期的な収入のない期間が増え、クレジット・スコアが悪くなり、保険アルゴリズムの弾き出す自動車保険料が高くなって……とかいう悪循環に陥っていくかもしれない。

好むと好まざるとにかかわらず、現実としてアルゴリズムは使われている。だから、数学的な観点から見ていちばん大切なのは、その仕組みをきちんと理解しておくことだ。もちろん、厳密なアルゴリズムは秘匿《ひとく》されているし、微調整を重ねるにしたがって頻繁に変わっていく。それでも、全体像をつかむことならできる。

フェイスブックのアルゴリズムの場合、あなたがフェイスブック上で行うやり取りの一つひとつがアルゴリズムへと入力されていく。クリック、いいね、再生した動画、拒否した広告、フォローしているグループ……。そのすべてがアルゴリズムへと入力され、世の中の大量の情報が「関連性」の高い順序に並び替えられる。そうして、ニュースフィードにはその人にとっていちばん関連性の高い項目が表示されるわけだけれど、生成された結果が正しいかどうかを確かめるために、その項目に対するユーザーの反応までもが絶えず監視される。フェイスブックはときどきアルゴリズムを調整したりもする。たとえば、あなたが最近「いいね」した人々の投稿を多めに表示し、「いいね」していない人々や組織の投稿を除外するという具合に。こうして、あなたの反応が一種の自動的なフィルターをつくり出すわけだ。

当然、こうしたアルゴリズムにはよく知られた危険性もある。人々が自分の望む情報しか受け取らなくなる、たとえるなら一種の「泡《バブル》」のなかに閉じ込められてしまう、という現象だ。アメリカでは、保守派とリベラル派の意見がすでに大きく分断している。この問題を悪化させている主犯は、双方の偏見を裏づけるようなコンテンツばかりを供給するアルゴリズム駆動のフィードなのではないか？　そう考えずにはいられない。

特定のコンテンツが選ばれた理由を直接知ることができるケースもある。フェイスブックの「この広告が表示される理由」オプションを選択すると、理論上、あなたのプロフィールのどういう部分が原因で特定の広告が表示されたのかを知ることができる。たとえば、あなたがロンドン圏に住む40代の男性だから、とかいう場合もあるだろう（実際にアルゴリズムが用いているプロセスはもっと複雑かもしれないが）。

また、アルゴリズムから（たとえば融資の申し込みなどで）不当な扱いを受けたと感じたら、企業にその判断の根拠を開示してもらえるケースもある。時には、アルゴリズムが、ほかの方法で行ったら「差別」と言われてもしょうがないような行動を取っている場合すらある。なので、不当な扱いを受けたと感じたら、企業に反論する価値はあるのだ。ただ、多くのアルゴリズム（や人工知能プログラム）は不透明で、プログラマーでさえその仕組みを隅々まで把握しているわけではないので、理路整然とした回答を得るのは難しいかもしれない。

ある程度までなら、アルゴリズムの仕組みを理解することで、あなたがアルゴリズムから受ける扱いに影響を及ぼせる。特定のサイトを使うに当たって、そうした知識をうまく活かしてやればいいのだ。

たとえば、あなたが「フィルター・バブル」に閉じ込められているせいで幅広い意見を目にする機会を奪われていると感じる保守派やリベラル派だとしたら、普段なら見向きもしないニュース・ソースをたどり、クリックしてみるのも一策だろう。この方法は、自分と意見のちがう情報を読むと毎回ムカムカしてしまう人々にはあまりお勧めできないけれど、今からよくよく注意しておかなければ、未来のアルゴリズムはまちがいなく私たちの望む「バブル」のなかへと私たちを閉じ込めるだろう。最低でも、アルゴリズムがどれだけ私たちの身近に広まりつつあるかを理解し、そしてたまにはそれに反抗してみるのもいい考えだろう。

暗号化と銀行システム

フェイスブックなどのオンライン企業は、情報処理の方法に高レベルなセキュリティを講じなければならない。暗号の作成と解読の技術は、昔から数学好きたちを惹きつけてきた。初期の例でいうと、たとえばシーザー暗号は、各文字をアルファベットの並びに沿って数文字分移動した文字で置き換えるという単純な数学関数を用いたものだ。こうした単純な暗号は中世以降になって解読できるようになった。イラクの哲学者アル＝キンディーは、独自の頻度分析を発明して暗号解読技術に事実上の弾みをつけた。頻度分析とは、もっとも一般的な単語のなかに出現する各アルファベット文字の相対頻度を調べるという手法に基づくもので、このシステムを使用することにより、暗号文からどの記号が平文《ひらぶん》の各文字に対応するかを比較的簡単に解読できるようになった。

暗号の作成にベラソ暗号のような多表式換字暗号や、マントヴァ暗号のような同音換字暗号が使われるようになると、より複雑な分析手法が必要になったが、やっぱり使われたのは数学的手法だった。同じように、アラン・チューリングやブレッチリー・パーク［訳注／第二次世界大戦中のイギリスの暗号解読拠点］の優秀な数学者や専門家たちは、ドイツのエニグマ暗号機で用いられた暗号を解読した。その過程で、彼らは現代のコンピューターの誕生に向けた大きな一歩を踏み出し、銀行システムから安全《セキュア》なウェブサイトの開発者まで、メッセージを暗号化したいと考える人々にまったく新しい難題を生み出した。

1970年代以降、この難問を最善の形で解決したのが**公開鍵暗号（PKE）**である。公開鍵暗号とは、すべての当事者に明かされる公開鍵（ふつうは数値の列）と、情報の所定の受け手がそのメッセージを解読するのに使う秘密鍵とを組み合わせたものだ。

たとえば、初めて汎用された公開鍵暗号手法の一例であるRSA（リベスト＝シャミア＝エーデルマン）暗号化アルゴリズムについて考えてみよう。これは銀行やセキュアな商用ウェブサイトによって使われていて、非常に巨大な数、特に巨大な素因数をふたつだけ持つ巨大な半素数を素因数分解するのは難しいという性質に依拠《いきょ》している。これは非対称暗号化アルゴリズムのひとつである。つまり、2種類の鍵があって、一方は誰に渡してもかまわないけれど、もう一方は秘密にしておかなければならないという類《たぐい》のものだ。公開鍵はその半素数で、秘密鍵は素因数のうちのひとつとなる。ふたつの巨大な素数を掛け合わせるのはお安い御用だけれど、逆に巨大な半素数をすばやく因数分解するのは、それよりも桁違いに難しい。

たとえば、111の因数を求めたいなら、すぐに111が3の倍数だとわかるので（111の各桁の値を足し合わせると3の倍数になるため）、割り算をすればもうひとつの因数が37だとすぐにわかる。でも、2183ならどうだろう。小さい素数から順に3、5、7、11……で割り切れるかどうかを調べれば、これらが因数でないとわかる。37まで来てやっと、2183が37と59の積だとわかるのだ。因数が大きくなればなるほど、このプロセスはどんどん複雑になっていく。

将来的に、数学的な近道が見つかって、このプロセスがさほど難作業ではなくなり、ＲＳＡ暗号がずっと解読されやすくなってしまう危険性はある。つまり、篩法《ふるいほう》（整数をふるった集合の大きさを推定するための手法）の問題をすでに熟知している人々にとっては、巨大な半素数をすばやく因数分解する新手法を発見することは、将来的に大金を稼げるチャンスがある分野のひとつなのだ。ただし、念のために言っておくと、この分野はものすごく難解で、多くの一流数学者たちがすでに我先にと研究を続けている。

十中八九、公開鍵暗号はいずれ用済みになるだろう。そこには数学的にまっとうな理由がある。二次篩法や一般数体篩法のような因数分解プロセスを加速させるアルゴリズムへの理解はすでに広がっているからだ。その対策のひとつは、鍵として使う数を大きくしていくことだ。ところが、これらのアルゴリズムは数が大きくなればなるほど効率的になっていくので、プロセッサーがふたつの巨大な数を掛けるのにかかる速度と、ひとつの超巨大な半素数を因数分解するのにかかる速度とのあいだの隔たりはどんどん小さくなっていっている。その結果、公開鍵暗号は少しずつ脆弱になっていくはずだ。

もしあなたがずば抜けた数学力を持っていて、次なる暗号技術の波を出し抜きたいなら、いちばん有望な研究分野は楕円曲線暗号ではないかと思う。まだ導入の初期段階だとはいえ、すでにアメリカ政府の一部の部門で使われている。Ｔｏｒプロジェクトやビットコインはその一例だ。数学的

図27

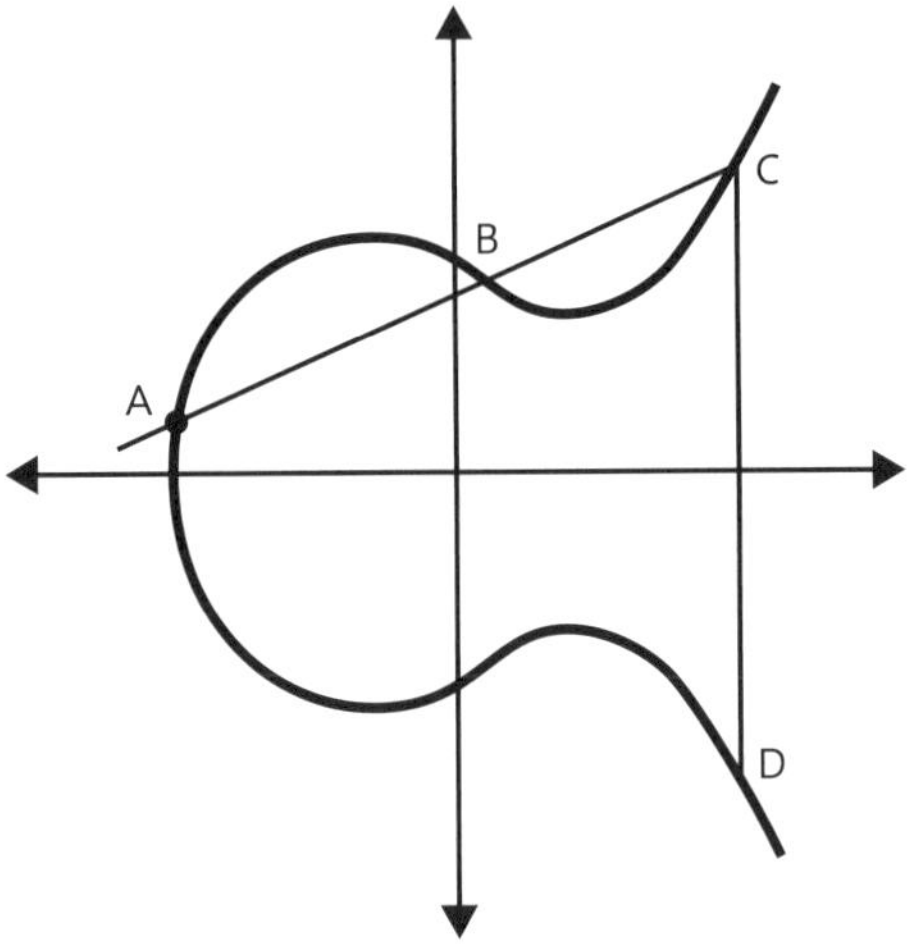

楕円曲線の一例

にかなり難解なので、ここではごくごく簡単にではあるけれど、概要を紹介しよう。

楕円曲線とは、次のような方程式を満たす曲線だ。

$$y^2 = x^3 + ax + b$$

これをグラフにプロットすると、図27のような形状になる。

楕円曲線は、暗号作成者が使える特殊な性質をいくつか持つ。

第一に、x軸に対して線対称である。第二に、垂直でない直線は最大3点で曲線と交わる。たとえば、曲線上の任意のふたつの点(図のAとB)を取り、その2点を通る直線を引いたとき、曲線と交わるもうひとつの点をCとする。Cがx軸の下側にある場合は上方、

x軸の上側にある場合は下方に向かって線分を引き、曲線の反対側の交点をDとする。

こうすると、曲線上の任意の2点を用いて、3点目、4点目を定義できる。暗号作成者にとって重要なのは、このプロセスを何回か繰り返すと、与えられた終点から始点を計算するのがきわめて難しくなるという事実だ。そして何より、この作業の複雑性は、始点から終点までの経路を求めるための計算の難易度を常に上回りつづける。おまけに、かなり小さな鍵から高度なセキュリティを生み出すこともできる。この点はものすごく重要だ。最近では小型機器が普及しているけれど、小型機器には巨大な掛け算自体を行うだけの計算能力がないので、公開鍵暗号で用いられる鍵がますます巨大になれば、計算が不可能になってしまうからだ。

楕円曲線暗号のある側面をめぐっては論争がある。Dual_EC_DRBG（Dual Elliptic Curve Deterministic Random Bit Generator）は、国家安全保障局（NSA）をはじめとするアメリカの複数の機関が標準システムとして推進している乱数生成器だ。ところが、この生成器には、NSAが暗号化された情報にアクセスするための「バックドア」が存在するのではないかという憶測が飛び交っている。だからといって、楕円曲線暗号の手法に本質的な欠陥があるというわけではないけれど、この手法を用いるデバイスには、独自の強力な乱数生成器が欠かせない（NSAの疑似乱数生成器には理論上「バックドア」が存在しうるので）。こうした分野では今、数学者たちが現行の標準に頼らない、より安全で新しい曲線や手法を発見するべく必死で取り組んでいる。

ビザンチン将軍問題とビットコイン

いろんな種類のデジタル通貨が21世紀の世界経済に欠かせない一部となりつつある。ゲームやソーシャル・ネットワークのユーザーなど、特定のオンライン・コミュニティの内部だけで使える仮想通貨から、暗号を使って取引を安全なものにする暗号通貨まで、その範囲は広い。ライバルがどんどん増えているとはいえ、2009年に史上初となる安全な分散型暗号通貨を生み出したのがビットコインだ。ビットコインの開発者たちは、楕円曲線暗号を用いただけでなく、ビザンチン将軍問題というかなり厄介な数学的難問について考察することでそれを成し遂げた。

ビザンチン将軍問題とはこうだ。数人の司令官を率いる将軍がいる。包囲中の城への攻撃を成功させるためには、将軍は使者を通じて攻撃か撤退の命令を出さなくてはならない。ところが、司令官と使者のなかには、まちがった命令を出す裏切り者が何人か潜んでいる。まちがった命令を受け取ると、部隊は連携が乱れて敗北してしまう恐れがある。

この問題を解決するひとつの方法は、全司令官が自分以外の司令官に使者を送り、全司令官が自分以外の司令官からまったく同じメッセージを受け取るまで、誰も行動しないようにするというものだ。そうすれば、裏切り者が偽の命令を中継することはありえない（図28を参照）。

ビットコインはこれと同じような問題に対処する必要があった。自律的な分散型ネットワークが

図28

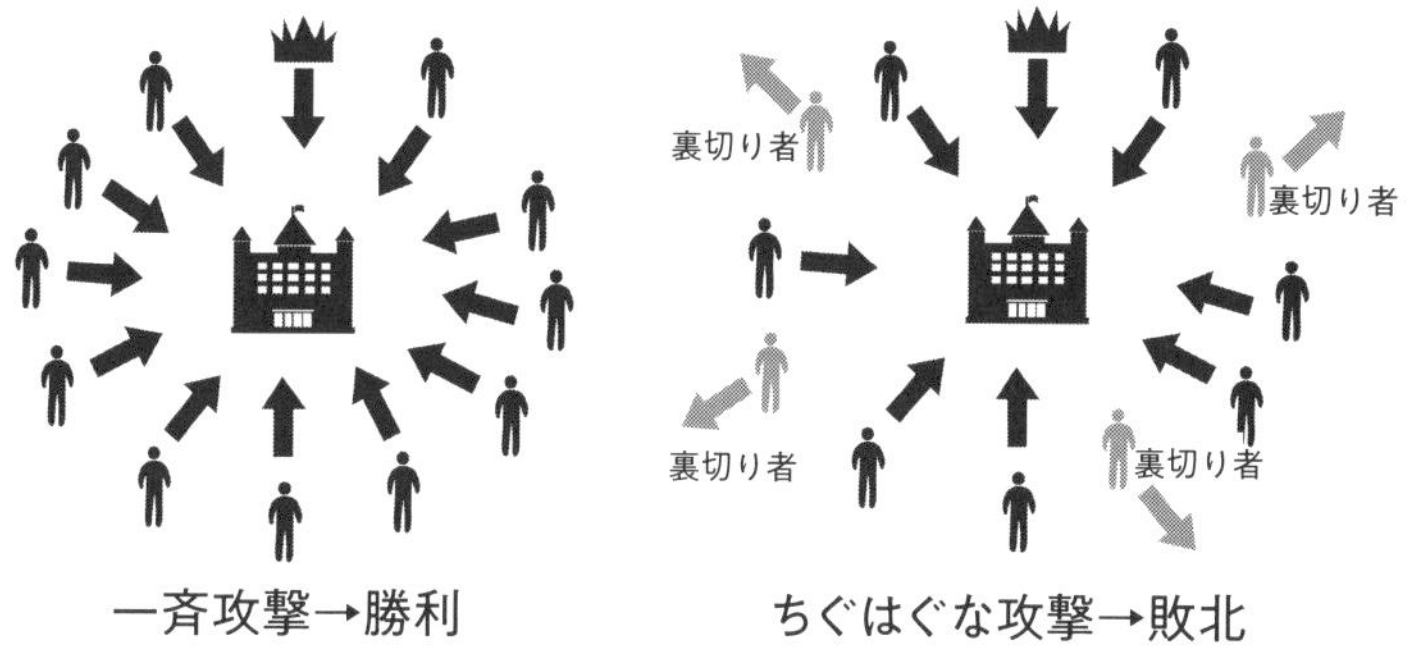

将軍（王冠で表現）は全部隊に城への一斉攻撃を実行させる必要がある。裏切り者が逃亡すると、攻撃は失敗に終わる。

うまく機能し、第三者の仲裁がなくてもみんながビットコイン通貨を信頼できるようにするためには、正しい〝命令〟（この場合、ビットコインのすべての取引・所有記録に相当）についての合意が存在しなければならない。

この問題の解決法こそが、**ビットコイン・ブロックチェーン**の根底にある。ブロックチェーンとは、ビットコインの誕生以来の全取引記録のことだ。基本的には、複数のサイトにまたがって複製、共有、同期されたデータに対する合意を形成するためのデータベースである。

あなたがビットコインで支払いを行うとき、あなたが意図している取引は、ビットコイン・ユーザー、具体的にいうとビットコイン・マイナー（採掘者）で構成されるネットワークの全ノードへと一斉送信される。マイナーとは、計算量という点で複雑な数学の問題の解を求めるための専用マシンを用意している人々のことだ（その労役の見返りとして、新規発行されたビットコインが支払われる）。すると、ネットワーク上の全ノードが協力してその取引の正当性をチェックする。いわば、あなたにその取引を行う資格があるかどうかを確かめるわけだ。この時点で、あなたの取引はほかの検証済みの取引のキューへと加わり、それらがブロックチェーン内の次の潜在的なブロックを形成する。いずれかのノードが計算問題を解くと、「プルーフ・オブ・ワーク」（仕事の証明）という形であなたの取引と組み合わされ、検証のために残りのネットワークへと送信される。解が検証されると、新しいブロックが無事ブロックチェーンへと追加される。こうして、新しいブロックは、プルーフ・オブ・ワークとともにあなたの取引記録を含んだものとなり、ブロックチェーン内の過去のブロックと数学的に紐付けがなされる。

新しいブロックが増えるたび、あたかも暗号のようにハッシュ化されたデータがブロックチェーンに追加され、しかもそれぞれのブロックがひとつ前のブロックに基づいているので、ブロックチェーン内のデータを改竄《かいざん》するのは不可能である。なぜならプルーフ・オブ・ワークの偽造はものすごく難しいからだ。十分な数のノードをだまして不正な取引を承認させるような新しいブロックチェーンを作成しようと思ったら、ブロックチェーン内の1本1本の鎖を最初の最初までリバースエンジニアリングせざるをえないだろう。当然、それは信じられないくらい複雑な作業なので、このプロセスによって正真正銘の正当な取引記録が生成されると信じても安心なのだ（理論上は、既存の計算能力の51％以上を有する人が残りを不正操作することはありうるし、まだネットワークがかなり小さかったころはそれも問題になりえたが、ネットワークが一定の規模に達した今となってはまずありえなさそうだ。実際に誰がそんなに巨大な計算能力を手に入れられるのかという疑問について考えるだけでもわかる）。

暗号通貨にはほかにも問題がある。ブロックチェーンはハッキング不可能に見えるけれど、個人のウォレット（財布）は実際に何度もハッキングされている。史上最大のハッキング事件として有名なのは、東京に拠点を置くビットコイン取引所、マウントゴックスで起こったものだ。暗号通貨の価値が人々の信頼度に基づいていることを考えると、こうした事件は重大な懸念材料だし、価値の暴落を引き起こすこともある。

また、ビットコインは初期の参入者だけが儲かって、その後の参入者は結局損をするだけのポンジ・スキームやピラミッド商法の一種なんじゃないかと憶測する人々もごまんといる。将来的に、世界の政府や企業が暗号通貨やそれに関連する数学とどう向き合うのかについて考えるのも面白い。大手銀行は少しずつ独自のブロックチェーンを開発しているが、政府はみずからの監督の行き届かないところでビットコイン取引が行われることを憂慮している。ビットコイン取引が不正な目的で使われている事実を取り締まりの言い訳に用いる可能性もありそうだ。

しかし、暗号通貨の未来がどうあれ、ビットコインなどの事業の誕生に貢献した数学のすばらしさは否定しようがないだろう。

デリバティブ入門
——基本取引タイプ一覧

前に紹介したピーター・リンチの10戦6勝の法則は、「投資ではどんなに損をしても投資金額まで」という株式ポートフォリオの性質に基づいている。もちろん、金融市場には単純な株式保有よりもはるかに複雑な投資がいくつもある。まず、多くのブローカーは、資金を借り入れて手持ちの現金分以上の株式を購入できる信用取引を認めている。信用取引では、値下がりを期待して株式を借りて売り、将来的にもっと安い価格で買い戻すことのできる**空売り**を認めている。信用取引には当然ながら元本割れのリスクがあるし、損益が何倍にも膨らむレバレッジ取引も可能になる。

近年では、先物やオプション（説明は後述）といった**デリバティブ**の取引も急成長を遂げている。デリバティブは単純な株式保有と比べるとちょっとだけ理解が難しい。基本的に、デリバティブとは特定の資産によって価値の変わる金融商品なのだが、デリバティブを保有したからといって実際の資産が保有できるわけではない。

デリバティブの基本をつかむため、ハッピー・ファームのオーナーのサムがいくつか問題を抱えているとしよう。まず、彼の栽培したリンゴが9月に出荷予定なのだが、近年のリンゴの卸売価格は不安定なので、家畜用の冬小麦を買えるだけの現金を確実に得たいと思っている。

交渉の末、サムの卸売客は、そのときの市場価格がどうあれ、半年後に必ずリンゴを1箱15ポンドで購入するとあらかじめ約束する。これが**先物契約**の仕組みだ。これで、たとえ何が起ころうとも、冬小麦の代金は支払える（これはビジネスにおける**ヘッジング**の例だ。サムは先物契約を用いて市場価格の変動に対するヘッジングを行ったのだ）。もしリンゴの市場価格が1箱15ポンドより高くなれば、卸売業者は儲かり、サムは得られていたはずの収入をみすみす失うことになる。でも、市場が供給過剰になり、リンゴの価格が5ポンドまで暴落すれば、サムがこうむっていたはずの損失をその卸売業者が実質的に肩代わりすることになる。

さて、サムは別の問題も抱えている。ハッピー・ファームは畑を拡張する必要があって、ちょうど現在の畑に隣接する物件が売りに出されている。ところが、ハッピー・ファームはすでに変動金利で多額のローンを組んでいるので、サムのメイン・バンクである常識銀行はこれ以上お金を貸すのをためらっている。でも、サムが支払額を一定の水準に保つため、ローンを固定金利に切り替えられるなら、融資をしてもいいと思っている。

すると、サムはひとつ先の谷にあるプレザント・ファームのオーナーに話を持ちかける。プレザント・ファームは自身の土地に対して固定金利のローンを組んでいる。そこで、ふたりはお互いの農場のローンを引き継ぐ契約を結ぶ。これで、サムは必要な追加融資を得ることができ、プレザント・ファームは金利が下がって経済的状況がよくなるのを期待する（ただし、その潜在的利益のために金利上昇のリスクを背負うことになる）。これが**クレジット・スワップ**の基本的なメカニズムだ。

偶然にも、サムはプレザント・ファームの株式5万ポンド分を保有していて、1年後には売ろうと思っている。だが、株価の値下がりに対する保険をかけたい。そこで常識銀行は、サムとのこんな取引に同意する。サムは常識銀行に一定の手数料を支払えば、1年後の株価がどうあれ、現在の価格で1年後にその株式を売却できる権利を得られる。サムがこの**オプション**を行使しなかったとしても、常識銀行は手数料で利益を得られる。しかし、このオプションは常識銀行に一定のリスクをもたらす。たとえば、銀行がこのオプションに2％（1000ポンド）の手数料を課し、株式の市場価格が3万ポンドに下落したとすると、銀行はこの契約で1万9000ポンドの損失をこうむることになる（サムが株式を5万ドルで売るというオプションを行使し忘れるほどのうっかり者でないとすれば）。

そういう事態が起き、常識銀行に急な資金調達の必要が生じた場合、銀行はサムのローンの所有権を第三者に割引販売しようと思うかもしれない。すると、銀行は首尾よく資金を調達し、第三者がそのローンをより高い実効金利で手に入れることになる。これが**クレジット・デリバティブ**の仕組みだ。たとえば、サムのローンの残高が1万ポンド、金利5％とし、このローンがインターコム銀行に5000ポンドで売却されたとすると、インターコム銀行は実質的に金利10％で支払いを受け取りつづけることになる。

以上がデリバティブで実現できる基本的な取引のタイプだけれど、その種類は無数にあるといっていい。当然、その取引のほとんどに、買いと売りのバージョンがある。でも、基本原理は明らかだ。煎じ詰めれば、リスクを嫌う人々と、多少のリスクを冒してでも儲けを狙おうとする人々とのあいだで、リスクを交換し、分散することが目的なのだ。

２００７年から２００８年に端を発する世界的な金融危機は、デリバティブに汚名を着せることになった。実際、そうした批判のとおりの部分もある。債権が何層ものデリバティブに組み込まれて販売されると、実際に売り買いされているものがなんなのか、どんどんわかりづらくなっていく。こうして、リスクがシステム全体にとって危険な方法で再分配されてしまう。

スコット・アダムスは漫画『ディルバート』で、市場で売られている一部の負債性金融商品を、病気の牛に全財産を投資することにたとえた。１頭の病気の牛に投資するのはバカげているけれど、病気の牛をほかの牛と一緒くたにしてパッケージにすれば、「リスクは消失する」というのだ。笑い話のようだけれど、高リスクなローンが細切れにされ、パッケージし直され、高い格付けが与えられていたとき、実際にはそれに近いことが起きていたのだ。

ベッティング・システムにも類例がある。第３章で紹介したマーチンゲール法がその例だ。リスクをどれだけ細切れにしても、もともとのリスクは常にシステム内に残っていて、まるで手品のようにリスクが消失したように見えても、実は隅っこのほうでひっそりと息を潜めている。そして、ある特定の結果が生じたとき、すべての損失が一気に表面化するのだ。２００７年から２００８年にかけてアメリカでサブプライム市場が崩壊しはじめたとき、まさにそのとおりのことが起きていた。

そんなわけで、デリバティブにはいつも警告がついて回る。ウォーレン・バフェットがデリバティブを「大量破壊兵器」と呼んだことは記憶に新しい。その一方で、デリバティブはリスクの再分配という点で果たすべき正真正銘の役割があるし、利益と損失の両方の可能性をきちんと理解さえしていれば、有望な投資先のひとつになりうるのだ。

ヒント

デリバティブはゼロサム・ゲーム？

ふたりがコイン投げを行い、勝った人が負けた人に1ポンドを支払うというギャンブルは、**ゼロサム・ゲーム**のひとつだ。この用語はゲーム理論に由来するもので、ひとりの損失がもうひとりの利益になるゲームを意味している。第三者に流れる手数料を無視するなら、オプションや先物などの取引にも明らかに同じことがいえる。このことから、デリバティブ市場全体はリスクが再分配されただけのゼロサム・ゲームだと主張する人もいる。実際、ほとんどの個々の株式取引はゼロサム・ゲームとみなせる。買い手が得をすればその分だけ売り手が損をするし、買い手が損をすればその分だけ売り手が得をする。しかし、この論理を株式市場全体やデリバティブ市場全体へと拡大することはできない。市場全体の活動によって富が創出（そして時に破壊）されるからだ。

株式市場は経済全体における投資の流れを促し、デリバティブはリスクの分散を促す。このふたつは理論的に富の創出プロセスを支えているといえる。そして、株式市場全体の長期的な成長を促すのは富の創出だ。

一方、トレーダーは〝市場に勝てるか〟という疑問には、ゼロサム・ゲームのロジックを適用することができる。市場全体のパフォーマンスを上回る取引がひとつあるたび、同じ分だけ市場全体のパフォーマンスを下回る取引があるはずだ。常に市場全体のパフォーマンスを上回れると豪語するファンド・マネジャーが信頼できるのかどうかを見極めるときは、この考え方を覚えておいて損はないだろう。

ブラック＝ショールズ・モデルと金融危機

フィッシャー・ブラックとマイロン・ショールズが1973年の論文「オプションと企業負債の価格決定（The Pricing of Options and Corporate Liabilities）」で提唱したブラック＝ショールズ・モデルは、金融市場におけるデリバティブ商品の価値を分析する方法のひとつである。その方程式は、過去数十年間、世界じゅうでオプション取引の爆発的なブームを巻き起こした。

実際の式はこうだ。

$$C = SN(d_1) - N(d_2)Ke^{-rt}$$

$$d_1 = \frac{\ln\left(\frac{s}{K}\right) + \left(r + \frac{s^2}{2}\right)t}{s\sqrt{t}}$$

$$d_2 = d_1 - s\sqrt{t}$$

ここで、Cはコール・プレミアム（コール・オプションの購入時に支払われる金額のこと）、Sは現在の株価、tはオプションの権利行使までの期間、Kはオプションの権利行使価格、rは無リスク金利、Nは累積正規分布、eは自然対数の底、sは標準偏差、lnは自然対数。

気が遠くなってくるので、ここでは詳細には立ち入らず、概要だけを説明しよう。1900年、フランスの数学者ルイ・バシュリエは、株価のジグザグな動きをブラウン運動またはランダムウォークとしてモデル化できるのではないかと提案した。これは確率過程の応用例のひとつで、基本的には、長期にわたるランダムな過程を確率的にモデル化することを意味する。早い話、任意の時点での値動きをランダムなものとして扱うということだ（分散を有限として）。一定期間における値動きの平均値は、上下を問わず価格の短期的な平均的方向性を意味し、標準偏差はそのプロセスの変動性の大きさを示す。この仮定に基づくと、長期的な値動きはガウス（正規）分布（第2章を参照）に従う。

図29

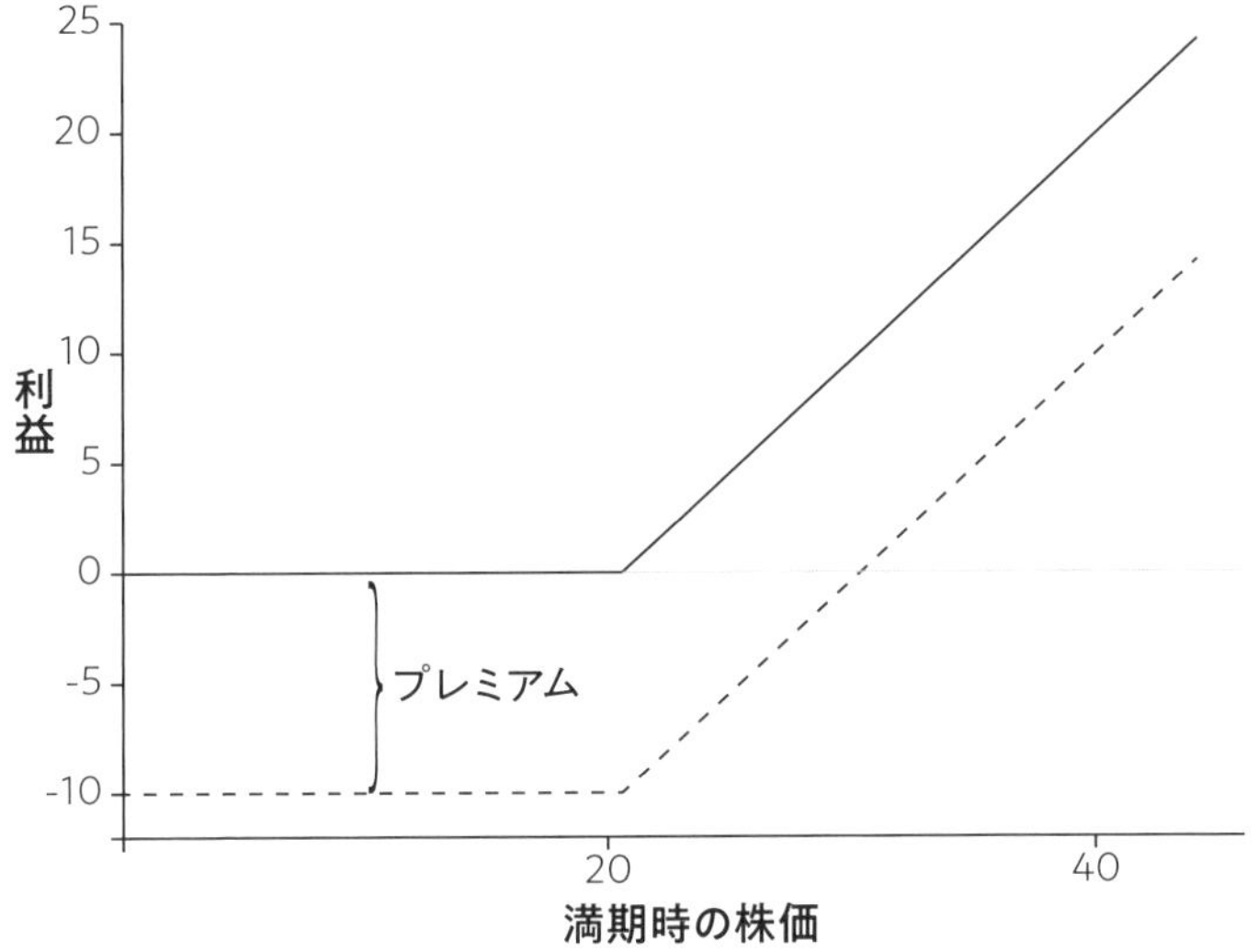

ヨーロピアン・コール・オプションのペイオフ

このモデルは、株式市場の暴落（その場合、分散が有限という仮定が怪しくなる）のような極端な状況では不正確ながら、株式の実際の値動きを示すなかなか優良なモデルになりうる。ブラック、ショールズ、ロバート・マートンはこの考え方を土台にして、オプションの価格を求めるための方程式をつくり上げた。先ほどの式は、無配当株式のヨーロピアン・コール・オプションに対するものなので注意してほしい。ヨーロピアン・オプションとは、ある資産を指定された期日に特定の価格（権利行使価格という）で購入する権利（義務はない）が保有者に与えられる取引を指す。

オプションのペイオフは、ホッケー・スティックの形をしたグラフに従う（図

29を参照)。なぜなら、原資産の価値が権利行使価格まで上昇しないかぎり、ペイオフはいっさいないからだ。権利行使価格を超えれば、原資産を売ることで直接利益をあげられるので、原資産の価格に従ってペイオフは上昇していく。

あるオプションの価値を計算するには、期待値の計算方法を見つける必要があり、そのためには原資産が特定の価格に到達する確率が必要となる。方程式の第1項$SN(d_1)$は、受け取った株式の推定価値である。次に、このオプションを購入するための現金のコストを差し引く必要がある。それが第2項$N(d_2)Ke^{-rt}$である。e^{-rt}の部分はお金の時間的価値を考慮するための割引係数だ(お金の現在価値よりも将来価値のほうが低いという話を思い出してほしい)。最後に、d_1とd_2の式はかなり複雑に見えるけれど、いわば原資産のボラティリティを加味するためにある。ボラティリティの高い資産のオプションは、ボラティリティの低い資産のオプションよりも価値が高い。この点は直感的に合点がいく。原資産の価格が下振れする分には、大きく振れようが小さく振れようが損失は変わらないけれど(権利行使価格を下回っているかぎり)、価格が大きく上振れした場合、小さく上振れするよりも儲かるからだ。

このブラック=ショールズ方程式はいくつかの仮定をしている。主立ったものを挙げると、ボラティリティは一定であり、空売りに関する取引費用や上限はなく、無リスク金利の値は信頼できるという仮定だ。いずれも多かれ少なかれ不正確であることは否めないけれど、それでもブラック=ショールズ方程式は、正常な状況であればオプション価格決定においてかなり有効なのだ。

世のクォンツやアナリストたちは、ほかのデリバティブの価格決定に対しても似たような方程式をあまた開発しており、それがデリバティブ取引の急増を下支えしてきた。こうした方程式はデリバティブ価格を客観的につかむ方法を与えてくれるからだ。なかには、クォンツの開発した方程式がトレーダーたちに誤った自信を与えたとして、ブラック＝ショールズ方程式を世界的な金融危機の主犯であるかのごとくおおっぴらな批判を繰り広げる人もいる。しかし、金融危機はデリバティブ市場の危険性や、市場の数学的分析の限界を部分的に実証した、というのが公正な見方だろう。

前に、「ゴミを入れればゴミしか出てこない」という表現を紹介した。デリバティブに関する方程式が厄介なのは、それがあくまでモデルにすぎず、入出力されるデータはもとより、その方程式自体がゴミと化してしまう状況もありうる、という事実が忘れられがちな点だ。数学的な金融モデルはどんなものであれせいぜい推定にすぎず、モデル化が通用しない状況に備えていつでも「プランB」の準備を怠ってはいけないのだ。

高頻度取引とクォンツたち

エド・ソープが1969年にプリンストン・ニューポート・パートナーズを立ち上げてこのかた、数学は退屈ではあるけれどリスク管理部門や経理部門に欠かせない学問から、世界的な金融システムの主役へと飛躍を遂げた。クォンツたちは今や、ブラック＝ショールズ・モデルなどのアルゴリズム、高頻度取引、その他のさまざまな応用を通じて、世界各国の金融都市において中心的な役割を果たしている。

数学の台頭ぶりを如実に示しているのが、天才数学者ジェームズ・シモンズの金融界でのキャリアだ。シモンズは高度なトポロジー理論であるチャーン＝サイモンズ3-形式の共同提唱者のひとりとして知られる。その一方で彼は、大成功を収めたヘッジ・ファンド会社、ルネサンス・テクノロジーズの創設者としても知られる。2015年10月時点で、ルネサンスは650億ドル相当の資産を運用していた。その大半が従業員のものだ。

同社は従業員の多くを金融の世界ではなく学界や理論的研究の世界から引っ張ってきていて、従業員の3人にひとりは数学や物理学などの学問の博士号を持っているというのだから驚きだ。たとえば、シモンズの引退後、同社の舵取りを担ったのは、IBM基礎研究所から同社に移った計算言語学を専門とするふたりのコンピューター科学者だった。その投資戦略は世界屈指の複雑なアルゴリズムや数学的モデルに大きく頼っていて、その高度な手法を武器に、同社は世界でもっとも一貫した成功を収めているヘッジ・ファンドのひとつへとのし上がった。

また、クォンツは**高頻度取引**という物語の主役でもある。高頻度取引とは、デジタル取引の実現が可能にした金融の一分野で、この戦略を用いる企業はびっくりするほど短時間で取引を行う。作家のマイケル・ルイスは著書『フラッシュ・ボーイズ』で、数ミリ秒単位の重要なアドバンテージをライバルたちから奪うため、誰よりも速く接続しようと画策する人々の戦いを描いている。なかには、経験から学習を重ね、戦略を改良することのできる人工知能プログラムを使う猛者《もさ》までいる。

高頻度取引で実際に使われている数学的戦略は、ヘッジング、アービトラージ、モメンタム(相場の勢い)の短期的な変化の活用など、短期的な投機家が使う戦略とそう変わらないけれど、それを数時間、数日、数週間ではなく、数ミリ秒単位で行うのが特徴だ。時には、ほかの人々が購入しようとしているのを見て、とっさに先回りするとかいう形を取ることもある(ひいてはそれが高頻度取引の業者を食いつかせるための「スプーフィング(見せ玉)」の危険なフィードバック・ループを助長させる)。

こうした高頻度取引が市場のボラティリティを上昇させるのか、逆に安定化要因として働くのかをめぐっては論争が絶えない。確かに、何千台ものコンピューターが自動で取引を実行することには明らかな危険性がある。2010年5月6日のフラッシュ・クラッシュの主な原因は、そうした自動取引のフィードバック・ループが自己強化を重ねてしまったためである。その後、こうした暴走にブレーキをかけるための対策もある程度は導入されたけれど、今でも高頻度取引を危険な手法だとみなす人は少なくない。たとえば、チャーリー・マンガーは、「取引の半数がほかの人より100万分の1ナノ秒だけ情報を先取りしようとしている短期的な投資家で占められているシステムを進化させるなんて愚の骨頂だ」と主張している。一方、あるイギリスの研究は、クォンツの取引が取引費用を減少させ、流動性を向上させることを発見し、市場全体の効率性に害を及ぼすことはないと結論づけた。

数学的思考で一攫千金を狙うには

好き嫌いはどうあれ、高頻度取引はこれからも健在だろう。高頻度取引そのものが、金融業界の変化の速さを実証している例だ。戦略としての高頻度取引は1990年代には無名に近かったけれど、それからまたたく間に市場の大部分を占めるまでに拡大し、初期の参加者たちは一攫千金をつかんだ。その後、多くのファンドが高頻度取引の分野に続々と参入してくると、うま味は減り、利益は落ち込んだ。これはデジタル経済の典型的なパターンで、似たようなプロセスは数学が重要な役割を果たすほかの多くの部門で見られる。

そんなわけで、あなたが高度な数学力をお持ちなら、クォンツや高頻度取引のトレーダーになるのも億万長者になるひとつの道だ。けれど、いつの世もいちばん大儲けするのは投資家だということを認めて、「次世代のグーグル」「次世代の高頻度取引」「次世代のビットコイン」など、次に大ブレークするテクノロジーにハイエナのごとく目を光らせるほうが、もしかするとずっと効率的な戦法なのかもしれない。

第6章のまとめ
システムを構築する

①今やアルゴリズムやクォンツが世界を支配している。では、これからの数十年間、世界を支配するのは誰だろう？　それはまだ知る由もないけれど、たぶんなんらかの形で数学を駆使する誰かだろう。

②数学と金融の関係はどんどん複雑になっていっている。

③世界経済における将来的なお金儲けの機会（と不安定性）は、この複雑さに直結するものになるだろう。

④デジタル分野のブレイクスルーを支える数学は、必ずしも博士級に高度なわけではない（もちろん、そういう場合もあるけれど）。

第7章

生産性を高める

データに耳を傾けて
パフォーマンスと稼ぎを同時に上げよう

みな数学を学ぶべきだ。
単純に、思考の整理に役立つから。
――M・V・ロモノーソフ

数学的思考の大きな利点は厳密なところだ。より適切な判断を下したり、より深くパターンを理解したりするために数学を用いるのは、数学の「攻め」の使い道のひとつだ。でも、数学的思考を「守り」に使うこともできる。計算や正確な統計的手法に頼ることで、非合理的な思考や愚かな判断を避けられるのだ。

不十分なデータの弊害
——統計的有意性の確認を

不十分なデータに頼ったせいで起こる判断ミスはあまりにも多い。統計的有意性や適切な標本数をきちんと理解していれば、正しい判断を下すのに十分な情報を集めたり、私たちのバイアスとは無縁なデータ・ソースを探したりできる。そうすれば、少なくともあるビジネス判断や投資判断が感情的・直感的な理由ではなく、数学的に妥当な理由で行われているのかどうかを確かめられる。

小数の法則と大数《たいすう》の法則（第3章を参照）をいつでも頭に入れておくことは大切だ。私たちは少ない標本から性急に結論を出してしまいがちだ。たとえば、ひとつの地域の数か月間の営業成績を見るだけでは、全体的に上昇傾向なのか下降傾向なのかを判断するにはデータが少なすぎる。また、標準偏差は、なんの要因も反映していない数値の局所的な変動を生み出しやすいという点も覚えておくべきだ。

科学実験の際、科学者は**統計的有意性**という概念を用いる。ふたつの変数が与えられたとき、ある結果が統計的に有意であるとは、帰無仮説（そのふたつの変数が相関していないという仮説）を仮定した場合に、その結果が起こる確率は非常に低いという意味である。もう少し具体的にいうと、各実験に対して有意水準αを選ぶ。これはその実験で相関のないところに相関が見られる確率に相当する。次に、有意水準の値をある結果のp値と比較する。このpはそのような統計的結果が偶然によって起こる確率を示す。このp値が指定した有意水準よりも低ければ、その結果は統計的に有意であると呼ばれる。統計的有意性の合理的な基準としては5％がよく使われる。100％から有意水準の値を引いたものが信頼水準だ。なので、統計的な有意水準が5％なら、信頼水準は95％になる。

もちろん、真の科学的厳密性をもって営業成績や市場調査を分析しようと思うと難しいけれど、ここで説明した基本原理を心に刻んでおくことならできる。つまり、一連の数値が純粋な偶然によって生じた確率が低ければ低いほど、確信をもってその根底にある理由を特定できるということだ。

相関≠因果関係

次に覚えておくべきなのは、**「相関は因果関係を意味しない」**という格言だ。一連の数値に高い相関が見られるとしても、その説明はいろいろと考えられる。たとえば、ひとりの営業担当者の成績がその担当地区全域で上昇したとすると、第一感ではその営業担当者が優秀なのだと早合点してしまう。でも、その会社の新たな目玉製品が種まき機で、その営業担当者の受け持ちが農村地域ばかりだとしたら？　営業成績の上昇はその営業担当者の腕というより新製品の発売のおかげだと結論づけるべきだろう。

相関のある一連の数値を調べるとき、特に注意するべきなのは、標本が十分に大きいかどうか、その関係は十分に強くて一貫しているかどうか、ほかに考えられる説明があるのかどうかだ。たとえば、男性と女性の従業員が昼食休憩にかける平均的な時間は確かに相関しているだろう。だからといって、両者に因果関係があるわけではない。ふたつはその会社の就業規則という別個の要因によって引き起こされているにすぎないのだ。

マーケティングに関しては、実験や仮説という観点から物事を考えるとうまくいくことが多い。たとえば、あなたがソーシャル・メディアで影響力を持っていて、ビジネスを拡大する新しい方法を模索したいなら、その目的を叶えるのに何が有効なのかについて、まずは具体的な理論を立ててみよう。たとえば、プロフィール上のメッセージを変更して、一定期間、その効果を比較してみる。ふたつの仕事のしかたを比較するA／Bテストの観点だけで考えてはいけない。あなたの手法にテスト可能な変更を加える余地があるなら、統計的に有意だと思われるありとあらゆる物事を考え、実際に測定してみよう。クリックから購入へのコンバージョン（転換）率を向上させるアイデアをテストしているなら、そのコンバージョン率に関連しそうなデータを事細かに記録していくのだ。たとえば、「クリックベイト」［訳注／直訳すると「クリックの餌」という意味で、ユーザーが思わずリンクをクリックしてみたくなるようなコンテンツ」の雰囲気はどうだったか? どれくらいセールス感が丸出しだったか? 使われていた写真の種類は?

加えて、変更の効果がその後の販売サイクルでも一貫しているかどうかも確認しよう。変更の時期とクリックスルー率の上昇が一致しただけでは、まだなんともいえない。その効果がほかの要因によって引き起こされた一時的なものでないかどうか、きちんと実証する必要もある。

結局のところ、完璧に科学的なアプローチなんてありえないけれど、初めから仮説や統計的有意性という観点で考えれば、戦略がずっと強力なものになることはまちがいない。

ヒント

データを正しく扱うクセをつける

数値に関していえば、不十分な標本数から結論を導き出したりはせず、なるべく多くのデータを集めるようにしよう。たとえば、データの宝庫である会社の会計システムや営業データベースの使い方を学べば、厳密な報告書が作成できるようになるので便利かもしれない。将来の予測は信頼水準が高くないかぎり使い物にならないことを覚えておこう。また、データを分析するときは、ありとあらゆる説明について考えよう。

ランダム性にだまされるな
──「まぐれ」の怖さ

これまでの章で見たとおり、人間は直感的にパターンを探そうとするので、ランダム性を認めるのが苦手だ。また、ランダムな行動やふるまいを再現するのも得意ではない。その典型例が、コイン投げで表が何度も連続で出ると、その次は裏が出やすくなるという誤解だ。ランダムな分布に関する誤解を避ければ、数値のばらつきが統計的に有意でさえないのに、相関と因果関係をとっさに結びつけて考えるといった、ありがちなミスを防げる。

ナシーム・ニコラス・タレブの著書『まぐれ』は、この問題について興味深い考察をしている。彼の本質的な主張は、ランダム性、確率、運が私たちの理解できない数々の方法で日常生活に影響を及ぼしているというものだ。後知恵バイアスや生存者バイアスは、人間は必ず運ではなく実力で成功するという思い込みのことを意味している。

タレブは、著書で裕福な歯科医と金融のような変動の激しい分野の成功者とを対比させている。歯科医はがんばった分だけ報われる業界で血のにじむような訓練を積んでいるので、今とは別の現実世界でもまずまちがいなく成功するだろうが、裕福なファンド・マネジャーはほんのちょっと世の中の趨勢《すうせい》が変わっただけで消えてしまうかもしれない。彼はつまり、現実に起きた結果だけでなく、起きていない一連のシナリオによっても、私たちの判断のよし悪しを部分的に判断すべきである、と言っているのだ。たとえば、株式市場がそろそろ天井に届いたと判断してまちがった人でも、ファンダメンタルズ分析は正しい可能性があるし、逆に市場の動きを正しく判断した人はたまたま山勘が当たっただけかもしれない。要するに、幾通りも考えられる歴史において、最大の割合で成功するであろう人こそが、いちばん確実で信頼できる成功者ということだ。

この考えには、ビジネスや投資を行う人にとっての教訓がてんこ盛りだ。私たちが判断を下すために用いる短期的な情報は、多くの場合、単なる統計的なノイズにすぎない。だから、有効な戦略を評価するには、その戦略を何度も繰り返すのが理にかなっている。ただし、成功の要因がランダムなばらつきではなくその戦略自体にあると確かめるためには、長期にわたる繰り返しが必要なので、大きな下振れリスクに身をさらさないことも重要になる。長期にわたって同じ戦略を繰り返せば、自分が実際に正しい判断をしているのか、単なる運のおかげなのかが少しずつわかってくるだろう。

タレブはまた、時には巨大な利益のために小さな損失のリスクを冒す価値があるとも説いている。非常に起こりづらい事象は過小評価されていることもあるので（第5章のホールインワン・ギャングの例で見たとおり）、時として巨大な潜在的報酬のためにちょっとしたギャンブルをする価値はあるのだ。タレブが指摘するように、95%のシナリオで損失が出るけれど、残りの5%で巨額の利益が出る賭けの期待値は、大きなプラスになることだってある。これは、95%の確率で少額の儲けが出るけれど、5%の確率で破産するリスクを冒すよりは、よっぽど危険が少ないこともあるのだ。

人間はおそらくランダム性を誤解するようにできているので、ランダム性の仕組みをきちんと理解するには、標準偏差や大数の法則のような統計の概念について繰り返し考えたりして、コツコツと感覚を磨いていくしかない。たとえば、コイン投げの「裏／表／裏／表／裏／表」という結果を見ると、直感的には「裏／裏／裏／表／表／表」よりもランダムに思える。最初の結果のほうが表と裏の切り替わりが多いので、よりランダムっぽく見えるのだ。だからこそ、「これはまぐれなのかもと常に考えるようにせよ」というタレブの箴言《しんげん》は貴重な戒めになる。ある効果がまぐれなのか、それとも適切な戦略や判断のおかげなのかは、いずれ時が教えてくれる。それまでは、どっちが主な要因でもおかしくないと考えておくのがベストなのだ。

ダメグラフにご用心

視覚化をあまりよく思わない数学者の多い時代があった。19世紀終盤、ジュゼッペ・ペアノは、正方形内を満たす無限フラクタルである空間充填《じゅうてん》曲線について記述したとき、一連の単純な画像ではなく数式を用いた。彼の記述していた図形の美しさを実証したのは、ダフィット・ヒルベルトをはじめとする後世の数学者たちだった。

しかしながら、研究される学問の範囲が広がるにつれ、数学は少しずつ視覚化に慣れていった。2017年に惜しまれつつ亡くなったイランの天才数学者マリアム・ミルザハニは、図表やパター

図30

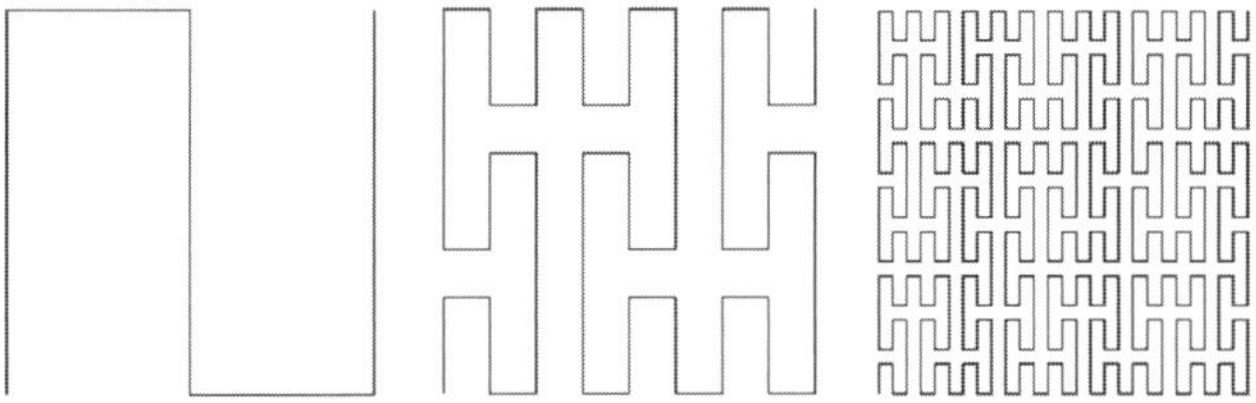

ヒルベルト版の空間充填曲線の最初の3回の反復。理論上、曲線を無限に複雑にしていくと、このたったひとつの曲線が正方形内のすべての点に接する。

ンを使って主に視覚的に研究を続けてきた数学者の一例だ。彼女は才能ある芸術家でもあり、数学分野においても、高次元における多様な幾何学、抽象的な図形や構造、さらには多角形の台の上でビリヤードの球がたどる経路（これは驚くほど複雑な数学の難問だ）といった実践的な問題について研究した。

ビジネスや投資では、たぶん双曲型の多次元のビリヤード台を視覚化する必要なんてないだろうけど、視覚化はものすごく重要な情報処理の方法だ。グラフのほうがスプレッドシートよりは説得力があってわかりやすいかもしれないし、新製品の生産ラインやクリティカル・パスを示すフローチャートは、プロセスを明確化するのに役立つだろう。視覚化は、時としてデータのなかにあるパターンを理解し、そのパターンを他者に説明する最強の手段になりうる。ただし、情報のねじ曲げには注意が必要だ。基線が0ではなくて数値の変化ばかり誇張しているグラフや、それぞれの集団の大きさを誤って表現しているベン図などはその例といえる。

このセクションでは、数学的な視覚化が引き起こす一般的な誤りの例をいくつか紹介してみたい。そうした誤りは、初めから数学的に考えないのと同じくらい危険なこともある。そうした情報のねじ曲げを理解するのは、相手の主張の穴に気づき、自分自身の主張を今までよりもはっきりと伝えるのにきっと役立つだろう。

たとえば、第2章で紹介したキリンの体長のグラフ（図10）を見てほしい。初めて第2章を読んだとき、きっとこの図が数学的に不正確だと気づいたはずだ。基線が0に設定されていないからだ。もし基線が0だったら、このグラフのキリンはほとんど体長差がないように見えていたはずだ。このグラフでいちばん体長の低いキリンは、いちばん体長の高いキリンの半分以下に見えるけれど、実際の体長は153〜181センチメートルの範囲に収まっている。このような描き方になっているのは、そのほうが面白いし劇的に見えるからだけれど、キリンの体長差を正確に描きたいなら、基線を0にして描き直す必要があっただろう。

0でない基線は、データの視覚的な表現が誤解につながる一般的な例のひとつだ。キリンの場合はたいした害もないけれど、営業部長が経営会議で図31を発表したらどうだろう。まるで売上がこの期間で倍になったような印象を受ける。よくよく見ると、本当は12・5％増加しただけなのだが……。なので、このグラフは不正確でかなり誇張した数値の伝え方だといえる。

営業部長はさらに劇的に見せるため、図32のような3次元の棒グラフを使って、上昇幅をより極端に見せるかもしれない。こういうグラフはいつだって色眼鏡で見たほうがいい。3次元効果によって実際の柱の高さに歪みが生じ、目盛りに対する棒グラフの高さが読み取りにくくなっているか

図31

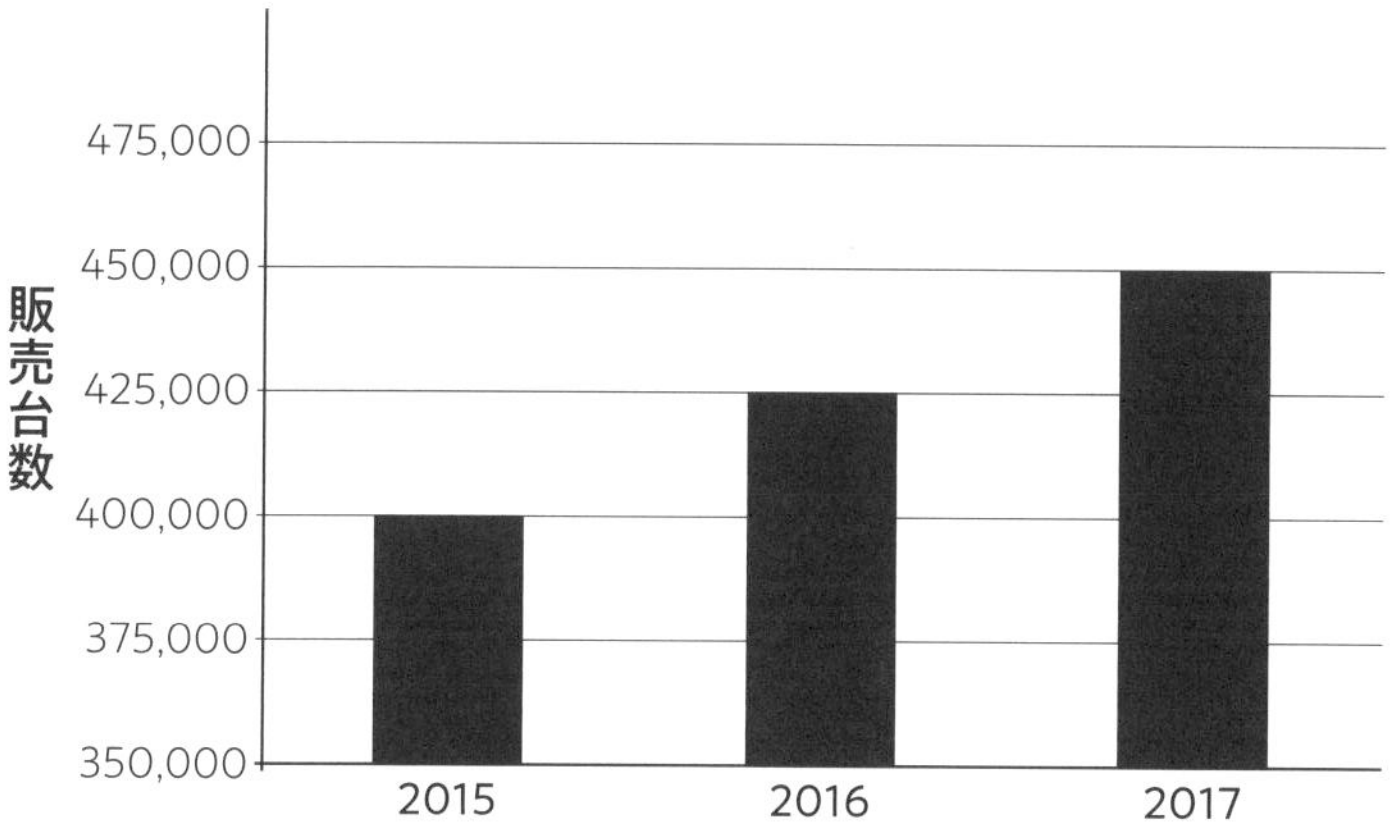

売上グラフ

図32

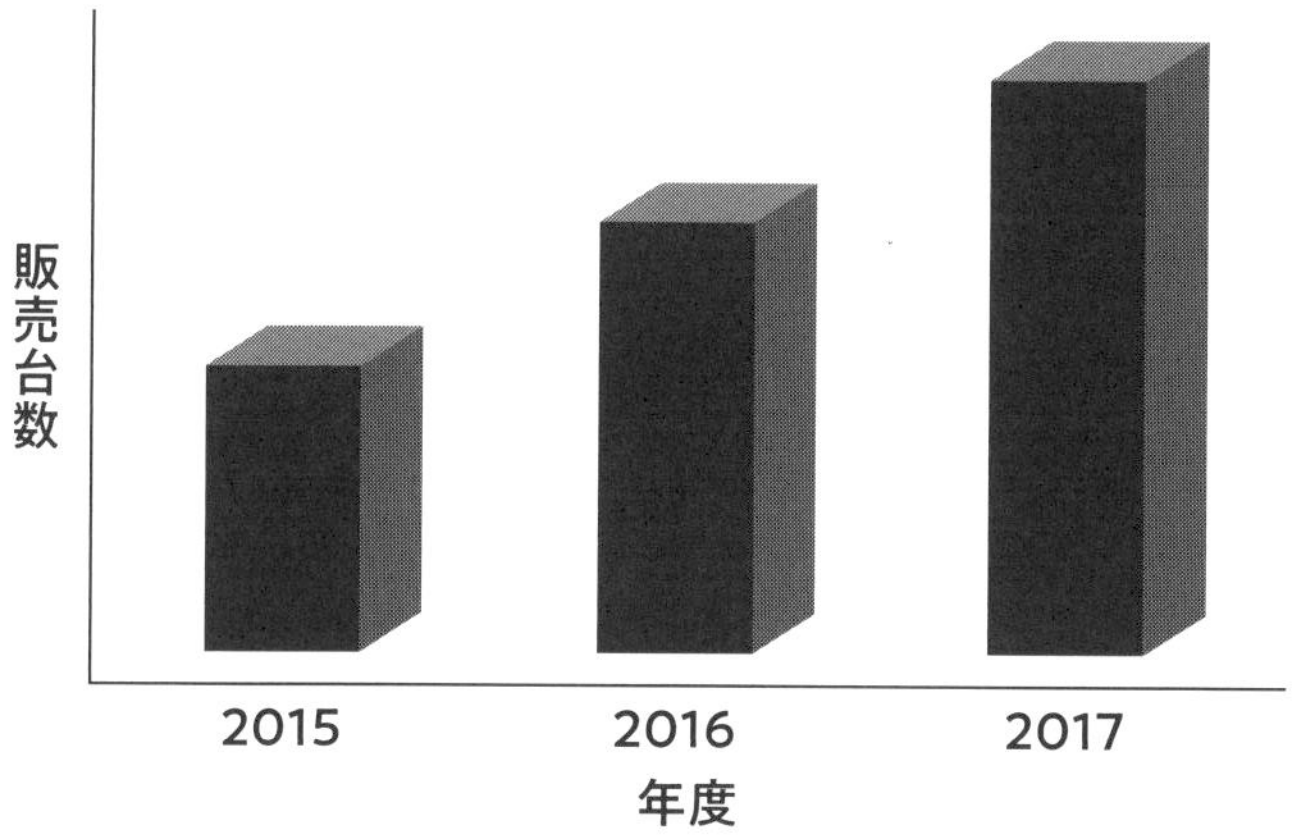

3次元の棒を使った売上グラフ

図33

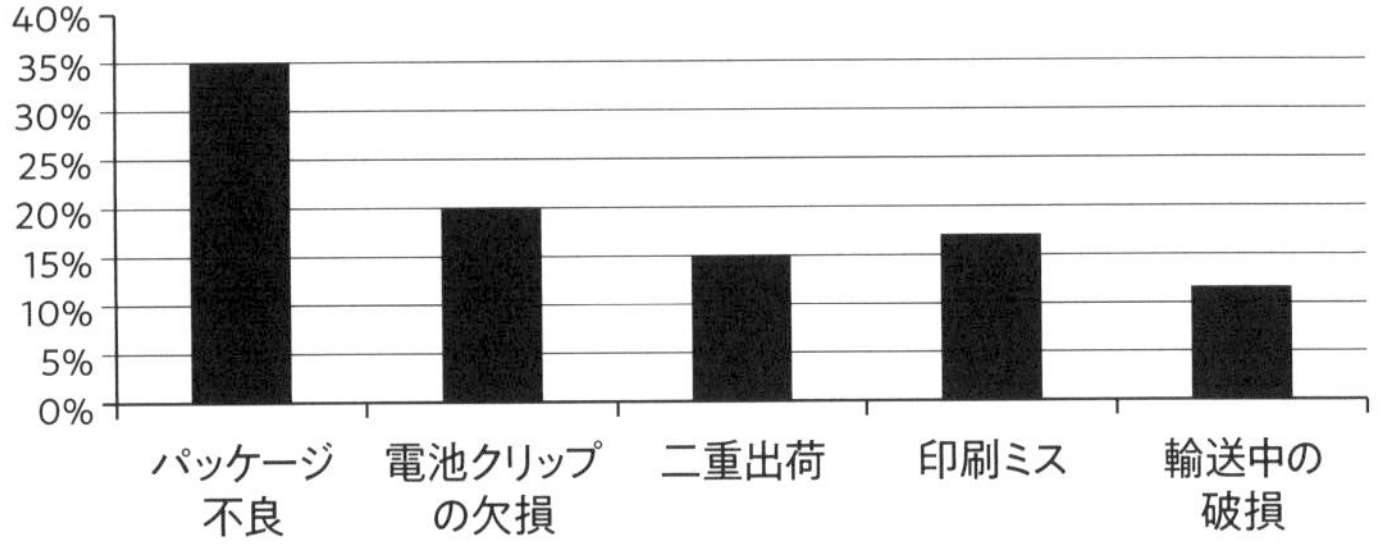

プラスチック・バナナズへの製品の返品理由の内訳

らだ。

数値がどういう文脈で提示されているかは必ず確かめたほうがいい。図33は架空の有限会社プラスチック・バナナズの製造部門が作成したグラフで、顧客の返品理由の内訳を示している。

この表現方法自体、あまり意味がない。たとえば、これだとまるで**全製品**の35%がパッケージ不良で返品されたように見える。このグラフを理解するには、そもそも返品率は全製品の何パーセントなのかという情報が必要だ。その割合が0・1%だとしたら、パッケージ不良による返品率はたった0・035%ということになり、大騒ぎするほどのことではないだろう。

また、提示されているデータがきちんと揃っているかどうかを考慮することも大事だ。さっきのずる賢い営業部長が営業成績をよく見せるため、図34のようなグラフを発表したとしよう。

数値に上昇傾向があることは否定しようがない。ところが、

図34

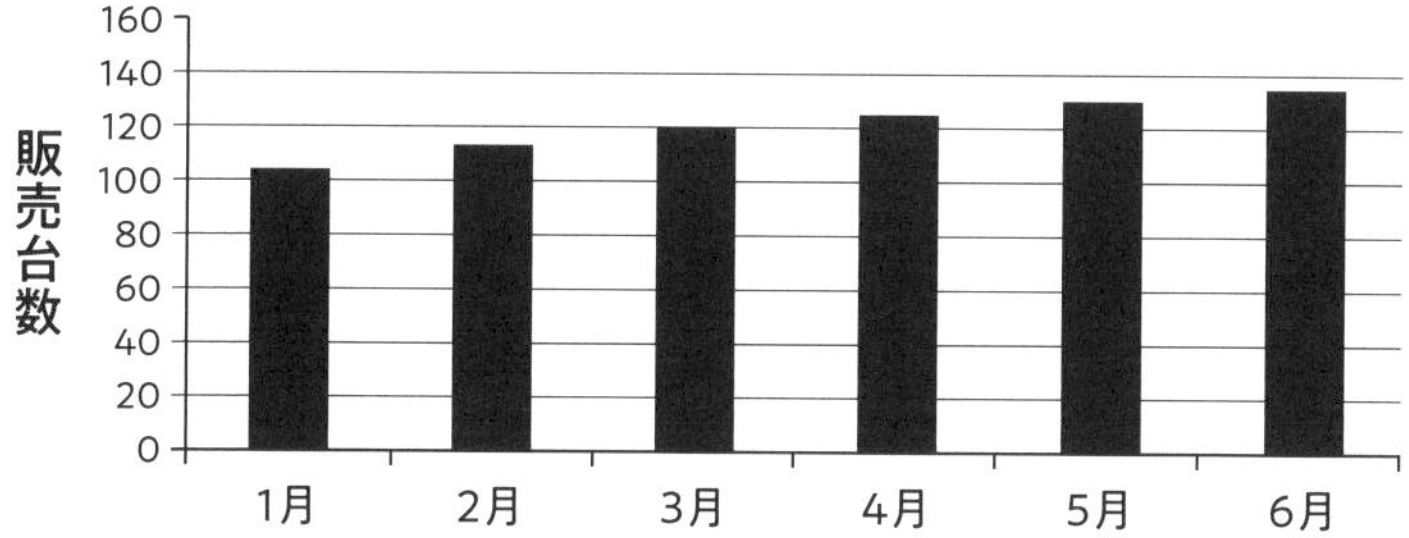

1月から6月までの売上

図35

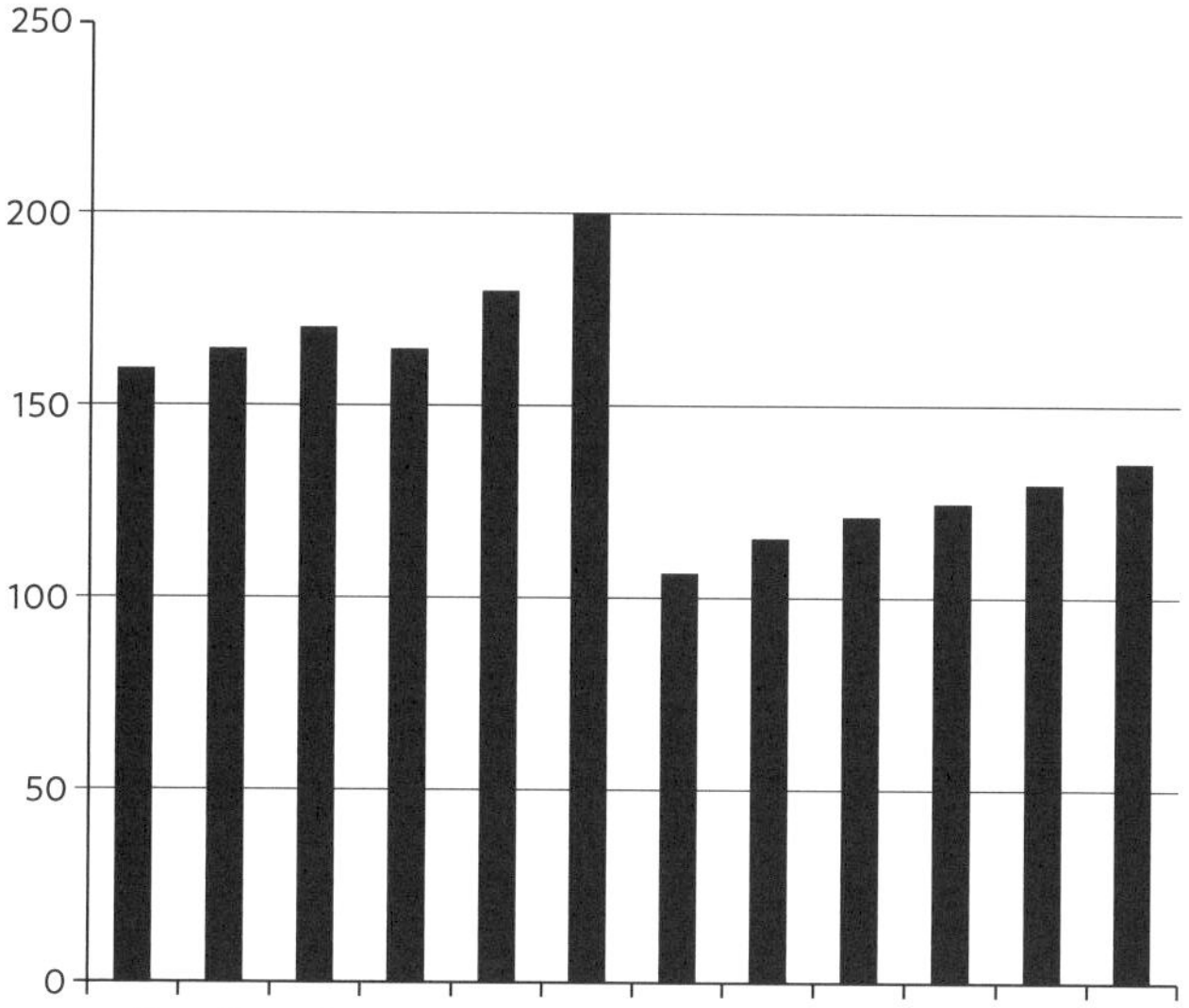

前年7月から今年6月までの12か月間の売上

図36

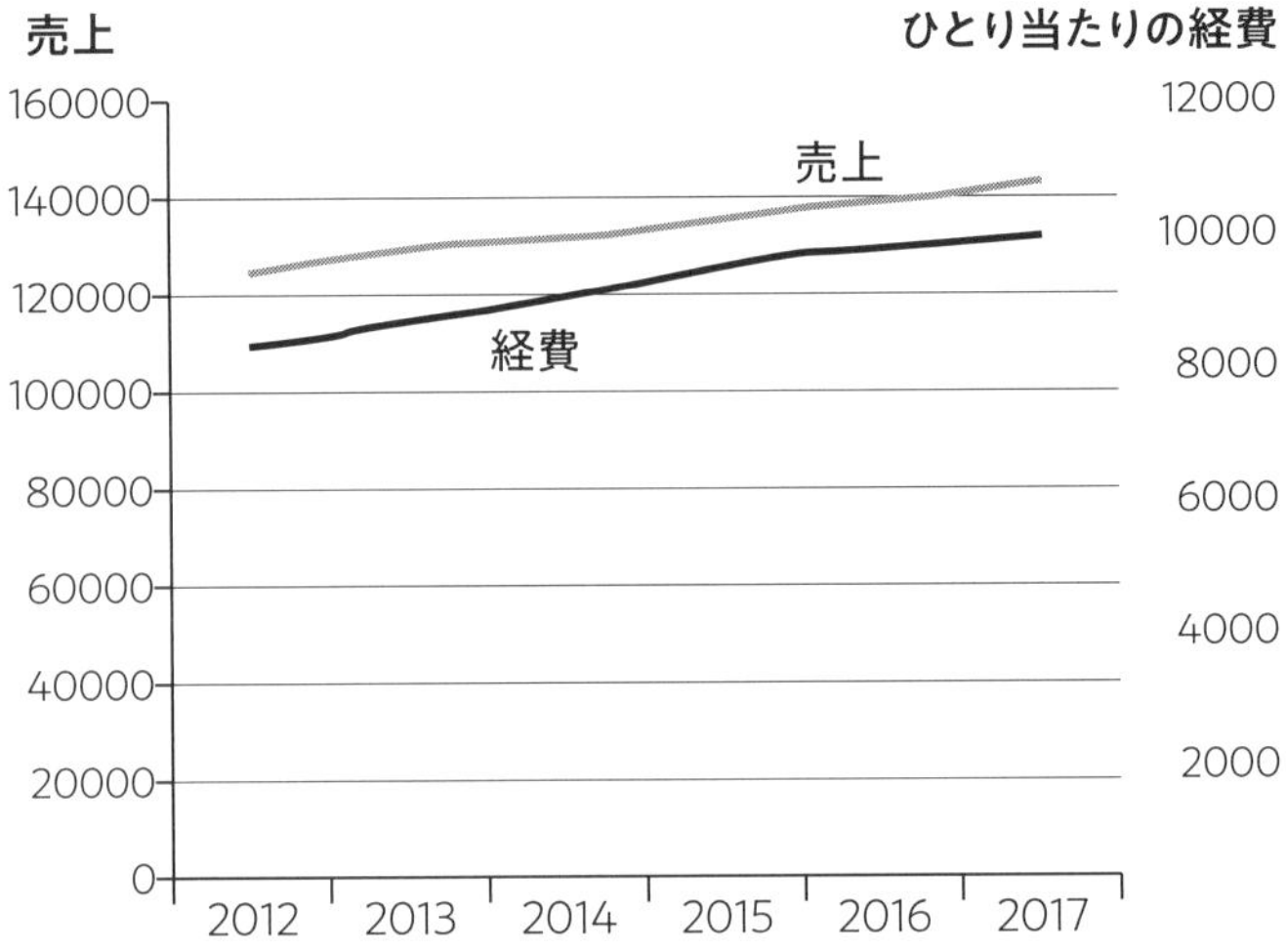

売上と経費のグラフ

これを図35に示した過去12か月間のグラフと比べてみてほしい。

こうして見ると、とたんに雲行きが怪しくなってくる。1月から売上が増加しているのは、1年でいちばん小売が落ち込む時期から夏にかけての段階的な回復傾向にすぎないのかもしれない。しかも、今年の6月の数値は、前年の夏の残りの月と比べてかなり悪く見える。実情を正確にとらえるには、はっきりと比較を行うため、過去数年分の数値全体を見るのが理想的だろう。ここでもやっぱり、データが多ければ多いほど、全体像は鮮明になっていくのだ。

図36もまた、軸に問題のあるグラフの例だ。ただしこの場合は、y軸がふたつあるところに問題がある。営業部長は、営業担当者の請求する経費の増加について問い詰

図37

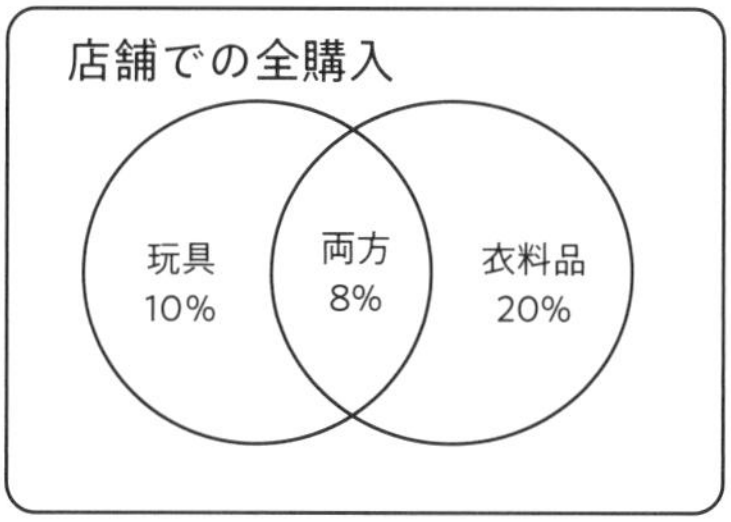

店舗購入に関する情報を示すベン図

められると、このグラフを根拠に持ち出してきて、経費と売上とのあいだには相関関係があると主張した。ところが、尺度の異なる2種類のy軸を使うことが、全体像をぼやかしている。実際、売上（上側の線）は約8%しか成長していないのに、営業担当者ひとり当たりの経費（下側の線）は約25%も増加している。おそらく、営業担当者ひとり当たりではなく経費の合計額で表現したほうがまだ理にかなっているだろう。

お次はベン図の構成に難がある例だ（図37）。ある店舗での玩具の購入者がついでに衣料品も購入して帰る頻度を示したものだ。ところが、まず数値の定義があいまいだし（なんの10%や20%?）、おまけに図全体に占める円の大きさが明らかにまぎらわしい。面積から判断すると、玩具の購入者のうち衣料品も購入する客は半分もいないように見えるけれど、数値を比較すると、玩具の購入者の80%が衣料品も購入しているとわかる。これまでのグラフと同じように、ベン図も正確に表現すれば理解の助けになるのだが、欠陥があると混乱を生むだけだ。

ヒント

正しく使えばグラフはあなたの味方になる

視覚化を積極的に使い、視覚的表現を正確にするすべを学ぼう。また、同僚（特にイヤな営業部長）が使う視覚化に、誤りやごまかしを見つけられるようになろう。

データに耳を傾ける（どれだけそれが退屈だとしても）

事実は時に退屈だ。たとえば、不動産を保有して賃貸したり、インデックス・ファンドに投資したりすることの長期的な価値は？　その計算は聞いていてあまり心躍るようなものではないけれど、こうした市場の長期的で揺るぎない値上がり傾向に耳を傾けている人々の多くが、成功をつかんできた。

不動産投資家のキャンディ兄弟の物語はその好例だ。ふたりは１９９５年にロンドンの不動産で初めて６０００ポンドのローンを組み、そのたった14年後、３億３０００万ポンドものポートフォリオを保有して、『サンデー・タイムズ』の長者番付入りを果たした。当然、運やタイミングの果たす役割も無視できない。１９９５年といえば、不動産価格はまだ長期的な平均を下回っていたが、その後、記録的な上昇を続けることになる。一方、１９８６年から１９９１年にかけてのバブル期の日本や、近年の不動産バブル崩壊前のアイルランドで不動産を購入していたら、はるかに壊滅的な結果が待ち受けていただろう。

ウォーレン・バフェットのもっとも成功した投資の多くは、平凡すぎるくらい平凡だ。それは、彼が入念なリサーチをし、数字や事実を見て、それを信頼しているからだ。同じことがビジネスでもしばしば成り立つ。企業にとってもまた、最善の戦略は時としてものすごく平凡だ。自社の得意とする中核業務をコツコツと続けるに越したことはないのだ。その業務の成果が時間とともにどう変化してきたかを数学的に理解すれば、その業務が長期的に実行可能なのか、それとも全面的な見直しが必要なのかがわかるだろう。そして、ランダム性やリスクを理解すれば、今採用しようとしている戦略が正しい賭けなのか、誤った賭けなのかを見極めやすくなる。

事実にじっくりと耳を傾けて大成功を果たしたもうひとりの人物が、バンカーズ・トラストの為替トレーダーのアンディー・クリーガーだ。1987年、32歳のとき、彼はニュージーランド・ドルに対する売りポジションを取って一攫千金をつかんだ。彼は疑う気持ちを押し殺し、データを信頼してそれを成し遂げた。当時、ブラック・マンデーの株価大暴落を受けて、多くの通貨がドルに対して値上がりを見せていた。巨額の資金がアメリカ・ドルからより安全と思える通貨に逃げていった。彼は当初の疑念を乗り越え、自身のデータ分析を信じた。それは、こうした通貨が過大評価の状態となり、アービトラージの機会が生じるという分析だった。

クリーガーはオプションを利用して、ニュージーランド・ドル(キーウィとも呼ばれる)に対して数億ドル相当の売りポジションを取った。結局、キーウィは最大5%も反落し、彼の雇い主たちは数百万ドルの利益をせしめた。その後、彼は同じく通貨の値下がりに賭けて巨万の富を得たジョージ・ソロスのもとで働くことになる。ただし、クリーガーはのちに、こうした行為が招きかねない被害について遺憾の意を表明しつづけている（この種の通貨の売り崩しを受けた小国の経済にとっては大打撃になる可能性があるので）。

マイケル・ルイスの著書『世紀の空売り』は、世界的な金融危機にいたる前の不動産担保証券やアメリカ住宅市場の状況に関するデータに耳を傾けた数人の資産家たちを描き出している。そうした資産家のひとり、ヘッジ・ファンド「サイオン・キャピタル」のマネジャーであるマイケル・バーリは、2005年にサブプライム市場を詳しく調べた。彼は過去3年間の住宅ローンの貸付手法について徹底的にデータを分析した結果、サブプライム市場が今にも弾ける寸前のバブル状態であると（正しく）結論づけた。彼はサブプライム・ローンに対するクレジット・デフォルト・スワップを売るようゴールドマン・サックスを説得し、あるときなど、彼が大きなまちがいを犯していると心配した投資家たちからの抵抗を強引に抑え込んだこともあった。案の定、サブプライム市場は暴落し、バーリは1億ドル、疑り深いその投資家たちは7億ドルもの利益を懐に収めるのである。

当然、市場の崩壊があと何年か遅れていたら、バーリはそうとう頭を抱えていただろう。なので、こうした巨大なリスクを冒すには、データに対する強い自信が必要になる。そして、訓話をお望みなら、巨大なリスクを冒して数百万ドルを失ったトレーダーや投資家の物語はいくらでもある。だが、この話の本当の教訓は別のところにある。1億ドルを儲ける方法なんてそうそう見つからないにせよ、数学的なデータを観察し、その声を信頼することさえできれば、より現実的な方法で日常的にお金を儲けることは、まちがいなくできる。
いずれにせよ、数学はウソをつかない。少なくともあなたの同僚よりは、真実を話している可能性はずっと高いのだ。

サンクトペテルブルクの宝くじを売る方法

ビジネスでは第一印象がとても大事だ。上司や同僚に契約のリストを見せるとき、いちばん儲かる契約ではなくいちばん儲からない契約を最初に持ってきたら、たぶんあまり興味を持ってくれないだろう。

第3章で、サンクトペテルブルクの宝くじを紹介した。1回目のコイン投げで表が出たら賞金は1ポンド、2回目で出たら2ポンド、3回目で出たら4ポンド、4回目で出たら8ポンド……と賞金が倍々になっていく宝くじを、いくらで購入するかという問題だ。大学時代、私はこの問題に基づく心理学実験を行った。対照群には今説明したとおりの問題を提示した。一方、実験群には別の伝え方をした。最初に表が出たのが10回目なら500ポンドの賞金がもらえ、11回目以降なら賞金がさらに倍々になっていくけれど、9回目以前に表が出たとしても、250ポンドから1ポンドまでの残念賞がもらえる。

面白いことに、オファーの条件はふたつ目の実験群のほうがほんの少し悪いにもかかわらず、実験群のほうが対照群よりも平均60％も多く参加料を支払うことがわかった。結論は？　数値を提示するときは、買い手に高額の賞金を初めにちらつかせるほうが、その逆よりも心理的戦略として有効だということだ。だからこそ、世の人々はそもそも宝くじを買うのである。億万長者になれるという夢のほうが、そんなことは万にひとつだってありえないという知識よりもずっと強力だ。1ポンドのスクラッチカードで2ポンド当選してほっこりしている人を描いた宝くじの広告なんて、生まれてこのかた見たことがない。

逆に、もっと合理的な理由で、あえて負け勝負をする人々もいる。保険は、ほかのいろんなビジネスと同様、実際にかかるコスト以上でモノを売っている。保険会社は顧客から受け取る額よりも払い戻す額のほうが少なくなるという確信のもと、保険料の水準を定めている。でなければ儲かるわけがない。では、なぜ人はそうとわかっていて保険商品を購入するのだろう？

実のところ、住宅保険や自動車保険に入る場合、受け取る額よりも支払う額のほうが多いかどうかなんて関係ない。まんがいち最悪中の最悪の出来事が起きたとしても破産しないという安心感の効用は、そのコストよりも大きいのだ。理論上、住宅が燃えたり車が盗まれたりしても自分で負担を背負える億万長者なら、無保険も理にかなっているだろう。一生涯で考えれば、保険をかけないほうが結局は得をするからだ。残りのほとんどの人にとっては、保険は確かに負け勝負だけれど、する価値のある負け勝負なのだ。

商談における必須教養「水増し」の数学的テクニック

私は昔の仕事で、顧客や納入業者と取っ替え引っ替え顔を合わせる見本市へとよく出張していた。初めのころ、私は上司から自社製品の推定価格を見積もるために「見本市向けの数学」を使いなさい、とアドバイスされた。最初、何を言っているのかよくわからなかったので、商談の合間に詳しくたずねてみた。すると上司は、営業担当者にとって特に大事なのは、暗算を使って見積もりを出すコツを十分に身につけることなのだと説明してくれた。

たとえば、製造原価が通常1・75ポンドのとある製品では、30％前後の利ざやを得る必要があった（利ざや m を計算するには、受け取った価格（つまり販売価格）s から製造原価 p を引き、その値を受け取った価格に対するパーセンテージとして表現する。つまり、式にすれば $\frac{100(s-p)}{s}=m$ で、式を変形すると $s=\frac{100p}{(100-m)}$ となる。よって、たとえば製造原価1・75ポンドに利ざや30％を正確に上乗せしたいなら、7で割って10を掛ければよいので、2・50ポンドとなる）。

顧客が私の見積もった製品とは別の仕様を求めてきたら、たとえば製造原価を10％増しに調整し、販売価格のおおまかな見積もりを出す。こんな計算をその場でしようとすると焦りがちだけれど、私はいくつかのショートカットを使いはじめたおかげで、よりすばやく自信をもって計算できるようになった。10％を上乗せするには、製造原価を頭のなかで多めに見積もって2・00ポンドとし、そこに3/2を掛けて3・00ポンドと販売価格を弾き出す。正確な値は2・75ポンドだけれど、少なくともその場でおおまかな見積もりを出すことはできる（そのうえで、「のちほどより正確な見積もりをお出しします」と約束すればいい）。

私の使ったショートカットでは、いずれも価格を少しだけ水増しした点に注意してほしい。見本市向けの数学では、数値を逆方向に水増しすることだけは避けないといけない。もし、たとえば4/3を掛けていたら、見積もりは2・66ポンドとあまりにも安すぎるオファーになり、あとでオファーを撤回して顧客をがっかりさせるはめになっただろう。むしろ、少し高めに見積もっておいて、交渉で少しずつ下げていくほうがその逆よりもよい。同じように、私が製品の購入のオファーをする立場だったら、少し低めに見積もり、ミスの余地を残しただろう。

これにはコツがある。本来掛けるべき比率を知ったうえで、それよりも少しだけ余裕を持った値を掛ければいい。たとえば、この場合、10/7を掛けるというのが正しい比率だ。3/2を掛けるというのは、それよりも少しだけ過大だ。少し考えれば、3/2は10.5/7に等しいということがわかるからだ。一方、4/3と10/7を比較する場合は、分母を最小公倍数の21に揃え、28/21と30/21を比較すればいい。すると、4/3を掛けるのでは少なすぎるとわかる。

水増しは、慎重に使えばいろいろなビジネス・シーンで役立つ原則だ。たとえば、さっきの企業では、ヨーロッパ、中国、アメリカで製品を製造し、世界じゅうで販売していた。私たちは製造原価を予測するため、外国の通貨で見積もられた製造原価に5%を上乗せし、外国の通貨で支払われる請求書に対する予想収益から5%を差し引いた。こうすれば為替の変動から利ざやを守れるし、為替が変動しなければ、最終結果を予想と比べたときにうれしい驚きがある。もちろん、水増しが過剰だと、有望なはずの契約から手を引くべきだと思ってしまったり、高すぎる見積もりを出してせっかくの商談がパーになってしまったりするかもしれない。なので、この戦略には多少の常識と柔軟性が必要なのだ。

同じように、配管工や自動車修理工が部品の必要な仕事の見積もりを出すときは、実際の費用を水増ししていることが多い。この場合、値下げ交渉を行って、作業代につけ加えられる部品の正確な価格を決めるといいだろう。

水増しは投資においても賢明な戦略だ。ひとつ目に、楽観的すぎる予測から身を守れる。ふたつ目に、投資家がこうむるコストのひとつとして、ブローカーが取引ごとに徴収する歩合や手数料がある。資産を売り買いする安価な方法がどんどん増えているとはいえ、手数料はバカにならない。最後に、逆指値注文や成行注文といった仕組みのせいで、本来得られるはずの正確な価格が得られるとはかぎらない。こうした注文があなたの目標価格と食い違う買い注文で満たされることもあるからだ。ここでもやはり、当初の予測を水増ししていれば、悪い結果から身を守れるだろう。

ヒント

仕事で発揮される暗算のパワー

複雑な計算の妥当な見積もりを出せるよう、暗算の練習をしておこう。慌ただしい現場で働いているなら、おおまかな数値を一瞬で出せる暗算の能力が有利に働くかもしれない。また、会議でスプレッドシートや原価計算を提示されたときも、暗算の能力は役立つ。議論中にプロジェクトの総費用をすばやく計算できる能力は、あっても決して害にはならない。

ゲームを理論する
——交渉で最大利得を獲得する方法

第4章のケインズの美人投票に関する話で、**ゲーム理論**について少しだけ触れた。ハンガリーの変わり者の数学者ジョン・フォン・ノイマンは、ゲーム理論の生みの親として記憶されている。[*]ゲーム理論を考案するきっかけとなったのは、ポーカーへの関心や、不完全な情報しか持たない人々の意思決定の方法に対する興味だった。ゲーム理論には交渉の仕組みに関する面白い教訓が満載なので、あなたがどんなビジネスを営んでいるにしろ、基本的なゲーム理論を学んでおく価値はあると思う。

ゲーム理論では、あるゲームにおいて各々のプレイヤーが下せる意思決定はマトリックスによって表現される。たとえば、ボブがジェニーからいくらで家を買うかについて、合意を結ばなければならないとしよう。ボブとジェニーの2種類の戦略から期待される家の価格は、図38に示したとお

図38

ジェニー ＼ ボブ	1	2
1	7	6
2	6	4

ボブとジェニーが採用した戦略に応じて支払われる家の価格

りだ。

多くのシンプルなゲームにおいて、**ミニマックス定理**が成り立つ。これは相手の最大の利益が最小になるような戦略を選ぶべきであるということを述べた定理だ。この図の例の場合、ボブは7を支払わなくてすむ戦略2を選び、ジェニーは4しか受け取れないということがなくてすむ戦略1を選ぶことになる。このふたつの戦略が交わるマスを見てみると、このゲームの解は「ボブがジェニーに6を支払う」だとわかる。

最善の交渉方法を決めるのにも、同じような戦略表が使える。多くの場合、プレイヤーが選択する順序を考慮することが重要になる。たとえば、図39の戦略表を見てみよう。いずれの場合も、数値は各プレイヤーが受け取る金額を表わす(左上のマスの「3, 4」は、キャロルが3、アリスが4を受け取る状況を表わす)。

最初にプレイするアリスは、戦略1を選べば最善の結果(4)

＊細かくいうと、実際にはフランスの数学者エミール・ボレルのほうが早くゲーム理論に関する論文を発表していたのだが、理論的な枠組みを確立したのはフォン・ノイマンの研究だ。

図39

キャロル ＼ アリス	1	2
1	3, 4	4, 3
2	0, 0	0, 0

プレイの順序によって交渉の結果が決まるケース

図40

ティム ＼ ベティ	1	2
1	0, 0	2, -1
2	0, 0	1, 1

ティムはベティに戦略2を選ぶよう説得できるか?

が得られるように見える。しかし、キャロルがアリスに「あなたが戦略1を選んだら、私は戦略2を選ぶ」と脅しをかけ、アリスがその脅しははったりでないと思えば、キャロルはアリスに無理やり戦略2を選ばせ、3ではなく4の利益を得られる。一方、キャロルが先手なら、確実に3を得られるだけだ。

次に、別の交渉の状況について考えてみよう（図40を参照）。後手のティムは、戦略2を選べば総合的に最善の結果を得られる（右上のマスの「2, -1」は、ティムが2、ベテ

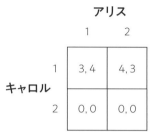

ィが-1を受け取る状況を表わす)。でも、それはベティが先に戦略2を選んでくれるよう説得できた場合の話だ。そこで、ティムはベティに、「君が先に戦略2を選んでくれたら、僕は欲張って戦略1を選んだりはしない」と約束するのが得だ。でなければ、ベティは損失を回避するために戦略1を選び、結局どっちも利益をあげられなくなる。

明らかに、実世界のほとんどの交渉はこの図に示したものよりもはるかに複雑だ。それでも、ゲーム理論の知識は、限られた選択肢のなかで最善の結果を引き出す方法を理解するのに役立つ。また、交渉のしかたや、どちらが「先手」(最初のオファーなど)を握るかが結果に大きな影響を及ぼすということも覚えておこう。

富の分配における身も蓋もない話
――ジニ係数とパレートの法則

本書の前半で、金持ちのほうが貧乏人よりもお金を儲けやすい理由をいくつか紹介した。金持ち対貧乏人のカジノ勝負では、貧乏人のほうが破産する可能性がずっと高かった。それに、不動産や株式などの資産価値がこの数十年間で上昇してきたことを踏まえると、投資するための資金をたくさん持っている人ほど、富を大きく増やすのに有利であることは明白だ。複雑なことをしなくても、ただ長期資産に資金を投資していれば勝手に増えていくからだ。なので、「億万長者になる最善の方法は?」と訊かれたら、「お金持ちの状態から始めること」と答えるのが実はいちばん誠実なア

表7｜10人（A～J）での5通りの所得の分配方法

	1	2	3	4	5
A	10,000	5,000	3,000	2,000	0
B	10,000	6,000	3,000	2,000	0
C	10,000	7,000	3,000	3,000	0
D	10,000	8,000	4,000	3,000	0
E	10,000	9,000	5,000	3,000	0
F	10,000	10,000	7,000	5,000	0
G	10,000	12,000	10,000	6,000	0
H	10,000	12,000	14,000	12,000	0
I	10,000	14,000	21,000	24,000	0
J	10,000	17,000	30,000	40,000	100,000

ドバイスとなる。*

富の分配を測定するのに使われる数学的モデルはいくつかある。ある国の富の格差を測る標準的な指標が**ジニ係数**だ。所得が合計10万ポンドの、人口10人の国を想像してほしい。所得の分配方法として5通りが考えられる（表7を参照）。左側の列のアルファベットは個人（または人々の集団でもいい）、各列の上にある数字は分配パターンを表わす。

表7の10人を所得が少ない順に並べ、累積的な所得をグラフにプロットすると、図41のようなグラフになる。

図41

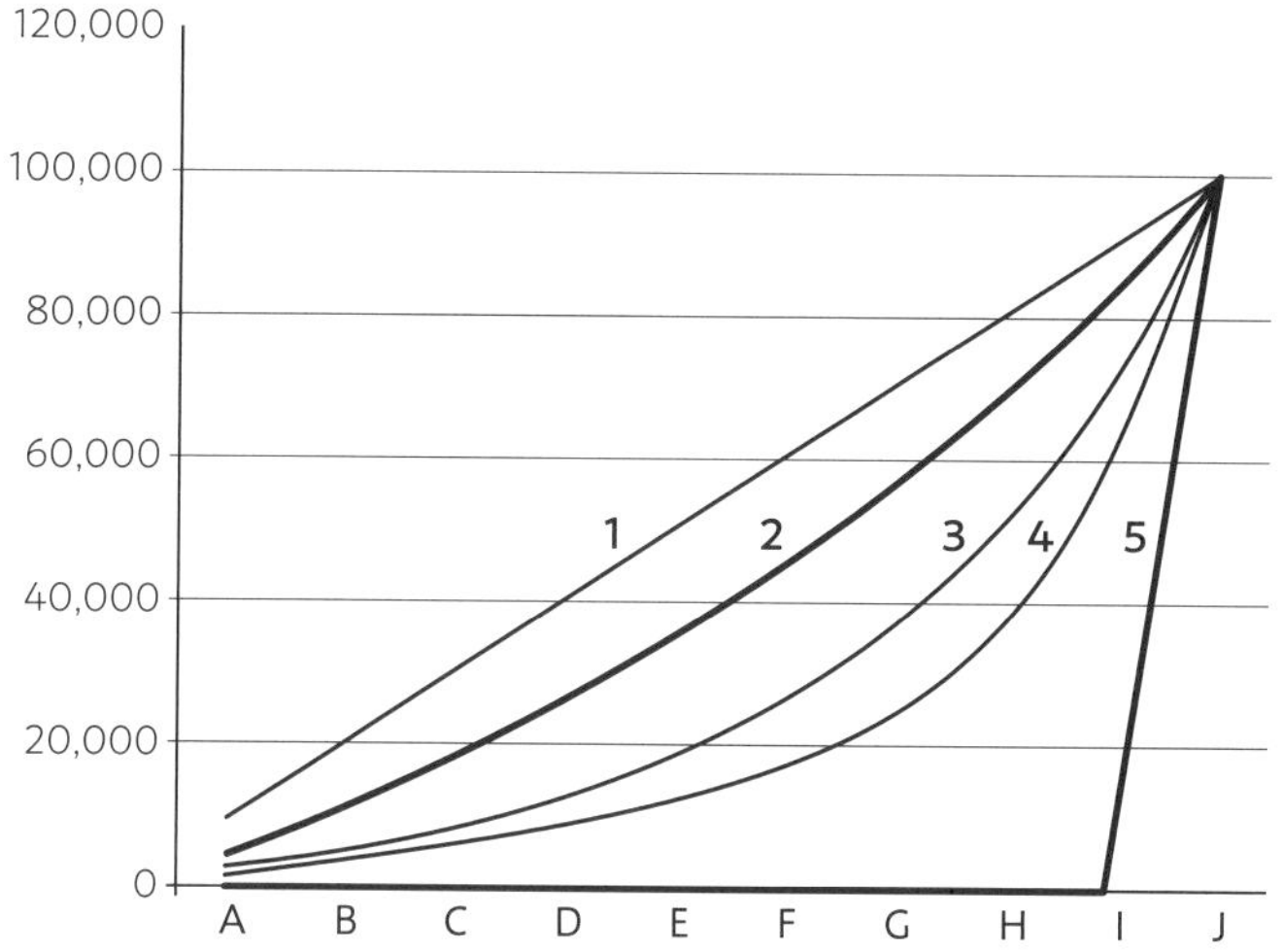

富の分配のグラフ。5種類の分配パターンにおけるA〜Jの累積的な所得。

ジニ係数は、1番の線（完全に収入が平等）と5番の線（分配がまったく平等でない）に囲まれた面積を100％として扱う。そして、ほかの曲線では、その曲線といちばん左側の直線とのあいだに全面積の何パーセントが含まれるかを測る。そうして算出される数値が格差の指標となる。ジニ係数が100％に近ければ近いほど、その社会は不平等といえる。言うまでもないけれど、この指標自体はその社会の豊かさについては何も言っていないという点に注意が必要だ。実際、金持ちがほとんどいない貧困国ほど、必然的に富の再分配は平等に近くなるという主張には説得力があ

＊このアドバイスにはいくつかのバリエーションがあって、映画制作会社にはこんな定番のジョークがある。「映画でちょっとした金を稼ぐにはどうしたらいいだろうね？」「大金を持って始めることさ」

る。しかし、ジニ係数はある国の時間的な格差の推移を測ったり、似た国々と格差を比較したりするのには便利だ。

富を分析するもうひとつの方法が**パレートの法則**だ。この法則の名称の由来となったイタリアの経済学者ヴィルフレド・パレートは、自身の菜園のエンドウ豆の80％が20％のサヤから取れることに気づいた。その後、彼はこの80対20の分配がほかのいろんな状況で成り立ち、特に社会における富の分配方法を測るよい物差しになることを証明した。一般的に、富の80％は全人口の20％の人々に属する傾向がある。

より一般化すると、パレートの法則とは、人生の多くの物事は分配が均等でなく、特にインプットの20％が結果の80％を生み出しているという見解である。この考え方はいろいろと応用がきく。まず、20％の従業員が生産性の80％を生み出していて、顧客の20％が収益の80％をもたらしている（当然、この結果は企業の運営方法に明白な影響を及ぼすだろう）。ＩＴ企業では、システムで発生したバグのうち、重大なものから順に20％を修復すれば、クラッシュの80％を防げるといわれている。

職場でいうと、パレートの法則は時間の管理に応用できる。もっとも有望な20％のプロジェクトが最終的な成功の80％を占めるのに、私たちは広範囲のプロジェクトに薄く広く手を広げてしまいがちだ。

ちなみに、パレートの法則はあくまで経験則にすぎず、必ずしも80と20で足して１００になるから80対20の法則と呼ばれているわけではない、という点に注意してほしい。ふたつの数字は別々のものを測っているので、たとえば、あるシステムのアウトプットの80％がインプットの10％や30％の結果であったり、アウトプットの75％がインプットの20％の結果であったりしてもぜんぜんおかしくない。

パレートの法則が本当にすばらしいのは、そうしたパターンをグラフにプロットすると、べき乗分布に従うという点だ。つまり、分布の任意の部分が分布全体に対する自己相似性を示すという点で、フラクタルのようにふるまうのである。たとえば、全人口の20％が富の80％を保有しているとすると、その20％の富裕層のそのまた20％が富裕層の富の80％を保有している傾向がある。言い換えるなら、全人口の4％が富の64％を保有しているわけだ。さらに、0・8％が51・2％を保有していて……と以下同様に続く。図42は、下位80％の人々の上位20％が上位20％の人々の下位80％と同じ富（合計16％）を保有していることを示している（実際には、曲線の隣接したふたつの区間のあいだには微妙な傾斜があるので、この法則はあくまで経験則にすぎない。たとえば、下位80％の人々の上位20％がGDPの15％を稼いでいて、上位20％の人々の下位80％が17％を稼いでいる、とかいう可能性が高いだろう）。

べき乗分布のもうひとつの際立った特徴は、「ロングテール」（長い尾）を持つことが多いという点だ。簡単にいうと、多種類の製品を製造している企業は、ごく一部の製品がベストセラーなだけで、残りの多くの製品はどんどん売上が少なくなっていくということだ。しかし、全体的な視点から見ると、ロングテールにはメリットもある。ロングテールを構成する製品群は、個々に見れば売

図42

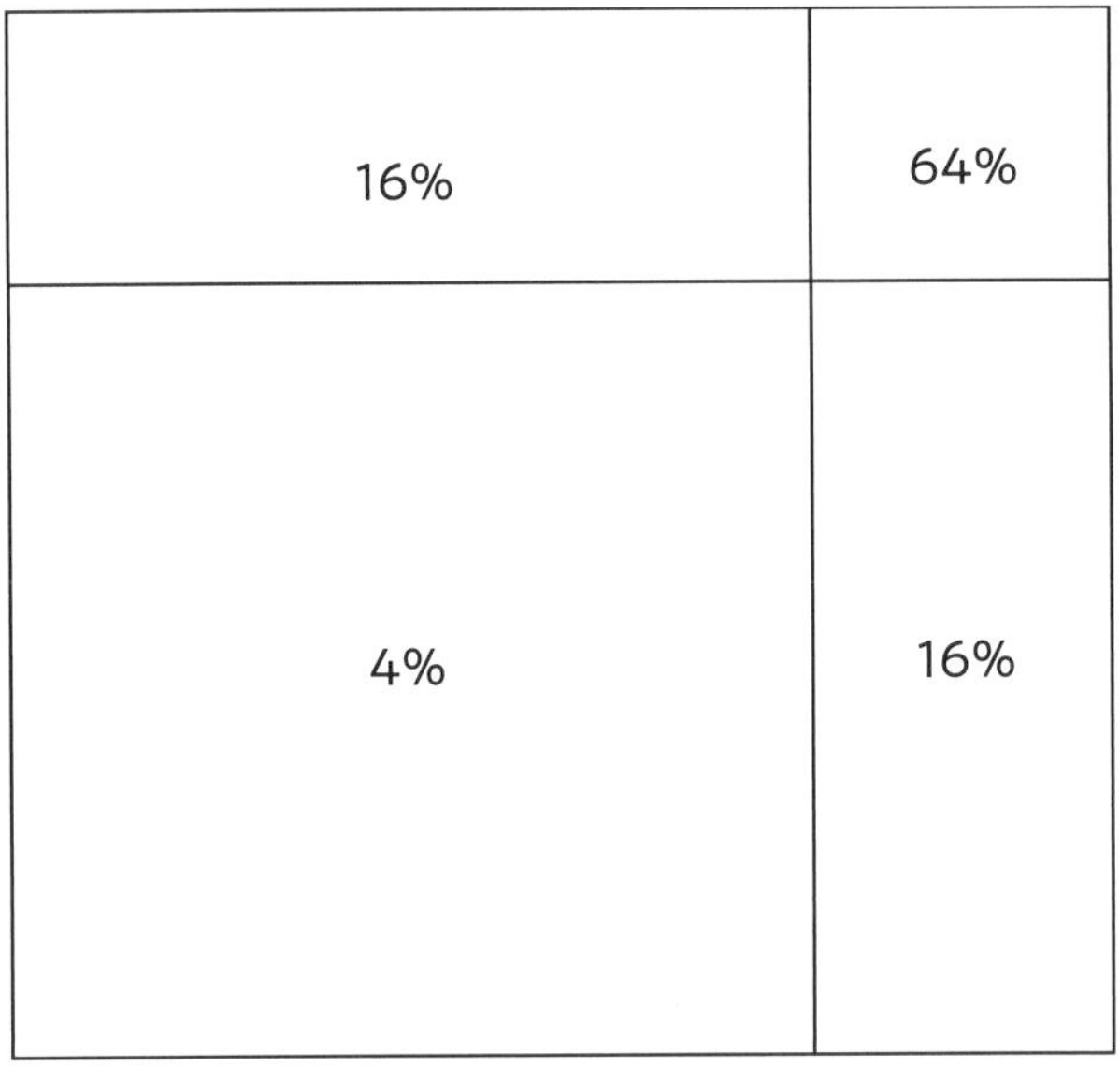

この画像の各領域の面積は、全人口に対する割合を示す。全人口の下位64%が富の4%を保有する。左上と右下の16%の人々がそれぞれ富の約16%ずつを保有し、全人口の上位4%が富の64%を保有する。

上は少ないが、その売上を合計すると、ヒット商品を上回るのだ。ヒット商品が出ずに苦労していたとしても、そうしたニッチな製品群が貴重な売上をもたらしつづけてくれるのだ。

なので、80対20の法則を聞くと、「人生はなんて不公平なんだろう」と気が塞ぎ込んでしまうけれど、人生や仕事のいろいろな側面に対する考え方に関して、貴重な教訓を与えてくれることはまちがいないのだ。

ヒント

パレートの法則をお金儲けに使うには？

お金儲けに関して、パレートの法則から学ぶべき最大の教訓がある。あなたが富の分配グラフのどの地点にいるのであれ、そしてどうやって生計を立てようとしているのであれ、いちばん生産性が高い活動にもっと多くの割合の時間を捧げることはできないか、といつも自問するべき、ということだ。

とはいえ、いちばん有益な活動を前もって見分けるのはそう簡単ではない。ある取締役会議に出席したとき、ひとりの社外取締役（感じのいい人だったけれどお世辞にも切れ者タイプではなかった）が、よかれと思ってこんな質問をした。一握りの製品が利益の大部分を生み出しているんなら、どうしてわざわざほかの製品なんてつくる必要があるんだ？ベストセラー製品だけつくっていればよくない？　その答えは明白だ。つくってみるまで、誰もどの製品がヒットするかなんてわからないからだ。

レバレッジのメリット、デメリット

あなたがたまたま大金持ちでもないかぎり、人生のいつかの時点で借金に頼る必要が出てくるかもしれない。たとえば、ローンで車や住宅を買うとき、または信用取引口座で株式を買うときには、

レバレッジを用いている。レバレッジはヘッジ・ファンドをはじめとする金融機関にとって重要なツールでもあり、簡単にいえば投資している金額の何割を借りたお金でまかなっているかを指す。

レバレッジは、リスクと潜在的な利益、その両方を増加させるという事実を押さえておくことが肝要だ。20万ポンドの住宅に対して頭金2万ポンドを支払ったとすると、購入価格の10%を支払った計算になるので、その住宅の購入に10対1のレバレッジをきかせたことになる（レバレッジという言葉は「てこ《レバー》」に由来し、てこの力を利用して本来の何倍もの重量を持ち上げる様子を指している）。

レバレッジのメリットは、本来なら経済的に不可能な購入を行い、利益を何倍にも膨らませられることだ。さっきの住宅の価格が10%上昇して22万ポンドになったら、あなたは実際の投資額に対して100%の利益をあげたことになる。デメリットは、損失も同じく膨らむ可能性があることだ。住宅の価値が15%下落して17万ポンドになったら、初期投資の2万ポンドがパーになった挙げ句、さらに住宅の価値が未払いの負債より1万ポンドも低くなったことになる。だからこそ、ひとたび住宅価格の暴落が起きると、多くの人々が**ネガティブ・エクイティ**（マイナス資産）の状態に陥り、家を売るに売れなくなるのだ（あるいは、家を売るために余分なお金を支払わざるをえなくなる）。

ヘッジ・ファンドはレバレッジを用いて、価値が微増すると踏んだ資産に対して巨額のポジションを取り、小さな利益を巨大な利益へと膨らませる（ただし、予想がはずれれば深刻な損失を負うリスクがある）。だからこそ、ヘッジ・ファンドの平均寿命はたったの5年くらいしかないのだ。高いレバレッジをきかせたポジションがまずい方向へと動くと、多くのヘッジ・ファンドが投資家たちを置き去りにして倒産してしまう。

レバレッジは企業を評価する際にも重要だ。自己資本利益率、負債比率、使用資本利益率といった統計はみんな、その企業がどれだけお金を借りていて、そのお金をどれだけうまく投資しているかを評価するための指標だ。ある企業の投資の高い割合が借りたお金でまかなわれているとき、その企業はレバレッジが高いと表現される。これは時に危険信号にもなりうる。その企業が借金に頼りすぎ、過剰なリスクにさらされているというひとつのサインだからだ。

未払いの負債があり、残高や適切なローンの支払額を計算したい場合、これもやっぱりお金の時間的価値の問題の一例といえる（第4章を参照）。ローン残高の計算方法は、**年金《アニュイティ》の現在価値**の計算式を用いるのが標準的だ。計算式の一例は次のとおり。

$$\text{現在価値} = P\left[\frac{1-(1+r)^{-n}}{r}\right]$$

ここで、Pは定期的な支払額、rは期間当たりの金利、nは期間の数。この計算は、（1）定期的な支払額と金利が一定、（2）最初の支払いが1期間後、という仮定に基づいている。

ローンの構成に応じて、ほかにもいくつかのバリエーションがある。そのすべてをここで説明する気はないけれど、初歩的な簿記の教科書を見れば、そうした計算に使える数式が網羅されているだろう。

ヒント

資産にレバレッジをきかせるために考えるべきこと

どんな形であれローンを組むなら、レバレッジはどれくらいなのか、最悪のシナリオとはどんなものなのかを理解しよう。それから、ヘッジ・ファンドを信頼しすぎるのはよくない。成功例ばかりがよく知られているけれど、その裏では、高レバレッジなギャンブルで大損を出し（必ずしもファンド・マネジャーではなく、投資家に対して）、廃業に追い込まれたヘッジ・ファンドは数知れない。

悪名高い「78分法」から学ぶべき教訓

現代の会計システムが登場する前、ローン残高を計算するのに今よりも桁違いに不公平な手法が使われていた。現在ではイギリス、アメリカなど多くの国々で禁止されている78分法《しちはち》（Rule of 78）は、貸し手に有利な方法で残高を計算するのに使われたシステムのひとつだ（Rule of 78sとも言う）。

５０００ポンドのローンに対し、１年間の合計利息５００ポンドで合意したとしよう。単純な利息のローンであれば、返済額は1年にわたって均等に分割される。つまり、返済額５５００ポンドを12で割って$\frac{5500}{12}$＝４５８・３３ポンドが毎月の返済額、うち41・６６ポンドが利息分だ。３か月が過ぎたあと、ローンの残高を一括返済すると、銀行は最初の３か月分の利息（１２５ポンド）だけを懐に収めることになる。

ところが、78分法の仕組みはちがう。このシステムでは、1年間のローンに対し、ローンの初期の返済額に利息が積み重ねられていく。12か月分の利息が初月に、残り11か月分の利息が2か月目に……という具合だ。つまり、利息は

12＋11＋10＋9＋8＋7＋6＋5＋4＋3＋2＋1
＝78マス

に分割される。同じように、2年間のローンなら、利息は

24＋23＋22＋…＋3＋2＋1＝300マス

に分割される。

さて、借り手が3か月過ぎたあとにローンを一括返済したくなったら、貸し手は最初の3か月分に相当する利息のマスを合計し、その間の利息の額を計算する。

12＋11＋10＝33

よって、借り手は$500 \times \frac{33}{78} = 211.54$ポンドを請求される。

1年の4分の1の期間で全体の半分近い利息が取られるわけだから、明らかにこの方式はあまりにも不公平であり、やがて悪徳な手口とみなされるようになったけれど、残念なことに、今でも高利貸しのあいだではしょっちゅう使われる。この話の教訓は、返済額の計算方法を理解しないまま決してお金を借りたりなんかしてはいけないということだ。

第7章のまとめ

生産性を高める

①数学的思考と暗記能力はとりわけ、仕事を正確にこなし、職場で成功をつかむのに役立つ。

②なるべく高品質なデータを集め、少量のデータから結論を導き出さないようにしよう。特に、まぐれの影響には要注意。

③視覚化は正確に使えばすごく有効なツールだ。まぎらわしい視覚化は「百害あって一利なし」なので、ほかの人のつくったグラフや図表を見るときはよく注意しよう。

④ゲーム理論を学べば、交渉の基本原理について深く理解できる。

⑤仕事のいちばん生産性が高い部分になるべく多くの時間を費やそう。

⑥お金を借りようとしているときはよく注意し、返済額の計算方法や合計額を確かめよう。

第8章

賞金を稼ぐ

数学における歴史的難問を解く

アリスはわらった。

「やるだけムダだわ。だって、ありえないことなんて信じられないもん」

「どうやら、練習がたりないようだわね」と女王さまはいった。

「わたくしがあなたとおなじ年のころは、1日半時間は練習したものです。そう、朝ごはんのまえに、ありえぬことを6つも信じこんだりして」

――ルイス・キャロル『鏡の国のアリス』

ちょっとした余興として、最終章ではもう少し複雑な数学的難問と、その難問に懸けられることのある賞金について見ていこう。ただし、本題に入る前にひとつ警告を。本章で説明している問題のなかには、恐ろしく複雑なものもある。また、「言うは易《やす》く解くは難《かた》し」の問題もある。そんな問題に執着し、画期的な新しい解法を考え出すのについ貴重な時間を捧げたくなるけれど、そうした問題に懸けられている多額の賞金を、プロの数学者以外が手にすることはまず考えられない。とはいえ、アマチュアがオッズをくつがえすことだってないわけではない。たとえば、余建春《ユイチエンチュン》の物語を例に取ろう。

リアル版『グッド・ウィル・ハンティング』
――アマチュア数学者が世界を変える

ハリウッド映画『グッド・ウィル・ハンティング／旅立ち』で、マット・デイモン演じる主人公はボストンの物騒な界隈で清掃員をしているのだが、あるとき数学の天才であることがわかり、ロビン・ウィリアムズ演じる優秀なカウンセラーと二人三脚で人生を変えていく。見方によっては、面白くできたお涙ちょうだい作品ともいえるし、「手元の壁や鏡に数式を書き殴る天才問題児」という数学者のステレオタイプなイメージを描いたお決まりのハリウッド映画ともいえるだろう。

しかし、この映画には、かなり近い現実版の物語がある。中国人の移住労働者でアマチュア数学者の余建春は、カーマイケル数を判定する今までにない方法を発明し、一躍国際的な注目を浴びた。

真剣に取り合ってもらうまでに8年という歳月がかかったけれど、彼の研究は今や大偉業として認められている。

彼の発見について説明するためには、カーマイケル数についてザッと紹介しておく必要がある(すでによく知っている人は読み飛ばしてほしい)。ピエール・ド・フェルマーの「小定理」によると、pを素数、aをpで割り切れない整数としたとき、次が成り立つ。

$$a^{p-1} \equiv 1 \pmod{p}^{*}$$

この式を使うと、ランダムに選ばれた整数nが合成数(つまり素数でない)かどうかを比較的簡単に判定できる。nで割り切れないさまざまなaの値を取り、先ほどの性質を持つかどうかを判定する。先ほどの性質を持たなければ、nはまちがいなく合成数である。逆に、いくつかのaの値を試してみて先ほどの数式が成り立てば、nはたぶん素数だろうといえる。これは**フェルマーの確率的素数判定法**と呼ばれる。

単純な例を見てみよう。

*剰余演算について復習しておくと、ある数がpを法として1と合同($\equiv 1 \pmod{p}$)とは、その数がpの整数倍+1であること。

$n = 7$とし、nで割り切れないaの値をひとつ選ぶ。

$a = 6$

このとき、$a^{n-1} \equiv 1 \pmod{n}$が成り立つか？

$6^6 = 46{,}656 \equiv 1 \pmod{7}$

OK。これはひとつ目の証拠だ。別の例を試してみよう。

$a = 10$

このとき、$a^{n-1} \equiv 1 \pmod{n}$が成り立つか？

$10^6 = 1{,}000{,}000 \equiv 1 \pmod{7}$

よって、このふたつの判定結果から、7がたぶん素数だろうとわかる（もちろん、そんなことは先刻承知だけれど）。

このアプローチにはふたつの問題がある。ひとつ目は、一部のaとnの値について、nが合成数なのに$a^{n-1} \equiv 1 \pmod{n}$が成り立つケースがあるということだ。この場合、$a$を**フェルマーの偽証人**(Fermat liar)、nを**フェルマー擬素数**という。ふたつ目は、もっと悪いことに、フェルマー擬素数のなかにごくごく一部、**すべての**aの値がフェルマーの偽証人になってしまうケースがある。その擬素数のことを**カーマイケル数**と呼ぶ。そして、素数と比べれば圧倒的に数が少ないとはいえ、カーマイケル数は無数に存在することがわかっている。

個人的には、コルセルトの判定法と呼ばれる方法を使ったほうがカーマイケル数を理解しやすい。聞き慣れない言葉で申し訳ないが、理解するのは比較的簡単だ。合成数nは、すべての素因数が互いに異なり、すべての素因数pに対して$n-1$が$p-1$で割り切れるとき、かつそのときに限って、カーマイケル数である。たとえば、最小のカーマイケル数は$561=3\times11\times17$だが、確かに560は2、10、16のどれでも割り切れる。

250億より小さいカーマイケル数はたったの2163個しかない。それでも、カーマイケル数はフェルマーの確率的素数判定の有効性を本来よりもはるかに落としてしまうので本当に厄介な存在だ。一見すると、素数は数学マニアが情熱を燃やす趣味の域を出ないように思えるけれど、第6章のデジタル暗号技術の話で見たとおり、巨大な数をすばやく因数分解し、素数か合成数かを見極められる能力はものすごく重要な意味を持つ。

余建春を魅了したのはこの問題だった。農村部から都市へと移住してきた彼は、運送会社で働きながら、暇を見つけては大学の講義に出席した。彼は体系的な訓練や個人指導をいっさい受けたことがなかったけれど、空き時間にいろいろな数学の問題について深く考え、独自の手法を考案した。自身のアイデアを磨き、認めてもらうまでには数年、いや、それ以上の歳月を要した。彼の手法にようやく反応を示したのは、浙江《せっこう》大学の数学教授の蔡天新《ツァイティエンシン》だった。彼は余について「数に対する直感と並外れた感性を持っている」と評した。

現在検証の真っ只中である余の研究は、ある数がカーマイケル数であるか否かを判定するまったく新しい方法を示したもののようだ。もし正しければ、その応用性は計り知れない。蔡天新は近著でこの理論について発表するつもりだ。現時点では、余はこの発見で大金持ちになったりはしていないけれど、地元ではある種の英雄となり、数学界での仕事のオファーも受けたという。近いうち、腰を落ち着けて家庭を持つという彼の悲願が叶うかもしれない。

一方、数論の世界には、似たような大発見をすれば大金持ちになれるような未解決問題がまだごろごろと転がっている。

「100万ドルの疑問」ビール予想の証明を狙う

100万ドルを稼ぐ手っ取り早い方法がある。そのひとつが**ビール予想***の証明を与え、お墨付きをもらう（または、成り立たないことを証明する反例を見つける）ことだ。残念ながら、ビール予想は「言うは易く解くは難し」の数学的問題の典型例といっていい。ビール予想とはこうだ。

正の整数 A, B, C, x, y, z（$x, y, z > 2$）に対し、

$A^x + B^y = C^z$

が成り立つなら、A、B、Cは共通の素因数を持つ。

たとえば、$27+216=243$は$3^3+6^3=3^5$と書ける。実際、3も6も3を共通の因数として持つ。また、$531{,}441+4{,}251{,}528=4{,}782{,}969$は$27^4+162^3=9^7$と書くことができ、9、27、162も3を共通の因数として持つ。ビール予想は、先ほどの方程式のすべての解に対して、A、B、Cが共通の素因数を持つと述べている。

ヒント

ビール予想を視覚化すると

$A^x+B^y=C^z$のもうひとつの解の例が$343+2{,}401=2{,}744$で、これは$7^3+7^4=14^3$と表わせる（7が共通の因数）。

7^3は343個のブロックで構成される立方体で表わせる。

*タイデマン＝ザギエ予想とも呼ばれる。この予想を最初に定式化した人物をめぐっては論争があるため、一部の数学者はこの呼称を好んでいる。

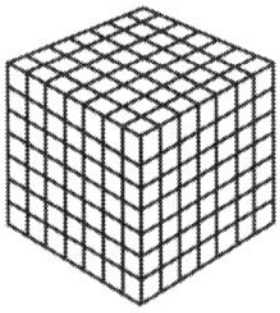

7×7×7=343

そして、7^4はこれとまったく同じ形の立方体7つで表わせる。

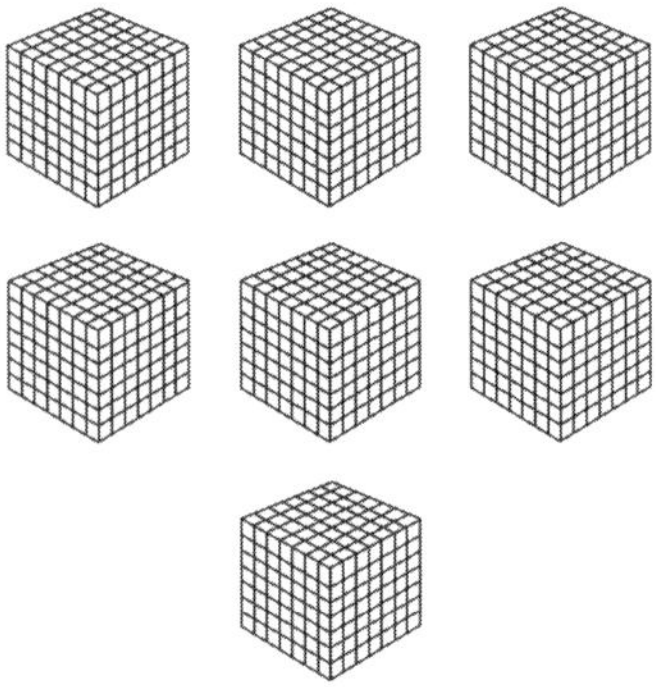

7×7×7×7=2401

これを足し合わせると、まったく同じ形の立方体8つになる。このブロックを並べ替えると、一辺の長さが最初の立方体の2倍である1個の立方体（14^3）ができあがる。

14×14×14=2744

$A^x + B^y = C^z$のほかの解も、立方体や立方体の集合の並べ替えとして視覚化できる。ビール予想の反例があるとすれば、同じような並べ替えはするのだが、完成させるためには最初の立方体（または立方体の集合）を個々のブロックへといったんバラして組み立て直さなければならないことになる。

ビール予想のひとつの形は、フェルマーの最終定理の一般化について研究していた億万長者の起業家でアマチュア数学者のアンディ・ビールによって１９９３年に定式化された。[*] アンドリュー・ワイルズが１９９４年にフェルマーの最終定理の証明を与えると、ビールは自身の予想の証明に賞金を設けることにした。アメリカ数学会が委託管理し、ビール賞委員会が審査を行う賞金の額は、何度もの増額を経て今では１００万ドルに設定されている。

ビールの人生は波瀾万丈そのものだった。彼はミシガン州立大学在学中に６５００ドルで最初の不動産を購入し、不動産投資で財をなすと、少しずつ不動産投資の対象を広げていった。あるときなど、ニュージャージー州のブリック・タワーズという２棟の公営住宅ビルを２万５０００ドルで買い叩き、２年後に３００万ドル以上で売却したこともある。１９８８年には、ダラスにビール銀行を設立、70億ドル以上の資産を有する企業へと押し上げた。また、宇宙に衛星を打ち上げる民間企業、ビール・エアロスペースも運営した。

彼は一流のポーカー・プレイヤーとして、世界最高額のテキサス・ホールデムでプロのプレイヤー相手に勝ったこともある。ラスベガスのベラージオ・カジノで行われたゲームの最低参加費《ミニマム・バイイン》は、なんと10万ドルだった。彼の大胆なリスク戦略をよく表わしているのが、ほかの投資家たちが震え上がるような安値で資産を買い叩くビール銀行の手法だった。たとえば、２００１年のアメリカのエネルギー危機の最中には発電やインフラ、９・11テロ攻撃のあとには航空機購入向けの債券、２００８年の世界的な金融危機の最中には不動産ローンへと集中的な投資を行い、金融危機に乗じて、破綻した銀行を買収しまくった。

しかし、そんなビールの疑いようのないビジネスの才覚と成功をもってしても、彼が20年以上前から魅了されてきた数学の問題を解ける者はいまだに見つかっていない。ビール予想がこれほど手強いひとつの理由は、この命題がものすごく漠然としていて、その特殊なケースでさえ数学的に難攻不落だからだ。フェルマーの最終定理はビール予想のたったひとつの特殊なケースを扱うものだけれど、ピエール・ド・フェルマーが『算術』の余白にこの定理をしたためてから、ワイルズが証明を発表するまで、358年もかかったのだ。

グーグルで部長を務めるピーター・ノーヴィグは、$x, y, z \leqq 7$ および $A, B, C \leqq 250{,}000$、さらには $x, y, z \leqq 100$ および $A, B, C \leqq 10{,}000$ の範囲に反例がないことを示す幅広い研究を行った。もちろん、このやり方では、反例が実際に見つかりでもしないかぎり、ビール予想の真偽について何も言えない。反例の検索をどれだけ続けたとしても、反例が**見つからない**というだけでは数学的予想の証明にはならない。まだ調べきれていない無数の事例について、反例が存在しないという証明にはならないからだ。

また、反例の〝ニアミス〟についてなら、多くのことがわかっている。フェルマー＝カタラン予

＊フェルマーの最終定理とは、2より大きい任意の整数 n に対し、方程式 $a^n+b^n=c^n$ を満たす3つの正の整数 a、b、c は存在しないという命題である。したがって、フェルマーの最終定理は、x、y、z が同じ値を取るビール予想の特殊なケースとみなせる。

想は、ビール予想と似たような方程式

$$a^m + b^n = c^k$$

および

$$\frac{1}{m} + \frac{1}{n} + \frac{1}{k} < 1$$

を満たす数について述べた命題だ（ふたつ目の不等式は、m、n、kのうち2という値を取れるのはひとつまでであるという条件だ。よって、$3^2 + 4^2 = 5^2$、$5^2 + 12^2 = 13^2$といった、無数に存在することが知られているピタゴラス数は除外される）。

この方程式の解は10個が知られているけれど、どれもビール予想の反例には当たらない。必ずm、n、kのひとつが2だからだ。最初の数個を挙げると、*

$1^m + 2^3 = 3^2$（mは7以上の整数）

$2^5 + 7^2 = 3^4$

$13^2 + 7^3 = 2^9$

があり、執筆時点で見つかっている最大の解は、

$$43^8 + 96{,}222^3 = 30{,}042{,}907^2$$

である。こうした解は、ビール予想を学ぶ人々にとっては自然と興味の対象になる。平方数はこうした解の一部になりうるのに、3次以上だとぴたりと解がなくなる本質的な要因はどこにあるのか、という謎を探る道筋を与えてくれるからだ。

お金儲けの計画としては、ビール予想の証明はそうとうな大穴狙いだと認識しておくのがよさそうだ。命題の内容が比較的わかりやすいことから、ビール予想は多くのアマチュア数学者の注目を惹きつけている。ビール自身、この問題の手強さに気づかされたアマチュア数学者のひとりだった。そして、彼が設けた賞金は、ベテラン数学者をことごとく寄せつけなかった答えを自分で見つけられると考える奇人変人たちを惹き寄せてきたのだ。

ビール予想について最後に警告をひとつ。一見すると〝単純〟な多くの数論の問題と同じで、ビール予想もこの問題を理解しようと息巻く人々にとってはとてつもない中毒性がある。サイモン・

---

*$1^m+2^3=3^2$は a、b、c のいずれかが1となる唯一の解としても知られている。よって、連続するふたつの整数が累乗数になるのはこのケースだけだ。これこそがカタラン予想の内容であり、実際、2002年にプレダ・ミハイレスクが証明した。その結果、現在ではミハイレスクの定理とも呼ばれる。

シンの著書『フェルマーの最終定理』は、書名にもなっているこの定理が何世紀にもわたってアマチュアやプロの数学者の想像を掻き立て、時に陰謀、偽り、そして狂気へとつながる一種の情熱を生み出してきた様子を克明に描き出している。

そのフェルマーの最終定理をいっそう拡張した難解なバージョンであり、おまけに100万ドルの賞金まで懸けられているビール予想は、今後、似たような熱狂をあまた生み出すにちがいない。

ヒント

優先順位に関するアドバイス

ビール予想の証明に熱中しすぎて、ごろごろしているほかの金儲けのチャンスを逃さないよう注意しよう。フェルマーの最終定理が証明されるまで350年以上かかった。ビール予想が正しいかどうかがわかるまで、もう350年かかってもなんら不思議はないのだ。

解けば100万ドル
――7つの「ミレニアム懸賞問題」とは

クレイ数学研究所は、ファイナンスやベンチャー・キャピタル・ファンドの世界で活躍した実業家で慈善家のランドン・クレイによって1998年に創設された。彼は数学者ではなかったけれど、数学に深い興味があり、社会における数学の重要性が過小評価されていると確信していた。クレイ数学研究所の目標は、数学研究を支援および推進し、数学的知識の新たなブレイクスルーを促すことにある。

その目標のため、同研究所は2000年に未解決の重要な数学的問題を7つ挙げ、正しいと認められた解に対し、100万ドルの賞金(ミレニアム懸賞)を出すと約束した。これまでに解決したミレニアム懸賞問題は、ポアンカレ予想ただひとつだ。もちろん、世界最高峰の数学者以外に解決できるとは考えにくい問題ばかりなので、あまり期待しすぎるのは禁物だろう。ただ、記録のため、ミレニアム懸賞問題についてザッと紹介しておこう。

リーマン予想

リーマン予想の名称は、1859年にこの仮説を提唱したベルンハルト・リーマンにちなみ、数学界でもっとも重要な未解決問題のひとつとされる。その理由をおおまかに理解するためには、整数が大きくなるにつれて素数の密度が減少していくことを記述した素数定理の理解が欠かせない。素数定理によると、ランダムに選んだ巨大な整数 n が素数である確率は $\frac{1}{log(n)}$ にごく近い。ただし、素数定理には頑固な誤差項がくっついているので、常にちょっとした不正確さがついて回る。

リーマン予想とは、「リーマンのゼータ関数」と呼ばれる特殊な関数についての予想だ。リーマンのゼータ関数を複素数(実部と虚部を持つ数)へと拡張すると、「自明」な零点と「非自明」な零点を求められるようになる。リーマン予想とは、ゼータ関数の「非自明」な零点はすべて実部が

$\frac{1}{2}$の複素数であるという予想のことである。

聞いた感じではそうとう複雑そうで、実際にそのとおり複雑なのだが、ちょっとだけ紐解いてみよう。関数はある値を受け取って一定の結果を出力する。たとえば、関数$f(x)=x-3$のxの部分に3という値を入力すると、0が出力される。この関数の零点は3だけだけれど、零点が複数ある関数もある。

実数版のゼータ関数は次のとおりだ。

$$\sum_{n=1}^{\infty}\frac{1}{n^s}=\frac{1}{1^s}+\frac{1}{2^s}+\frac{1}{3^s}+\frac{1}{4^s}+\cdots$$

実数とは、任意の有理数または無理数のことであり、例として1、-7、$\frac{1}{5}$、π、$\sqrt{2}$などがある。ところが、数学者は物事を複雑にするのが大好きな生き物で、入力値に複素数を取れるよう、ちょっとだけ関数を別の形に変えてやることができる。複素数とは実数と虚数を組み合わせた数のことで、たとえば$3+i$（iは-1の平方根であり、通常の数の体系ではありえない数）は複素数だ。修正したゼータ関数に複素数を入力すると、明らかで簡単に見つかる零点（「自明」な零点と呼ばれ、ほとんど面白味がない）もあるけれど、それよりも見つけるのが難しく、きわめて興味深い零点（「非自明」な零点）もある。

リーマンはこの考え方を用いて、特定の数n未満の素数の個数を推定する、より正確な方法を考案した。リーマンのゼータ関数の重要性は、素数の期待される位置を中心とした振動の大きさがゼータ関数の零点の実部と関連しているという点にある。これも複雑すぎて説明はできないけれど、要するに、リーマンはゼータ関数を用いて、ある数までに現われる素数の個数を予測する式のずっと正確で新しい表現を打ち立てたということだ。言い換えれば、ゼータ関数には素数が見つかると期待される位置に関する情報がなんらかの形で〝暗号化〟されているといっていい。

ほとんどの数学者はリーマン予想が正しいと信じていて、リーマン予想が正しいとき、かつそのときに限って成り立つほかの結果に対して、数多くの〝証明〟を与えるのではないかと見ている。なので、もしリーマン予想が証明されれば、その瞬間にほかの多くの数学理論が正しいことが自動的に証明されることになる。興味がある方は、マーカス・デュ・ソートイの著書『素数の音楽』をぜひ読んでみてほしい。この本は、リーマン予想について、私が今まで出会ったなかでいちばんわかりやすい一般向けの説明を与えている。

P対NP問題

難解な数学的問題の解を見つけることと、その解が正しいかどうかを確かめることでは大違いだ。そのちがいこそが、コンピューター科学の世界で重要な未解決問題であるP対NP問題の中心にある。解が正しいかどうかを「すばやく」検証できる問題はすべて「すばやく」解けるか?

ここでいう「すばやく」という言葉は、厳密には「多項式時間で」という意味である。要するに、

図43

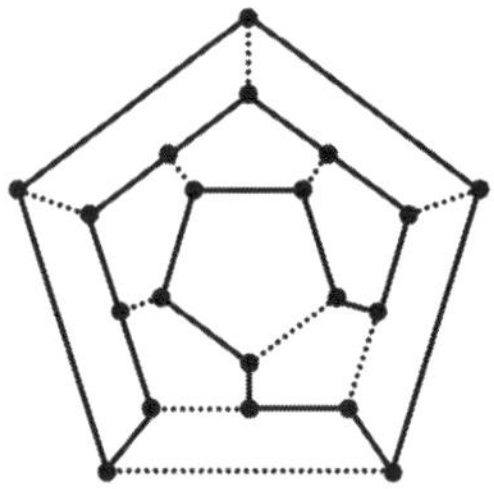

ネットワーク上のすべてのノードを1回だけ訪問できるかという問題。太線がたどった経路。
この答えを検証するのは簡単だが、計算するのは（それと比べると）難しい。

問題を解くのにかかる時間の量は、入力データ量に対して多項式関数的に増加するのか、それとも指数関数的に増加するのか？　一例として、それぞれの数列がどれくらいの速さで増加していくかを見てみよう。

指数関数：2^n：$2^1, 2^2, 2^3, 2^4, 2^5, 2^6, 2^7, 2^8, 2^9, 2^{10}, \ldots$

$= 2, 4, 8, 16, 32, 64, 128, 256, 512, 1024, \ldots$

多項式関数：n^2：$1^2, 2^2, 3^2, 4^2, 5^2, 6^2, 7^2, 8^2, 9^2, 10^2, \ldots$

$= 1, 4, 9, 16, 25, 36, 49, 64, 81, 100, \ldots$

明らかに、規模が指数関数的に増大していく問題は、多項式関数的に増大していく問題と比べて、あっという間にとてつもなく複雑になる。解を「すばやく」検証できる問題のうち、解を「すばやく」見つけられる問題のことを「P」、解を「すばやく」見つけられない問題のことを「NP」と呼ぶ。NP問題と思われる問題のひとつの例が「ハミルトン閉路問題」である。

N都市を訪問する場合に、同じ都市を2回訪問することなくすべての都市を回ることは可能か（図43を参照）？ ネットワークが巨大になると、これは解くのが非常に難しい問題になるけれど、いったん解が見つかれば、その解が正しいかどうかを確認するのはわけもない。

P対NP問題の証明または反証は、暗号学、数学、人工知能など、いろいろな研究分野において計り知れない意味を持っている。

バーチ&スウィンナートン＝ダイアー予想

この予想は楕円曲線を定義する方程式の有理数解の集合について記述したもので、名称は1960年代にこの予想を立てた数学者のブライアン・バーチとピーター・スウィンナートン＝ダイアーにちなむ。いくつかの特殊なケースのみ証明されていて、予想全体は未証明だけれど、たぶん正しいのではないかという証拠が数多くある。第6章で見たとおり、楕円曲線はデジタル暗号技術に深くかかわっていて、数の素因数分解に用いられるので、楕円曲線の理解の進展はオンライン・セキュリティの未来に関して大きな意味を持っているといえよう。

ヤン＝ミルズ方程式と質量ギャップ問題、ナビエ＝ストークス方程式、ホッジ予想

これまでに紹介した3つの問題は、高度な数学的知識を持たずともなんとなく程度には理解できるミレニアム懸賞問題だ。しかし、ここで紹介する3つはかなり難解で、私自身も完璧に理解して

いると言うつもりはさらさらないけれど、概要だけ簡単に紹介しておこう。

ヤン＝ミルズ方程式は素粒子物理学の基本的な理解とかかわっている。実験的なシミュレーションは、この方程式の量子版の解に「質量ギャップ」が存在することを示唆しているが、この性質は証明されていないという。そういうわけで「ヤン＝ミルズ方程式と質量ギャップ問題」と呼ばれているわけだ。まるでちんぷんかんぷんだって？　ご心配なく。私にとってもそうだから。なので、詳しい説明は控えておこう。

ナビエ＝ストークス方程式は、空間中の気体や液体などの流体の流れをつかさどるものだ。この方程式には多くの実践的な応用があるけれど、この方程式に対する私たちの理解は穴ぼこだらけなのが現状だ。特に、現代物理学者が満足できるモデル化の方法を持ち合わせていない乱流に対する理解は遅れている。この問題が解決すれば、物理学や物質世界への理解が飛躍的に広がるだろう。

トポロジー（位相幾何学）とは、図形やその変換方法について研究する学問である。ホッジ予想とは、トポロジー分野の未解決問題であり、ある代数方程式系の解集合のトポロジーのどれくらいがさらなる代数方程式という観点から定義できるかと関連している。4次元未満のケースでは証明がなされているが、4次元に対しては証明がなされていない。

（読者のみなさんに保証できることがひとつある。私がこの3つの問題のどれかを解いて、100万ドルを獲得する日は永遠に来ないだろう）

ポアンカレ予想

最後に、フランスの数学者アンリ・ポアンカレによって定式化されたポアンカレ予想を紹介しておこう。ポアンカレ予想は、ミレニアム懸賞問題のなかで唯一証明がなされている。トポロジーに関する長年の疑問であったポアンカレ予想は、特定の代数学的条件を与えられたとき、3次元球面は3次元多様体（ある定義された点の集合）に等しいというもので、ロシアの数学者グリゴリー・ペレルマンによって2006年に証明された。ペレルマンはフィールズ賞を授与され、しかもクレイ数学研究所から100万ドルを受け取る権利もあったが、なんと両方とも辞退した。ほかの数学者たちも証明の道筋を切り開いたのに、自分だけが賞を受け取るのは不公平だという理由からだった。

彼の受賞辞退からわかるとおり、ほとんどの数学者は物質的な富よりも学術的な功績に関心を持っている。そして、お金持ちになりたいなら、複雑な抽象概念ではなく日常で使える基本的な数学に頼るのがいちばんの近道なのだ。

才能ある数学者のためのその他の賞

数学の賞は、現実問題として、プロの数学者向けの賞だけれど、夢見ることなら誰だってできる。プロの数学者にとって最高に名誉ある賞といえば、なんといってもフィールズ賞だ。賞金こそ1万5000カナダ・ドルと少なめだが、一流数学者というかけがえのない名声が得られる。対象年齢も40歳以下に制限されている。というのも、1936年にフィールズ賞を立ち上げた数学者のジョン・チャールズ・フィールズは、この賞が優秀な若手数学者の励みとなり、その後のキャリアの刺激になることを期待していたのだ。

しかし、お金だけでいえば、もっと儲かる高名な賞もいくつかある。チャーン賞は中国の数学者である故・陳省身《ちんしょうしん》にちなみ［訳注／「チャーン」は陳の英語名］、国際数学連合によって4年に1回与えられる。賞金は現金で25万ドルだ。さらに高額なのがアーベル賞だ。年1回、ノルウェー政府によって与えられる賞で、賞金は600万クローネ（約57万5000ポンド）にもおよぶ。名称は19世紀のノルウェーの数学者ニールス・ヘンリック・アーベルにちなむ。1901年、新設されたノーベル賞に数学賞がないとわかったとき、当初はアーベル賞を設ける動きがあったのだが、その勢いもいつの間にか沈んでしまった。しかし、2001年ごろになってその機運が再燃し、今では数学分野でとりわけ大きな賞となった。

ノーベル賞に数学賞がない理由はあまりはっきりとしない。スウェーデンの著名な数学者マグナス・ヨースタ・ミッタク＝レフラーが、アルフレッド・ノーベルの妻と駆け落ちしたため、ノーベルが仕返しに数学賞の制定を拒んだという噂がある。でも、ノーベルが生涯独身だったことを考えると、もうひとつの説のほうがまだ正しい可能性が高い。それは裕福なミッタク＝レフラーがビジネスでノーベルの邪魔をしたという説だ。しかし、結局のところ、真実はずっと平凡なのかもしれない。ふたりにそこまで深い接点があったという証拠はない。むしろ、単純にノーベルは数学にそこまで興味がなく、数学賞を設けるという発想自体がなかったといったところだろう。

アーベル賞がその隙間を埋めた今、一握りの幸運で才能ある数学者が大金持ちになる道筋ができたのだ。

コラッツの予想と、その他の〝簡単な〟未解決問題

正式な賞を受賞するのは、一握りの学者以外にとっては遠い夢だということがわかった。それでも、多くのアマチュア数学者を魅了する「言うは易く解くは難し」の問題について、もういくつか触れておく価値があるだろう。余建春がある未解決問題に多大な貢献をしたのは、すでに話したとおりだ。なので、誰かがこれから紹介する問題を解いて、名声と(あわよくば)金銭的な報酬を手にする可能性だってゼロとはいえない。ただし、ひとつ警告を。これから紹介する問題は、どれも問題解決の頭脳を持つ人にとって逆らいがたい魔力を持つ。問題をあれこれといじくってみて、証明の方法についてアイデアを出すのは比較的簡単だ。それでも、長きにわたって頑なに解決を寄せつけてこなかった問題ばかりである。もしかすると、単純に証明不能なのかも……。

コラッツの予想

お好きな正の整数を選んでほしい。それが偶数なら2で割り、奇数なら3を掛けて1を足す。す

ると、こんな数の連鎖ができあがる。

7—22—11—34—17—52—26—13—40—20—10—5—16—8—4—2—1

このあとは、ひたすら1↓4↓2↓1の循環を繰り返すだけだ。コラッツの予想（または3n+1予想）とは、最初にどんな数を選んでも、先ほどのルールに従って計算を繰り返せばやがて1に戻ってくるという予想だ。今のところ反例は見つかっていないけれど、もちろんそれだけでは反例がずっと見つからないという保証にはならない。

この問題が面白いのは、この予想をほんの少し変えたものには、反例が見つかっているという点だ。最初の数として負の数を認めると（ふつうは-1にたどり着く）、永久に-1にたどり着かないこんな列が見つかる。

(−7)→(−20)→(−10)→(−5)→(−14)→(−7)

(−17)→(−50)→(−25)→(−74)→(−37)→(−110)→(−55)→(−164)→(−82)→(−41)→(−122)→(−61)→(−182)→(−91)→(−272)→(−136)→(−68)→(−34)→(−17)

同じく、奇数の場合に3n+1ではなく5n+1を使うと、最初の数が13や33のときに反例が見つかる。最初の数の選び方によっては、1に戻らないまま無限ループする代わりに、無限に増加していく可能性もある。

数字をいじくって遊ぶのには楽しい予想だけれど、それ以上先に進もうとすると途端に難しくなることで悪名高い。これは一流数学者のポール・エルデシュが賞金の支払いを約束した多数の問題のなかのひとつである(今でも彼の遺産から賞金が支払われる可能性がある)。が、賞金はたったの500ドルで、当の彼自身、「数学はこの種の問題を解く準備ができていないのかもしれない」と述べ、たぶん解くのは無理だろうとの見解を示した。おそらくコラッツの予想に関する存命中の第一人者といえるジェフリー・ラガリアスは2010年、数十年間におよぶ研究の末、この予想は「証明不可能」かもしれないとほのめかした。

ゴールドバッハの予想

もうひとつ、ものすごくわかりやすい予想がある。「2よりも大きいすべての偶数はふたつの素数の和として表わすことができる」。ドイツの数学者クリスティアン・ゴールドバッハがレオンハルト・オイラーへの1742年の手紙で持ち出したこの予想は、今の今にいたるまで頑として証明を寄せつけていない。

数が大きくなればなるほど「ゴールドバッハ分割」の個数は増えていくように見えるので、ゴールドバッハの予想が正しい可能性はきわめて高い（ある数 n のゴールドバッハ分割とは、n をふたつの素数の和として表わす方法。たとえば、24のゴールドバッハ分割としては5＋19、7＋17、11＋13がある）。

これまで、証明に向けた一定の前進はあったけれど、決定的な最後の一歩が見つからずにいる。たとえば、4より大きいすべての数は高々4つの素数の和で表わせることが証明されている。

ゴールドバッハの予想の証明に100万ドルの賞金が懸けられているという話を耳にしたなら、ぬか喜びしないよう注意が必要だ。賞金は、イギリスの出版社フェイバー＆フェイバーがアポストロス・ドキアディスの著書『ペトロス伯父と「ゴールドバッハの予想」』のPRキャンペーンの一環として2000年に提供したもので、今では取り下げられている。ゴールドバッハの予想の正真正銘の証明を発見した人はまちがいなく時の人になるだろうが、270年以上も証明者の現われなかったこの予想は、このまま迷宮入りしてしまう運命なのかもしれない。

双子素数

素数にまつわる予想は、私のような数学マニアにとっては磁石みたいなものだ。双子素数予想は、素数の組やそのパターンに関する予想なので、ゴールドバッハの予想ときわめて密接に関係している。

素数が無数に存在することの証明は、はるか昔、古代ギリシアまでさかのぼる。ユークリッドはその華麗な証明をしてみせた。まず、最大の素数が存在すると仮定する。次に、存在するすべての素数を掛け合わせて1を足す。その数は、新しい素数であるか、さもなくば最初に仮定した一連の素数のなかにない素数の積になるので、最初の仮定が正しいことはありえない。よって、最大の素数は存在せず、素数は無数に存在する。

ここ数世紀、数学者たちはこれと関連するある問題に魅了されている。双子素数(pとp+2がともに素数であるケース)もまた無数に存在するのか? 一見すると、ユークリッドと同じ手法が使えそうだけれど、実際には使えない。それでも、一定の進歩はあった。2013年、中国の数学者の張益唐《ジャンイータン》(通称トム)が、「隔たりが7000万以下の素数の組が無数に存在する」ことを証明したのだ。若干物足りない結果に見えるかもしれないけれど、無数の素数の組が存在するような素数どうしの隔たりが存在することを証明したわけなので、大きな前進であることにちがいはなかった。その後の研究で、隣り合う素数どうしの隔たりは7000万から246まで下げられており、いずれは2まで下がるかもしれない。しかし、目下のところ、双子素数予想(また、いとこ素数(pとp+4)やセクシー素数(pとp+6)などに関する同様の予想)は興味深い未解決の難問として、私たちの目の前に悠然と立ちはだかっている。

未解決問題はほかにもたくさんある。素数に関する予想だけでも、そのリストはとんでもない長さになるだろう。でも、こうした分野について研究したいなら、金銭的な報酬のためではなく娯楽のために研究するのがいちばんだろう。

暗号解読で一攫千金?

暗号解析（暗号解読）の技術は、昔から数学好きたちの心をわしづかみにしてきた。歴史上の偉大な暗号解読者たちの多くは数学のバックグラウンドを持つ。過去の有名な未解読暗号を解いた者は、名声はもとより、莫大な富まで手にできるかもしれない。

その一例である有名なコピアレ暗号は、270年以上にわたって謎に包まれていた。暗号は7万5000文字からなる手書きの原稿に含まれていたが、2011年、南カリフォルニア大学のケヴィン・ナイト、スウェーデンのウプサラ大学のベアタ・メジェシおよびクリスティアーヌ・シェーファーからなるチームによって、とうとう解読に成功した。頻度分析を含む数学的手法によって、その原稿は複雑な同音換字暗号（複数の暗号文の文字が同一の平文《ひらぶん》の文字に置き換えられる暗号）を用いていることがわかった。それはオキュリスツ（眼科医で構成される一種のフリーメイソン集団）と呼ばれる1730年代の秘密結社の文書だった。

つまり、忍耐力、運、有力な数学的手法さえあれば、理論上は、こうした古代の謎を解くことだってできるのだ。いまだ謎に包まれている文書の一例として、ヴォイニッチ手稿がある。これは華麗で美しい装飾が施された本であり、植物や天体とおぼしき図や、未知の言語で書かれた文章で埋め尽くされている。ぜんぶで240ページ、17万文字あり、そのうちの約30種類の文字が特にたび

図44

75628	28591	62916	48164	91748	58464	74748	28483	81638	18174
74826	26475	83828	49175	74658	37575	75936	36565	81638	17585
75756	46282	92857	46382	75748	38165	81848	56485	64858	56382
72628	36281	81728	16463	75828	16483	63828	58163	63630	47481
91918	46385	84656	48565	62946	26285	91859	17491	72756	46575
71658	36264	74818	28462	82649	18193	65626	48484	91838	57491
81657	27483	83858	28364	62726	26562	83759	27263	82827	27283
82858	47582	81837	28462	82837	58164	75748	58162	92000	

ディアガペイエフ暗号

たび登場する。この本については詳しいことがわかっておらず、年代はあいまいで、植物の絵は多くが正体不明だ。数十年がかりの研究も虚しく解読の手段は見つかっていないけれど、一部の解読に成功したと主張する者も何人か現われている。また、ヴォイニッチ手稿は一般的な暗号ではなく、ページ上に穴開きカードを置くと解読対象の文字が浮かび上がるステガノグラフィの一種ではないかという意見もあるが、もしそうだとすると解読はいっそう難しくなるだけだ。

もうひとつの未解読の暗号がディアガペイエフ暗号（図44）だ。これはアレクサンダー・ディアガペイエフが1939年に著《あらわ》した暗号マニュアル『コードと暗号（*Codes and Ciphers*）』の初版に登場する暗号で、読者への挑戦という形で解答なしで出題されたものの、暗号としては短いので永遠に解読は不可能かもしれない。おまけに、この暗号はその後の版からは削除された。ディアガペイエフ自身がそもそもどうやって暗号化したのか忘れてしまったことを認めたからだ。

理論上、いちばん一攫千金が期待できる未解読暗号のひとつがビール暗号だ。1880年代にバージニア州で発行された小冊子に掲載された暗号で、その小冊子にはある物語と3つの暗号文が含まれていた。その物語によると、さかのぼること数十年前、ビールという男性がバージニア州ベッドフォード郡の秘密の場所に荷馬車2台分の金銀財宝を埋めたという。彼は地元の宿屋に鍵つきの小箱を預けたまま、二度と町へは戻ってこなかった。それから何年もたち、宿屋の主人が箱を開けると、暗号文が入っていた。宿屋の主人の死後、彼の友人のひとりが20年間をかけて暗号文のひとつを解読すると、そこには埋められた金銀財宝の内容が書かれていた。残りの暗号文はどうやら財宝の正確な在処《ありか》を示すもののようで、今でも暗号の解読に成功しさえすれば誰にでも財宝を手に入れるチャンスがある。

ただし、ひとつ警告を。ビールという男性が実在したという確たる記録はなく、この物語全体が小冊子を売るための出版社の捏造《ねつぞう》だった可能性も高い。なので、確かに暗号解読は億万長者への近道かもしれないけれど、この物語の最大の教訓はおそらく別のところにあるようだ。たとえそれが当てのない探求だったとしても、宝探しほど効果的な宣伝になるものはないのだ。

解決した有名な数学的問題
——どんな難問もいつかは必ず解ける

最終章では、永遠に解決されそうもない数学的問題や暗号について話してきた。ただし、暗い締めくくり方なんてしたくない。前にも触れたとおり、手強い数学的問題が解かれることだってあるのだ。270年越しにコピアレ暗号を解読した学者チーム。定式化されてから1世紀後にポアンカレ予想を証明したグリゴリー・ペレルマン。358年間も未解決だったフェルマーの最終定理の(超複雑な)証明を発見して一躍世界的な名声を得たアンドリュー・ワイルズ。そして、長年の未解決問題がようやく解決した事例はほかにもたくさんある。

たとえば、1919年、ハンガリーの数学者ジョージ・ポリアは任意の自然数(1、2、3……)未満の自然数のうち、半数以上は(偶数個ではなく)奇数個の素因数を持つと予想した。このいわゆるポリア予想は、1958年、C・ブライアン・ヘーゼルグローブが誤りであることを証明した。これは反例がまだ見つかっていないことを予想の証明とみなしてはいけないことを示す面白い例だ。ヘーゼルグローブが初めてポリア予想の誤りを証明したとき、彼は1.845×10^{361}のあたりに必ず反例があることを証明したにすぎなかった。ところが、しばらくしてそれよりもずっと小さい反例($n = 906,180,359$)が見つかった。

もうひとつ、比較的わかりやすい解決済みの問題が四色定理だ。1852年、F・ガスリーによって提唱された四色定理は、「平面(2次元の面)上のいかなる地図も、隣接するふたつの領域が同じ色にならないよう4色で塗り分けられる」という命題である(ふたつの領域が点よりも長い境界を共有しているとき、隣接しているとみなされる)。

四色定理の完璧無比な証明が初めて登場したのは1977年のことだった。ふたりの数学者がコンピューターを用いて、任意の地図を4色だけで塗り分けられることを証明したのだ(一部の数学者は、一連の例をコンピューターで分析しただけだとして、この証明を却下したものの、その後、こうした手法に頼らない別個の証明によって正しいことが裏づけられた)。

というわけで、長年の未解決問題は解決できる。賞金は獲得できる。財宝だって見つけられる。それがしょっちゅう起こるとはいわないけれど、数学の迷宮のなかに分け入り、その奥深くに眠る答えを探し出すことを夢見る権利は、誰にだってあるのだ。

第8章のまとめ

賞金を稼ぐ

①数学や暗号解読の未解決問題が解かれることはある。時には何世紀もたってから。

②余建春のカーマイケル数の研究が示すとおり、現代でもなお、アマチュア数学者が大発見をすることだってある。

③もう少し現実的にいうと、複雑な数学の予想について考えるのは、数学的な直感を磨き、(人によっては)楽しい余暇を過ごす最高の方法だ。

④この世界のどこかに金銀財宝が埋まっているかもしれない。ただ、ほとんどの人は、億万長者になるもっとマシな方法を探したほうがいいだろう。

おわりに　億万長者への第一歩は、数学的思考力を磨くこと

本書では、数学と富とのさまざまな関係を見てきた。

ギャンブルの世界の知識を使い、投機や投資でお金を儲ける方法。

ポートフォリオ理論を活かし、投資リスクを分散する基本的な方法。

株式市場の変動に関する基本的な数学。

数学力を駆使してシステムのハッキングや不正操作を企む人々のやり口。

金融の世界を牛耳っているクォンツやアルゴリズム。

数学、暗号技術、ビジネスの未来の姿。

数学力を職場へと持ち込み、仕事のパフォーマンスを向上させる最善の方法。

そして、最後にちょっとだけ寄り道をして、数学の賞、未解読の暗号、何世紀も証明されていない数学的予想へと想像を膨らませた。

そうしてたどり着いた私の結論とはこうだ。まぎれもなく、数学を使って億万長者になる方法はある。そのなかには、比較的実現しやすいものもあるけれど、たいていは必死の努力と長時間の訓

練、何より数学力が必要だし、プロの数学者にしか開かれていない道もある。しかし、数学力を最高に儲かる形で、または楽しめる形で活かそうと夢見て、そのための努力をすることなら、誰にだってできるのだ。

世の中の自己啓発書、とりわけ手っ取り早くお金を儲けて幸せになる方法を説く本は、目標を書き出すよう読者によく勧める。数学的思考にそのアドバイスを応用するなら、本書のなかでまちがいなくあなたの人生の向上に役立ちそうな内容をリストアップしてみるといいと思う。巨額の賞金を狙う勇気や、ポートフォリオ管理をコツコツと学ぶ忍耐力がない？　それなら、統計的な歪みに日頃から注意を払い、次の給与交渉の前にゲーム理論を学ぶだけでも、大きな差につながるかもしれない。地元の宝くじや最近のクイズ番組にどうしても抜け穴が見つけられない？　たとえそうでも、ランダム性があなたの日常生活に及ぼす影響を理解して、投資判断の際に非合理的な誤謬《ごびゅう》を避けることならできる。

ぜひいったん立ち止まって、あなた自身に何が成し遂げられるのかを考えてほしい。そして、人生を変えるあなた自身の能力を前向きにとらえてみてほしい。叩き上げの億万長者は、たったひとつの名案で大金持ちになるわけじゃない。億万長者の多くは、ビジネスや人生への取り組み方のいろいろな側面に着目し、できるだけ損失を抑え、利益を増やそうとすることで、成功をつかんだのだから。

ビジネス、投資、投機で数学力を活かせば、手痛い失敗を防ぎ、お金を効率的に貯めて投資し、日々の仕事や人生でもっと実力を発揮できるようになるはずだ。

大昔、初めて経済的な取引が行われて以来、数字とお金は切っても切れない関係を保ってきた。

そう、数学をしっかりと理解することが、経済的な成功に欠かせない土台であることは、昔も今も変わらないのだ。

［著者］
ヒュー・バーカー（Hugh Barker）
ノンフィクション作家にして、数学を専門とする編集者。16歳でケンブリッジ大学に数学で合格した逸話を持ち、現在もアマチュア数学者として活躍している。著書に、*Faking It*（Yuval Taylorとの共著）と、*Hedge Britannia*がある。また編集した本には、*A Slice of Pi*（Liz Strachan著）をはじめ、数学ジャンルでのベストセラーが多数含まれる。

［訳者］
千葉敏生（ちば・としお）
翻訳家。1979年神奈川県生まれ。早稲田大学理工学部数理科学科卒業。訳書に『反脆弱性』『身銭を切れ』（ともにダイヤモンド社）、『デザイン思考が世界を変える』『スイッチ！』『決定力！』（以上、早川書房）、『クリエイティブ・マインドセット』（日経BP）、『〈効果的な利他主義〉宣言！』（みすず書房）、『デザインはどのように世界をつくるのか』（フィルムアート社）等がある。

億万長者だけが知っている教養としての数学
――世界一役に立つ数学的思考力の磨き方

2021年4月13日　第1刷発行

著　者――ヒュー・バーカー
訳　者――千葉敏生
発行所――ダイヤモンド社
〒150-8409　東京都渋谷区神宮前6-12-17
https://www.diamond.co.jp/
電話／03･5778･7233（編集）　03･5778･7240（販売）
装丁――――三森健太(JUNGLE)
装画――――加納徳博
本文レイアウト――布施育哉
校正――――鷗来堂
製作進行――ダイヤモンド・グラフィック社
印刷――――勇進印刷(本文)・加藤文明社(カバー)
製本――――ブックアート
編集担当――廣畑達也

ISBN 978-4-478-10455-2